PAPA WAS NOT A ROLLING STONE

SYLVIE OHAYON

PAPA WAS NOT A ROLLING STONE

ROBERT LAFFONT

ISBN 978-2-221-11651-7

Pour Jade et pour Solal. Pour qu'ils comprennent.

Si t'as mal au cul, faut pas hésiter à scier la branche sur laquelle tu t'es assise.

Moïse, mon grand-père.

Lili, tu seras Coco Chanel. Ça c'est une femme avec des couilles, comme Karl Lagerfeld.

Micheline, ma mère.

En or 18 caillera

« Un jour j'écrirai un livre qu'on aura envie de relire. » Ma mère a éclaté d'un rire de petite fille psychopathe et, depuis, j'ai refusé de prendre le stylo pour écrire autre chose que des bêtises. Ma mère me voulait Coco Chanel.

« Avec elle c'est comme pour toi, elle disait ma mère : tout est tout noir ou tout blanc... elle a passé trop de temps au milieu des bonnes sœurs celle-là... pffff... »

J'ai appris la couture à la maison de l'enfance Youri-Gagarine de La Courneuve mais je n'ai pas fait carrière dans la mode. Je sais faire des ourlets, invisibles, à pattes, je recouds les boutons. Les communistes de ma ville m'ont même appris les rudiments de la cuisine française.

Et puis, ce matin, je me suis levée et je me suis dit que j'allais vous raconter mon histoire. Pas l'histoire d'Émilie Jolie. Pas l'histoire de l'humanité non plus. Plutôt vous conter le chemin d'une goutte qui se refuse à sécher à mesure qu'elle trace sa route. Je réfute les lois proverbiales de la nature.

C'est l'histoire de ma famille d'Orientaux, des gens qui pensaient que la nourriture était le remède aux maux que les médecines allopathique et psychiatrique ne parviennent pas à soigner. L'histoire d'une petite fille qui a cru pouvoir réunir les trois communautés monothéistes parce qu'elle était juive et arabe et élevée par un catholique pratiquant. Un jour, c'était la nuit et je me suis suicidée. Mais les livres, les vrais, ceux qu'on imprime sous des couvertures crème ou bleues ont marché jusqu'à moi comme des souris de Cendrillon et m'ont crié : « Non, non, ne le fais pas, ne meurs pas, on t'a pas tout dit !!! » avec une toute petite voix de feuille qui s'envole et c'est comme ça que j'ai découvert qu'il y avait une autre vie possible.

Alors aujourd'hui je vais faire comme je peux pour tenter de rendre un petit hommage aux mots qui m'ont bien aidée à un moment je dois dire, et ne m'en voulez pas trop si parfois ma syntaxe est originale, j'ai toujours eu un peu de mal avec les règles, en général.

Je m'appelle Sylvie mais ma famille m'appelle Lili. Sauf mon grand-père, qui m'appelle Lélé pour cause d'accent.

Je suis une fille avec des flammes dans les cheveux, des yeux comme des obus de mortier qui pourraient vous tuer si vous veniez à trop les regarder.

Je suis un accident de la nature comme les pommes de terre difformes qui sortent de la terre parfois et qui amusent les enfants et font chier les paysans. Je suis une nuit de pluie qui porte en elle un soleil timide puis radieux après que le ciel est passé du noir au marron, du marron au rose et du rose au bleu. *Le bleu du ciel.*

Je suis là, lasse, seule entre les murs immenses d'un appartement trop grand et mon enfance me manque, la pauvreté de mon enfance qui était mienne me fait défaut parfois et je pense à la folie de ce monde de cons lorsque chez Chanel, je vois un bracelet en plastique à neuf cent vingt euros. J'ai voulu être de la fête et, maintenant que j'ai vu, je comprends que la vraie misère c'est de vivre à l'envers de la raison, de continuer à jouir de bêtises qui vous laissent le sentiment de n'être rien quand vous avez terminé de posséder des choses et des relations inutiles.

J'ai échangé mes amitiés gratuites d'enfance et de jeunesse à La Courneuve contre des affinités sociales avec des gens qui aiment l'argent et le pouvoir et, parfois aussi, un peu votre cul mais qui refusent de l'avouer autrement qu'avec un écrin rouge et doré. Je suis Bernard Tapie de La Courneuve. Je suis beaucoup moins riche, pas du tout connue, des hauts moins hauts et des bas moins bas (quoique pour les bas, faut vérifier...). À quoi ça sert de vivre dans des appartements siglés du «N» de l'Empereur et sublimes avec ça, si c'est pour n'y avoir aucun souvenir? Il faut que je vous parle de mes souvenirs aussi. Il faut que je vous raconte comment tout cela est arrivé et pourquoi c'est bien aussi parfois d'avoir connu des drames. Ça relève le goût de la vie, comme le poivre fait s'épanouir les saveurs d'un plat alors que le poivre, en soi, c'est dégueulasse et que ça fait pleurer.

J'ai voulu une autre vie. Dès ma naissance, j'ai pas trop compris où j'étais tombée ; très vite, pour ne pas mourir je me suis mise à espérer un ailleurs. Je suis née enfant avec un cerveau d'adulte, je comprenais tout, tout de suite. Je ne voulais pas de ce mauvais sort. Je n'ai pas pu accepter un destin tout petit, au bout d'une allée sans issue et hop tu fais demi-tour et tu repars, une vie comme une balade de condamné à mort. Je ne pouvais pas lâcher prise, comme disent les magazines pour les connes, parce que je suis la prise.

L'espoir fait vivre, certes, mais ne nourrit pas, et moi je ne voulais pas finir rachitique.

Alors je me suis remplie de travail. L'école comme unique porte de sortie possible. Une vraie enfant de la République.

Et puis j'étais tellement entourée de merde que, pour ne pas laisser mourir mes yeux et l'espoir qu'on nous met dedans au départ, je suis tombée amoureuse des diamants, les gemmes comme horizon, la pureté des pierres bien taillées comme réponse à la laideur de mon monde. Un jour comme ça, sans prévenir, j'ai été aspirée par les pages du catalogue des bijoux Maty qui mourait sur le carrelage des chiottes (ma mère aimait bien rêver au prince charmant dans la solitude des WC), mes yeux se sont perdus dans le bleu des saphirs, le sang théâtral des rubis. J'ai réalisé mon rêve d'enfant.

Celui de toutes les petites filles qui veulent un diadème dans les cheveux et enfiler des perles assises sur des sofas de velours rouge. J'ai vendu des diamants à des bourgeoises, dessiné des bijoux pour les plus grands noms de la place Vendôme. J'ai vu mes colliers au cou des nantis et je vous jure ça fait drôle parfois de devoir jouer les grandes madames le jour et d'aller le soir dans la cité de son enfance, manger le couscous de sa grand-mère avec les doigts.

Aussi, j'ai été une publicitaire un petit peu en vogue, parce que j'aimais tellement les mots qu'un jour, dans la rue, j'ai frémi devant une affiche Fido.

Puis après devant une affiche Kookaï, puis devant un film Perrier et voilà que je suis devenue, sans le savoir, une fanatique de la réclame. Et hop, c'était parti pour des études longues, qui en jettent, et un parcours du combattant qui m'a conduite à gagner des salaires indécents, à faire des campagnes de publicité dont je suis fière, dont ma mère est fière, dont le maire de ma mère est fier.

Je pourrais vous raconter quelle ancienne pauvre je suis et comment, malgré l'argent, les amies blondes et gentilles et l'appartement payé, je n'en ai pas fini d'avoir peur de manquer de tout et aussi vous dire qu'être un ancien quelque chose c'est forcément devenir un truc nouveau ou bien c'est qu'on est mort. Je ne suis pas devenue un nouveau riche, comme ils disent dans les essais sociologiques. Je suis devenue ce que je rêvais d'être et croyez-moi ou pas mais, parfois, il vaut mieux garder ses rêves dans sa tête plutôt que s'acharner à les faire exister. On n'est jamais à l'abri d'une déception. Les rêves sont faits pour être rêvés pas pour avoir été vécus.

C'est la vie qui doit être vécue. Comme les noms l'indiquent. À moins d'être Tchaïkovski ou Victor

Hugo, vous serez toujours déçu d'avoir voulu faire vivre ce qui vous aidait à vous endormir le soir.

Je suis devenue un nouvel être humain un jour que je ne supportais plus ma condition. Parce que j'ai voulu leur montrer qu'ils avaient tort de nous croire perdus, nous, les enfants intelligents à la naissance incertaine. J'ai travaillé à l'école mieux que ceux pour qui bien travailler à l'école allait de soi. J'ai ourdi mon existence comme on trame un complot contre le destin.

Je me suis entourée de paroles pas si niaises que ça de la chanson française, là où c'était un crime contre l'humanité des oreilles pour mes codétenus de La Courneuve de les entendre chanter. Je suis tombée entre les bras de ces auteurs qui m'ont blessée autant qu'ils ont maintenu ma vie un peu au-dessus du niveau de la mer. À Victor Hugo qui disait des bâtards qu'ils sont des errata, j'ai eu envie de prouver que je n'étais pas qu'une erreur de la nature. À Oscar Wilde qui suppliait les hommes de ne jamais cesser d'y croire, j'aimerais dire que je suis cette luciole tombée amoureuse d'une étoile, jamais la dernière pour espérer l'impensable et merci pour les heures, les jours et les nuits à attendre les six numéros du Loto plus le complémentaire.

Je suis disciple de Fréhel qui n'en voulut pas aux hommes, à leurs exploits de Satan.

Bref, je suis la fille de rapatriés tunisiens naturalisés français au XIXe siècle, heureux au soleil du pays de leur naissance et humiliés sur la terre des droits de l'homme, mais restés, en dépit des mauvais coups, de grands amoureux de la France.

En or 18 caillera

Je suis la fille d'une fille-mère smicarde inculte et braillarde. Je suis devenue petite bourgeoise à mesure que mes cheveux fonçaient avec le temps et les mauvaises expériences. J'ai quitté ma Courneuve un soir de février 1996 pour m'installer à Paris et, depuis lors, je n'ai cessé de grimper une à une les marches de la réussite qui ont bien failli conduire à ma fin, dis donc.

Mais comme au commencement il y a toujours une femme, je vais d'abord parler de celle par qui tout est arrivé, l'origine de mon monde, celle à qui je dois la vie autant qu'elle causera ma perte quand elle aura fini de me recueillir dans son cou aux odeurs de Cologne du Mont St Michel, de jasmin et de boulettes de viande à la sauce tomate.

Margot

Margot a dix-huit ans quand sur une plage de Tunisie, à La Goulette exactement, elle croise Moïse.

Moïse est beau, Moïse n'est pas grand, mais il est musclé et ses cheveux gominés au Pento brillent sous le soleil. Moïse a la peau aussi blanche que ses cheveux sont noirs et ça fait de lui un homme tout en contrastes qui le sait bien, va, et qui en joue.

Moïse remarque Marguerite parce qu'elle est la plus habillée de la plage.

C'est la plus habillée, immobile au milieu de ces filles qui s'ébattent dans des maillots de bain de fortune. Margot sait rester élégante, elle s'est refusée à céder à la dictature de la chaleur tant que le polyamide et le Goretex n'ont pas vu le jour.

Elle est la plus en retrait sur cette plage brûlante d'Albert Camus et c'est vrai qu'on a souvent envie d'aller chercher ce que cachent les gens qui se taisent. Comme si ne pas parler signifiait que l'on garde jalousement en soi un secret que, surtout, il ne faut partager. Le mystère des silencieux quoi.

Moïse, qui était incapable de rester de marbre devant une jolie juive, paradait devant Margot, et elle, c'est à peine si elle parvenait à dissimuler son mépris pour ce jeune homme de vingt-sept ans à qui, personne, à cette époque, ne pouvait rien refuser.

Margot se lève et, tandis qu'elle se dirige vers la cabane pour acheter un sirop d'orgeat, Moïse lui barre le passage de son corps dénudé et insolent.

Les tétons de Moïse sont deux gros yeux marron qui semblent la scruter et les touffes de poil juste au-dessus donnent à ce regard peu commun un air sévère.

Ce jour-là, Margot a ri aux blagues de Moïse devant la cabane, oubliant les vieilles juives assises sur les bancs devant la jetée. Elles ne manqueraient pas de faire un rapport circonstancié à son père, Samuel, et elles savaient bien qu'on en avait marié d'autres pour bien moins. Mais Margot était une jeune femme positive, un regard immense et doux, d'un marron homogène et puissant qui vous couvrait tout entier d'une bienveillance protectrice.

Margot ne voyait jamais le mal chez les autres si bien qu'elle suscitait la gentillesse, tout le temps. À part Dieu personne ne lui aura causé de peine.

Sans le savoir, parce qu'elle avait discuté une heure avec Moïse, parce qu'elle avait accepté le brin de jasmin qu'il lui tendit, comme on accroche une mouche grasse et verte au bout d'un hameçon, Margot a enchaîné sa vie à cet homme matamore et loyal, qui, jusqu'à sa mort, devait la traiter en princesse.

Et puisqu'elle avait ri, elle devait se soumettre à la suite que la communauté avait choisie pour elle. Un jour, on la réveilla, on l'amena au mikvé[1] où on épila chacun de ses poils. On scruta ses oreilles, ses ongles, ses narines, ses coudes et ses genoux, son sexe et la racine de ses cheveux, puis, dans un cri, on la déclara casher.

On enduisit son corps d'un mélange de lait, d'huile d'argan et de fleurs d'oranger, puis on l'habilla décemment et on la présenta à Moïse sous la teva[2]. La première nuit avec son nouvel époux fut douce et bonne et, malgré le sang, elle ne ressentit aucune douleur.

Elle explique qu'elle avait décidé de ne pas résister, et que c'est certainement cela qui avait conduit à une communion charnelle harmonieuse avec son mari. Elle s'était mise à l'aimer cette nuit où il l'avait possédée, parce qu'elle avait admiré qu'il n'use pas de cette toute-puissance qu'à cette époque, en ces terres, on accordait aux hommes sur les femmes.

Elle ne l'avait pas choisi et pourtant, en s'endormant contre lui, elle remercia le ciel et le dieu des juifs, qui, on le sait, n'a pas toujours fait correctement son travail.

Aujourd'hui encore, elle me dit : « Parfois, il faut savoir laisser la vie décider pour toi. »

Neuf mois et un jour plus tard, elle mit au monde un bébé de cinq kilos et demi et on parla d'elle dans le journal, un peu, et à la synagogue, beaucoup. Sa fille ressemblait à son mari et on ne se désola point que ce ne fût pas un garçon.

---

1. Le mikvé est un bain rituel utilisé pour l'ablution nécessaire aux rites de pureté dans le judaïsme.
2. Plateforme d'où est lue la Torah à la synagogue.

Margot était si douce et aimable que les gens autour ne la blâmaient jamais de rien.

Moïse se mit à travailler dur pour plaire à sa femme. Il oublia les plages de La Goulette et les sirops d'orgeat pris à la terrasse des cafés français. Margot lui dit qu'elle aimait la couleur du soleil, alors il lui achetait des bijoux.

Margot n'aimait pas cuisiner, alors il se mit aux fourneaux et elle était heureuse de cela. Chaque année, elle accouchait d'un enfant en bonne santé, se remettait vite et ne se plaignait jamais de rien. Quand le petit Gaston est mort, noyé dans une bassine à linge, Margot a pleuré en silence, la nuit, chaque soir des vingt années qui ont suivi. Le matin, elle revenait à la vie, offrant à ses enfants un sourire bienveillant, et prenait soin de cirer chaque petite chaussure avant le départ pour l'école. Elle inspectait les cartables, refaisait une natte un peu brouillonne, et rejoignait son mari dans la boutique où il coupait des pantalons, juste pour l'embrasser, heureuse d'accomplir chaque jour son devoir de mère, d'honorer son statut d'épouse.

Les femmes arabes admiraient son courage ainsi que sa beauté, les hommes dans la rue la saluaient volontiers, même quand elle arpentait, seule et sans panier, les rues blanches et chaudes de Tunis.

L'arrivée en France n'aura pas entamé son sourire. Elle s'amusait de ces lits encore plus superposés que des lits superposés où elle mettait à dormir trois par trois ses enfants.

Elle riait de la petitesse de l'appartement et fit une fête le jour où la mairie du XIVe lui attribua un logement dans un lotissement qui en comptait 4000, là-bas, derrière ce périphérique qui n'existait pas encore et qui devait devenir, un peu plus tard, une ceinture qui couperait le monde en deux. Son installation au milieu des Arabes, des Portugais, des Italiens, bref, de tous ceux qui fourniraient des bras pour reconstruire l'économie française, fut joyeuse et jamais plus elle ne parla de ses plages de Tunisie sous le soleil, des quartiers de pastèques qu'on dévorait dans les patios, des robes de lin blanc que son mari lui confectionnait, ni de ces bouquets de jasmin odorants qu'il accrochait chaque soir à ses cheveux. Moïse avait trouvé un travail de peintre en bâtiment, et il rentrait chaque soir fatigué mais vaillant, les bras chargés de fruits et de gâteaux. Un jour, on lui proposa de repeindre les salons des femmes fortunées de quartiers ouest de Paris contre une bonne rétribution, il accepta tant il était important pour lui que sa femme et ses enfants ne manquent de rien. Alors, régulièrement, du haut de sa fierté toute méditerranéenne, de son mètre soixante-sept et de son prénom de patriarche, il faisait monter le bijoutier de Belleville dans ses quartiers nord, l'installait à la table nettoyée pour l'occasion, un grand coup d'éponge sur la toile cirée luisante, et lui demandait d'ouvrir sa mallette de cuir noir à l'intérieur de laquelle ce dernier avait disposé bagues et colliers, bracelets et broches.

Margot ne se faisait pas prier pour choisir, puis embrassait son mari sur les cheveux et les joues sans jamais lui dire avec des mots qu'elle l'aimait. On ne parle pas de ce qui est une évidence pensait-elle.

Le 24 décembre 1969

Comme Moïse était juif et que sa femme l'était aussi, les enfants ne fêtaient pas Noël. Margot, son mari et leurs huit enfants restaient donc ce soir-là, autour de la grande table en Formica, comme à leur habitude, peu silencieux et gloutons, et si l'on ne s'était approché plus près, on aurait pu croire à un vrai repas de fête, un banquet d'Astérix.

Micheline, qui était l'aînée, demanda à son père si elle pouvait sortir ce soir-là avec ses amies.

Micheline était ronde juste ce qu'il faut avec une poitrine ronde aussi et un ventre accueillant. Ses cheveux étaient longs et noirs et brillants comme les plumes d'un corbeau, une chevelure d'onyx, lisse et monochrome, qui encadrait un visage mangé par de grands yeux avides. L'œil noir et tendre vient donner un peu de nuit à un visage blanc. La peau si blanche de Micheline. Les yeux trop grands de Micheline. Des yeux qui veulent tout voir. La beauté ancienne de Micheline. Les lèvres bien dessinées comme le sont les bouches des poupées de porcelaine qu'on trouve encore aux puces de Saint-Ouen. La candeur de Micheline, la bouche toujours un peu entrouverte, le nez droit, le nez de Margot. Le nez de ceux qui savent se tenir.

Micheline était studieuse et cloîtrée la plus grande partie du temps, alors Moïse accepta à la seule condition qu'elle prît ses sœurs avec elle.

Les sœurs étaient ravies, et l'on se prépara dans la joie, empruntant le bâton de rouge à lèvres de Margot et le planquant entre les seins de celle qui avait le plus grand soutien-gorge.

M. Bouaziz, qui était juif aussi et qui avait bien connu Moïse là-bas, dans les bars, en Tunisie, proposa de déposer les filles à l'Étoile parce qu'il était un des rares hommes de la cité à posséder une voiture et qu'en ce temps-là, en France, les gens s'entraidaient pas mal. M. Bouaziz expliqua que l'Étoile, c'était une place à six embranchements et que, si on regardait du ciel, on y voyait une maguen[1] David.

M. Bouaziz dit qu'ainsi les filles de Moïse pouvaient sortir tranquilles, elles seraient sous Sa protection.

Moïse sourit, parce qu'il avait la religion dilettante et Margot fut satisfaite que son mari soit rassuré.

Dans la voiture, les quatre filles de Moïse ne tenaient pas en place. M. Bouaziz fut obligé de les menacer de faire demi-tour si elles ne restaient pas sages, il ne voulait pas risquer l'accident et il répétait qu'il n'avait pas échappé aux balles allemandes en 42, là-bas contre les troupes de Rommel, pour finir écrasé contre un mur poussé à bout par quatre hystériques en chaleur.

1. Étoile de David.

Le mot « chaleur » calma l'assistance et plus personne ne bougea jusqu'à l'arrivée.

La boîte de nuit c'est le Tabou. Un truc où on a commencé à danser avec les genoux et qui s'est transformé au fil du temps en refuge pour la jeunesse dorée parisienne désœuvrée et déjà alcoolique. Les seins énormes de la plus jeune, qui avait été réglée à neuf ans, aidèrent Micheline à négocier une entrée gratuite pour chacune.

À l'intérieur de la discothèque, chacune des filles fut symboliquement et littéralement éblouie par la lumière et, bien que Margot leur ait recommandé de rester groupées, chacune s'évada de son côté, comme les fois où on lève le verre à l'intérieur duquel on a emprisonné des abeilles : faites l'exercice, vous verrez, elles partiront systématiquement dans des directions opposées. Une trop grande promiscuité donne des envies de ne pas se revoir. C'est normal, c'est humain. C'est comme à l'armée.

N'emprisonnez pas vos enfants. Faites-leur confiance, ils rétabliront un équilibre d'eux-mêmes. La nature humaine a horreur de trop de liberté. Donnez-leur en trop, ils vous en laisseront. On n'attrape pas du sable en serrant ses doigts sur sa main. Pour que le sable demeure, il faut garder la paume bien ouverte.

Dans la pénombre de la boîte de nuit, Micheline cherche ses sœurs en bougeant sa tête comme un pigeon. On dirait tellement un pigeon qu'un homme blond, magnifique, élancé et racé s'approche d'elle et lui dit :

« On dirait un pigeon qui cherche des graines. Tu cherches quoi ? »

Micheline, qui n'a pas été équipée à la naissance de la fonction « je vois venir le vice », répond de bon cœur :

« Je cherche mes sœurs. On est venues parce que, chez moi, on ne fête pas Noël, alors mon père, il nous a laissées sortir mais là va falloir que j'y aille parce que M. Bouaziz nous prend au métro à 6 heures pour nous ramener à la maison et après il part travailler alors faut pas qu'on soit en retard sinon mon père va nous tuer et comme je suis la plus viei... grande c'est moi qui vais prendre... »

Micheline n'a pas hérité de la réserve naturelle et élégante de sa mère. Le mystère pour Micheline, c'est juste une glace au cœur meringué, rien d'autre.

Ahmed la trouve fraîche et sympathique et comprend que cette petite a encore des morceaux de figue collés aux talons et il s'empresse de lui dire :

« Tes sœurs, je crois que je les ai vues sortir, elles sont brunes, non ? Avec des cheveux longs ?

– Oui, trois brunes, une avec des gros seins, une très maigre et une autre avec un chignon ! »

À cette époque, 99,95 pour cent des femmes rapatriées sont brunes avec une longue chevelure. Mai 68 vient juste de s'achever et les répercussions capillaires n'ont alors pas encore eu lieu, en tout cas, pas chez les juives tunisiennes fraîchement installées en France. Même Jean-Jacques Goldman, le Polonais, sait ça. Il chantera beaucoup plus tard : « Nos filles sont brunes et l'on parle un peu fort... »

Le 24 décembre 1969

Ahmed a proposé à Micheline de la ramener chez elle, ou, au moins, jusqu'au métro. Ainsi elle retrouverait ses sœurs et M. Bouaziz, et tout le monde serait content.

Elle précise qu'il faudra prendre soin de la déposer un peu avant. Si M. Bouaziz la voyait en compagnie d'un garçon, elle mourrait sous les seuls cris de son père.

Ahmed expliqua qu'il avait des sœurs et qu'il comprenait cela. Ses cheveux blonds lui venaient de sa montagne là-bas en Algérie, colonisée quelques siècles plus tôt par le peuple germain. Micheline n'eut aucun mal à glisser ses doigts dans les boucles soyeuses du jeune homme tant elles demandaient cela sans parler puisque les cheveux n'ont pas de bouche, c'est la règle. Le plus dur et le plus convaincant dans la vie, c'est de savoir demander sans parler.

Ahmed embrassa les yeux noirs et immenses de Micheline et il s'amusa qu'elle ait les cheveux aussi raides et noirs qu'il les avait blonds et bouclés.

Après tout alla très vite.

Ahmed était couché sur elle, aussi maladroitement qu'il est possible de l'être dans une Fiat 500 orange, le sexe très dur et Micheline ne savait pas qu'on n'arrête pas un homme avec un engin pareillement déployé ; d'une façon ou d'une autre il fallait aller au bout de l'aventure. Micheline ne pouvait rentrer chez elle déflorée et Ahmed le savait alors il dit à Micheline de le sucer et Micheline ne comprenait pas ; elle se mit à lui téter les joues et Ahmed recula net comme quand l'on faillit de heurter quelqu'un qu'on n'a pas remarqué dans la rue. Il resta un moment interdit puis ses hormones mâles reprirent le dessus.

Il baissa son slip et Micheline poussa un petit cri, il souleva la jupe de Micheline, elle baissa toute seule son collant parce qu'elle était une enfant obéissante mais refusa sans appel de retirer sa culotte. Il entreprit alors de frotter sa queue contre la chatte de Micheline et, tandis qu'il gagnait du terrain, il poussa le côté du slip – immense, pensa-t-il. Sous les frottements répétés et violents, le slip céda et Ahmed se sentit enfin au chaud entre les grandes lèvres de Micheline qui ne pleurait pas.

Il dit à la petite :

« Mais mouille ! Merde ! Mouillleuuuu !!! »

Alors Micheline s'est résolue à pleurer. Ses joues étaient bien humides, mais sa chatte, elle, resta sèche.

La suite c'est que Micheline a senti un liquide épais et chaud entre ses cuisses après qu'Ahmed a poussé un long soupir. Il l'a embrassée sur les yeux et le front et il a souri. Ahmed s'est excusé et a promis de venir la chercher très vite à la cité. Il lui a dit, ne t'inquiète pas, tu n'as pas saigné, tu pourras te marier. On était le 25 décembre, il était 8 heures du matin, et Ahmed l'a ramenée jusqu'à La Courneuve où elle a fini seule, de l'avenue du Général-Leclerc au mail Maurice-de-Fontenay, le chemin jusqu'à chez elle. Son père l'a enfermée dans une chambre pendant trois mois, excusant son absence auprès de son cours de sténodactylo, pour cause de maladie.

Il ne pensait pas si bien dire.

L’annonce faite à Micheline

Un matin, Micheline dégueule son foie et elle dit que ce sont les ganaouias de sa mère qui la font grossir et vomir. Micheline trouve que la bouffe de Tunisiens c’est un truc à guérir la faim dans le monde, qu’avec un beignet de son père, on couvre les besoins nutritionnels quotidiens d’une région subsaharienne, mais sa mère fait tss tss tss... sa fille est enceinte, elle en est sûre. Alors Micheline jure, dit que non, elle convoque la torah qu’elle ne connaît pas et prend Dieu à témoin (elle dit : « Dieu m’est témoin ») mais rien n’y fait. Sa mère voit bien que sa fille est enceinte, elle qui a eu une colonie de polichinelles dans ses tiroirs jusque il n’y a pas loin. Sa mère la traîne à l’Assistance publique, qui, à l’époque, veille à régler les problèmes liés aux débordements (sexuels surtout) de Mai 68. Sa mère implore le médecin d’aider sa fille mineure à prendre le bateau pour aller de l’autre côté de la Manche pisser ce gosse dont personne ne veut.

Le médecin essaie d’en placer une, entre la mère qui maudit, et sa fille qui jure, et, croyez-moi, ce n’est pas une mince affaire. Les Tunisiennes sont les seules femmes qui auraient pu faire taire une querelle entre Elkabbach (lui-même originaire de la Marsa) et Georges Marchais. L'obstétricien dont le nom sur la porte indique que c'est un M. Journo (décidément, ils sont partout...) demande à tout le monde de cesser et ce n'est pas une mince affaire encore. La seule façon d'empêcher une Tunisienne de parler, c'est de lui remplir la bouche de bouffe. Et encore, même pleine, celle-ci ne saurait rester fermée.

Le gynécologue, puisque c'est son métier, dit à Margot :

« Nous allons procéder à un examen gynécologique. Ainsi nous serons fixés. »

Son accent ne laisse à Margot aucun doute quant aux origines géographiques du monsieur, alors elle l'implore en arabe, à coup de « *aichek* » ce qui en français consisterait en un « je vous en supplie ». Elle n'a plus rien à lui demander maintenant que les jeux sont faits, mais elle demande encore en regardant vers le haut parce qu'elle sait, au fond, que Dieu seul peut encore quelque chose dans cette affaire et c'est bien à lui qu'elle s'adresse en vérité.

Le docteur enfile un gant en sac en plastique de supermarché et ça fait « tchok tchok » quand il bouge les doigts et encore plus quand il entre dans Micheline avec son index et son majeur. Micheline hurle et le Dr Journo retire ses doigts avant d'aller plus loin. Le Dr Journo dit :

« L'hymen est intact. »

Margot ne parle plus qu'en arabe maintenant, tant son émotion est grande, et que chacun sait qu'en temps de grande émotion on s'exprime dans la langue de sa mère.

Elle demande qui est l'imam et le Dr Journo a bien du mal à lui exposer les faits. Margot dit :

« *Chkoun l'imam ? Yudi aidè !*[1] »

Alors, patiemment, le Dr Journo explique qu'il ne s'agit pas d'imam mais d'hymen, il démontre à Margot ce qu'elle ne veut comprendre ; parfois, les garçons frottent leur sexe contre le sexe des filles, ils éjaculent et le sperme, qui est liquide, peut remonter le long de la paroi vaginale. Donc oui, sa fille est enceinte, mais elle est également vierge. Elle est techniquement vierge puisque l'hymen n'a pas été déchiré.

Les spermatozoïdes ont une durée de vie d'un ou deux jours parfois même trois quand ils sont vigoureux. Le chemin enfin parcouru, un spermatozoïde audacieux peut parvenir à ses fins et féconder ainsi l'ovule. Comme Margot ne comprend rien, le Dr Journo lui dit :

« Les spermatozoïdes sont des petites bêtes qui peuvent tenir sans dormir et sans manger pendant plusieurs jours. »

Margot pense : « Petites bêtes ? *M'haboul aidi* », ce qui en bon français signifie : « Il est fou celui-là », mais ne le dit pas de peur qu'il refuse d'aider sa petite à se sortir de cette mauvaise impasse. Dans une impasse, on peut toujours faire demi-tour mais pour cela tu repasseras après les lois de Simone Veil, Margot. Heureusement pour moi, puisque c'est de

1. « C'est qui l'imam ? Elle est juive ! »

ma personne à cet instant dont on décide si elle va vivre ou pas, j'étais inavortable. Le demi-tour va être serré, Margot, voire impossible à négocier.

Ça fait bizarre tout de même de savoir que la première fois qu'on a évoqué votre existence, c'était pour savoir si on pouvait ou pas vous supprimer.

Margot regarde le long trait noir abîmé de blanc qui barre le visage du médecin, bouger sous l'impulsion de ses lèvres et elle pense qu'un homme avec une moustache comme une brosse à balai qui aurait trop travaillé doit forcément dire la vérité.

En rentrant à La Courneuve après s'être perdue dans le métro, Margot a dit à sa fille pour lui donner du courage qu'il ne lui restait que cinq mois à tenir. Du courage, il en aura fallu à Micheline.

Elle a passé les cinq derniers mois de sa grossesse enfermée dans une chambre de neuf mètres carrés, sa sœur ne rentrant le soir que pour l'insulter et lui dire combien elle était grosse.

Ses petits frères l'ont battue, juste pour rire et pour signifier au père leur loyauté.

Puisqu'elle l'avait déçu, il fallait qu'elle paie. Elle n'est pas sortie de la chambre, et elle a pensé que même les condamnés à mort ont droit à une heure de promenade par jour.

Sa mère la massait matin et soir avec de l'huile d'amande douce et refusait de se mettre à table avec son mari. Elle restait auprès de sa fille tant de fois maudite par le reste de la famille, et lui caressait les cheveux afin qu'elle consente à s'alimenter.

En août, tandis qu'il faisait vraiment chaud entre les barres de béton, Moïse décida d'acheter une 404 bâchée et d'emmener toute sa famille, sans Micheline, à Marseille.

Son frère et sa sœur y vivaient et il n'était pas question d'aller y étaler sa honte.

Ainsi, pour la première fois depuis la plage de La Goulette, Margot osa dire « non » à Moïse. Elle resterait auprès de son enfant, celle-ci ayant été malmenée, il y avait fort à parier que l'enfant, bien que prévu pour le 25 septembre, décide, par charité chrétienne, de libérer sa mère plus tôt. Moïse éclata comme un orage et il plut des larmes dans l'appartement de La Courneuve. Lui qui d'ordinaire demandait à sa famille de parler bas, n'en avait plus rien à faire des murs de papier et c'est surtout sa peur qui le rendit colérique.

Il craignait en effet que sa femme ne l'admire plus pour ce qu'il était : un mari honnête et généreux, un père qui donnait sa vie pour elle, bien plus que pour ses enfants. L'amour de Margot c'était sa force, son rempart contre la pauvreté car il savait bien pour l'avoir vécu, pour le vivre tous les jours, que rempli d'amour on n'a jamais faim. Margot décida de se taire parce qu'elle ne savait pas crier.

Ma grand-mère, c'est elle qui m'a élevée.

Je voudrais mourir avant elle. Les choses ne vont pas dans le bon sens, la vie fait mal son travail. J'aimerais pouvoir me dire que je n'aurai pas à porter le lourd fardeau du deuil.

L'amour inconditionnel de cette vieille femme, son courage et ses dents qu'elle a gardées serrées même dans le malheur, sa capacité à toujours chercher chez l'autre ce qu'il y a de meilleur ont fait de moi une guerrière qui jamais ne tue (elle disait, même Hitler a pleuré en lisant Lautréamont, d'où tu connais Lautréamont, Mémé ? Hé oh ! La Tunisie c'était la France ! On l'a eue la belle éducation qu'est-ce tu crois, toi ?! Mes frères ont combattu sous le drapeau ! Et c'était reparti pour un tour). Margot a eu dix enfants, elle en a perdu trois. Pas un, pas deux mais trois enfants. Elle aurait pu tomber mille fois, elle a tenu, elle a marché droit, pour son mari, pour nous. Elle nous a tenus ensemble, elle a diffusé des rires dans toutes les pièces de la maison, ma grand-mère, elle nous a nourris à l'optimisme et vous conviendrez que pour une juive, ce n'est pas commun. Elle a été notre Dieu, celle à qui, dans le lit, le soir, j'adresse mes prières au téléphone avant de m'endormir quand je ne sais pas comment faire avec les bourgeois gentilshommes qui sont, depuis ma migration vers Paris, mon quotidien tourmenté.

Mémé Margot m'a appris à voir, et à comprendre surtout, que la culpabilité est un sentiment inutile et qu'en arriver là est un signe d'échec, ce sentiment retient, il faut s'en libérer, et tout ça aura fait de moi une personne qui n'a jamais eu peur, quelqu'un qui aura su faire contre mauvaise fortune bon cœur, tout le temps, et c'est comme ça qu'aujourd'hui je trouve la force d'écrire cette histoire. Parce que je comprends qu'il faut jouir de la vie, un peu chaque jour, il faut apprendre à regarder autour, le ravissement des rues de Paris, le café et sa crème épaisse et les enfants dans les squares et les jeunes filles chez H&M qui prennent en groupe des décisions de la plus haute importance quant aux coloris qu'il faudra consacrer cette semaine. Et je comprends aussi qu'on jouit mieux quand on a travaillé avant, que c'est un plaisir inouï et une force de superhéros de se dire qu'on est assez fier de soi, qu'on n'a pas trop mal fait.

Et si je ne suis pas tombée, si, dans la cité où j'ai grandi, j'ai préféré lire et travailler plutôt que sortir et m'abrutir, ou pire, subir la vie qu'on me donnait, c'est parce que j'ai vu cette femme sourire quand ses enfants la remerciaient de l'aider pour les devoirs, elle qui n'y entendait pas grand-chose, j'ai vu cette femme peindre le plafond de son appartement pourri en bleu parce que le ciel de sa Tunisie lui manquait et qu'elle trouvait que toutes les couleurs de sa nouvelle terre d'accueil (euh... pour l'accueil on repassera hein...) semblaient être passées trop souvent à la machine.

Margot, c'est simple, elle a toujours une solution quand les choses tournent mal. Je l'ai vue ramasser les toxicos à moitié morts dans les cages d'escalier et les ramener à la maison pour leur donner une douche et quelques nèfles, ces fruits de chez elle dont elle raffole. Je l'ai vue, Margot, je l'ai vue caresser longtemps les cheveux de ces pauvres enfants si faibles à qui son amour redonnait un peu de courage. Les toxicos de La Courneuve étaient les lépreux de la vieille cité. Interdiction de les approcher sous peine d'être à son tour traité de drogué. Ma grand-mère, qui savait bien que le malheur n'est pas contagieux, leur ouvrait sa porte malgré cela. Elle leur servait à manger, lavait leur linge et il faudra que je vous parle d'eux un peu plus tard. Elle a fait ça, ignorant les quolibets que, d'ailleurs, elle n'a jamais eu à essuyer et je vous dirai aussi pourquoi ce n'est pas un miracle.

J'ai écouté ma grand-mère m'expliquer qu'il était plus facile de se coucher que de se tenir droit mais que, dans la vie, si elle avait une certitude, elle à qui la vie avait donné autant qu'elle avait pris, c'était celle-là : on récolte ce que l'on sème (avec sa variante : comme on fait son lit on se couche, et que ma fille, si tu veux te coucher dans un lit frais aux draps de satin, il va falloir aérer tous les jours et te mettre tout de suite au travail, on n'est jamais mieux servi que par les autres quand on y met le prix mais, en attendant, va falloir compter sur toi et juste sur toi. Montre l'exemple, les autres suivront. Les moutons ont besoin d'un berger elle disait ma grand-mère à l'enfant que j'étais, les trains ne sont rien sans leur locomotive, le corps ne bouge pas sans son cerveau qui est son moteur, etc.).

Et puis un jour, alors que je réclamais mon père au milieu de tous mes oncles, ces derniers ont crié : «Eh, mais c'est nous ton père ! Regarde, t'en as quatre pour le prix d'un !!» Ma grand-mère a ri avec eux et comme elle était mon repère dans la vie, j'ai pensé que ce n'était pas un drame de manquer de la moitié de moi puisqu'elle-même n'en faisait pas toute une histoire. Et puis plus tard, dans la cuisine, Margot a crié mon nom et je suis venue. Elle a dit :

«Tu seras ton propre père. Tu seras avec toi-même comme le père le plus exigeant, le plus aimant aussi avec sa fille unique.»

On n'est jamais mieux servi que par soi-même, je sais, je sais. Elle avait l'air très sérieux alors je l'ai écoutée.

Et puisque ma mère était encore une enfant quand elle m'a eue, puisque je me suis retrouvée très vite confrontée à devoir m'occuper d'elle et de moi, je me suis mise à devenir adulte avant même d'avoir des seins. J'ai été son père, mon père, sa mère et ma mère, et ça faisait du bruit dans ma tête des fois tous ces gens.

J'ai dû marcher droit, tenir, me levant à 6 heures chaque matin pour m'occuper d'elle et de la maison. Puis je partais pour l'école, je rentrais, je faisais mes devoirs, je travaillais pour gagner un peu d'argent, je me couchais tôt, je ne sortais pas, même à vingt ans. Je ne buvais pas, ne fumais pas, il fallait que je fasse partie du monde des nantis à tout prix mais pas à n'importe quel prix. Il fallait que je me mette à l'abri du besoin, pour elle c'était trop tard, elle avait vrillé, mais, pour moi, il restait encore une chance puisque ma vie n'était pas encore écrite. Il fallait que je veille sur elle et sur mon avenir. Il fallait que je prenne le pouvoir tout en restant correcte, d'un point de vue moral.

Bref, en deux mots, j'ai dû m'élever.

21 septembre 1970

Je m'appelle Sylvie parce que ma mère voulait un garçon, un Stéphane. Ma mère ne m'a pas attendue. Ma mère a voulu m'avorter. Ma mère m'a confiée à l'Assistance publique. Puis ma mère a dû me récupérer parce qu'elle était mineure et que sa mère a refusé qu'on m'adopte. Je voudrais raconter cette histoire à laquelle on n'a pas envie de croire tant elle est moche et belle à la fois.

Le premier soir du jour de ma vie c'est le 21 septembre 1970, de Gaulle va bientôt mourir. Tout fout le camp. La maternité de Saint-Vincent-de-Paul, à Paris, est vide comme c'est pas permis en période de trente glorieuses. Il pleut, il pleut, et Micheline ne veut pas accoucher. Elle dit au docteur démuni :

« J'ai mal, je ne veux pas accoucher. »

Et le docteur lui répond :

« Vous n'avez pas le choix, il faut pousser maintenant. Arrêtez vos simagrées. Poussez, qu'on n'en parle plus. »

Micheline pleure et ne pousse pas alors on va chercher de grandes cuillers et Micheline se met à hurler que c'est Mengele ce type et que son père va lui casser la gueule et qu'il l'aura bien cherché : faudrait songer à ne pas trop emmerder les enfants de Moïse.

« Quoi les enfants de Moïse ? Je ne suis pas antisémite, dit le docteur qui est juif, ne commencez pas avec ces conneries, j'ai pas le temps pour ça ! »

Puis la suite c'est que le docteur s'énerve, le docteur dit à Micheline que c'est une ingrate parce qu'il est une heure du matin et qu'il serait mieux au lit contre sa femme plutôt qu'à écouter une agitée qui refuse de coopérer. Micheline a eu beau arguer que Moïse c'était juste son père et qu'il n'était guère commode, on s'est très vite dirigé vers un dialogue de juifs et la sage-femme, une Antillaise concernée – ce qui était peu commun en vérité – a pensé que leur extermination n'avait pas aidé ces gens à rester groupés, à se tenir les coudes.

Après il y eut le sang et la fillette qu'on présente à Micheline. La fillette c'est moi.

Tout le monde, à première vue, aurait préféré naître d'un autre ventre.

Pas moi. Parce que ma mère, malgré sa bêtise, est la femme la plus gentille, la plus généreuse qu'il m'ait été donné de croiser. Et puis une fille-mère n'enfante pas de fille à papa, enfin c'est ce qu'on dit.

Micheline qui est encore une enfant, alors qu'elle aperçoit la fente entre mes cuisses, a ces mots qu'elle ne regrettera jamais sa vie durant :

« Hein ? ! Quoiii ? Malheur !!! Mais c'est une fille ? Si je n'ai pas un garçon, Ahmed ne me mariera pas !!!! Jetez-la à la poubelle. »

(Le pire dans tout ça, c'est que Micheline, ma mère, rit fort et de bon cœur quand elle raconte cette histoire.)

La sage-femme antillaise, qui n'est pas loin de penser que ces juifs sont quand même une drôle de race, tente de garder son calme :

« Et comment on l'appelle cette merveille ? »

Micheline, qui boude, essaie d'expliquer :

« Ma mère m'a dit que, puisque mon ventre est en pointe, c'est un garçon. J'avais prévu Stéphane. J'avais pas prévu un malheur pareil. »

La sage-femme qui, de toute façon, est là pour la nuit, réfléchit :

« Stéphane... Et bah, en "s", y'aurait – y auhouai – Sylvie, Sophie, Sandrine... »

Micheline pense qu'on n'aurait jamais dû refiler la parole aux Noirs mais elle ne le dit pas. Elle trouve que la sage-femme, qui, elle en est sûre, n'est qu'une aide-soignante, pue. Elle décide alors de couper court :

« Sylvie, Sophie, Sandrine... OK. »

La sage-femme est satisfaite, et moi, depuis ce jour, je m'appelle Sylvie, Sophie et Sandrine.

Ahmed n'est jamais venu voir sa fille, il n'a pas épousé Micheline parce qu'elle était juive et qu'il ne voulait pas tuer sa mère kabyle pour cause de lâcher du cœur.

Et c'est à ce moment que l'histoire que je vais vous raconter commence vraiment.

Moïse

Tant va la cruche à l'eau qu'à la fin elle se brise.

Le premier matin de mon premier jour, il pleut et c'est la Saint-Matthieu.

Moïse est penché sur mon berceau et il retire de son auriculaire une chevalière lourde d'or comme seuls les Tunisiens juifs peuvent en façonner. Il veut me la passer au doigt et, tandis que s'exécutant, il lâche un « C'est tout ce que je peux faire pour toi, maintenant démerrrrde-toi... » (le Tunisien est emphatique souvent, et roule les *r*, surtout à cette époque, où le « retour » n'est pas encore très éloigné), une auxiliaire s'approche en trottant et en perdant ses sabots blancs à semelles de plastique, elle crie :

« Monsieur ! Que faites-vous ici ! C'est un endroit privé ! On n'a pas le droit d'approcher les bébés !!! »

Mon grand-père qui me déteste déjà lui dit que l'Assistance publique, si c'était privé ça se saurait mais l'auxiliaire, qui a dû en voir d'autres tant son visage ressemble à une carte routière striée de tellement d'autoroutes et de nationales, lui demande d'aller se faire foutre ailleurs, et que s'il est là pour l'adoption il faut qu'il prenne le couloir vert.

Dolto avait raison, le bébé est bel et bien une personne ; je me suis mise à hurler comme les chiens à la SPA qui veulent qu'on les remarque, qu'on les emporte quoi.

Il y a eu du bruit dans la pouponnière, tous les autres gosses nés sous X ont eu la même idée que moi et déjà je compris que dans la vie, pour m'en sortir, il allait falloir que je parle plus fort que les autres. Après je ne sais plus trop. On me ramène malgré tout à la maison.

Ma mère est mineure et mon grand-père la fait enfermer à Sainte-Anne pour cause de syphilis. Ma grand-mère lui explique que la syphilis c'est une maladie de l'autre siècle et que l'on n'enferme pas les gens pour ça.

Un matin, tôt, les hommes en blanc sont venus chez nous aux 4000. Quand les gens de Sainte-Anne ont emmené ma mère, je devrais dire ont emporté ma mère, comme on vient retirer un colis bien ficelé, ma mère, la pauvre, malgré la camisole, a juste eu le temps de retirer son collier de juive et de me le jeter autour du cou comme on jette un anneau sur le piquet le jour de la fête de l'école.

Je n'étais pas là depuis trois jours, que déjà on me couvrait d'or. Je voyais bien que les choses commençaient bizarrement pour moi, mais je me disais que l'aventure qui m'attendait ne pouvait être que palpitante. Les choses finissent toujours par devenir ce qu'elles sont à la première minute. La vie m'apprendra cela un peu plus tard et régulièrement. Comme pour les histoires d'amour. Regardez comment elles commencent, pourquoi elles commencent et vous saurez très vite comment et pourquoi elles s'achèvent. En attendant, j'étais là, dans les bras de ma grand-mère, une mère enfermée et Moïse signant les documents qui allaient me ramener à la pouponnière de Saint-Vincent-de-Paul. J'étais un peu dans la merde là quand même, je débutais mal ma carrière d'être humain. Ça je vais vous dire, c'est un truc à faire de vous un mauvais citoyen plus tard.

Maintenant qu'il avait mis ma mère hors de sa vue, il s'agissait de se débarrasser de moi.

Quand l'assistante sociale est venue me chercher quelques heures plus tard, mon grand-père a quand même lâché :

« Je veux que ce soit une famille du XVI qui l'accueille hein ! Et des juifs de préférence... des juifs, pas trop juifs. »

La dame avec des lunettes comme c'est pas permis d'en porter lui a dit qu'on ne choisissait pas la famille adoptante mais qu'il avait fait le bon choix. La petite serait bien traitée, elle aurait une chambre à elle et : « ... Hum... a-t-elle ajouté... des vêtements de fille, euh... à sa taille... et propres. »

Mon grand-père l'a littéralement mise dehors avant qu'elle ait pu finir sa phrase, et je suis partie dans les bras de la dame à grosses lunettes (si grosses qu'on l'aurait dite myope des joues). Elle sentait le drap de campagne moisi et c'est là que j'ai vomi.

Quand Moïse a refermé la porte sur moi et la vieille chouette, ses sept autres enfants sont restés d'équerre autour de la nappe à carreaux, muets et tétanisés à l'idée de devoir être le prochain.

Ma grand-mère est allée pleurer dans la salle de bains sa fille aînée dont on la privait et qui, il faut bien le dire, avait sa préférence. Et, quand l'un de ses enfants lui disait : « De toute façon, Micheline c'est ta préférée ! », Margot répondait que oui, on ne choisissait pas ces choses-là, c'était de la chimie ou le bon Dieu, qu'on ne pouvait rien contre les affinités électives et rien non plus contre l'amour qui nous prend l'estomac comme une faim soudaine que jamais l'on ne parvient à rassasier.

Moïse a tambouriné à la porte en hurlant :

« Margot, tu coupes le robinet, l'eau ça coûte cher ! »

Il n'aimait pas qu'elle cache sa fureur derrière des bruits de cascade. C'est le soir que Moïse a pleuré l'honneur perdu de sa famille, et, de souvenir de Marguerite, sa femme, ma grand-mère, c'était la première et bien la dernière fois qu'elle le voyait en larmes. Mon grand-père a vite essuyé ses yeux et, toute mon enfance, je l'ai entendu dire : « On ne confie pas la sécurité de son poulailler à un renard !!!! Un Arabe, un Arabe !!! » Je ne comprenais pas pourquoi il ponctuait systématiquement cette phrase de « Un Arabe, un Arabe ! ».

Après ça, et depuis, j'ai compris que le racisme est une marque de faiblesse, il est le rempart de ceux qui ont peur de l'autre. Et vu que, grosso modo, les autres sont essentiellement le miroir de nous-mêmes, que l'on est un peu tous foutus pareil (mises de côté les couleurs et les odeurs), le racisme est la preuve qu'on a peur de soi-même, et vous me direz ce que vous voudrez, mais c'est pas très bon signe tout ça.

Encore, le racisme animal je dis pas, je peux comprendre, mais le racisme entre hommes, je peux pas, je trouve ça trop con, trop petit et quand on n'aura plus d'eau, vous verrez, on en aura terminé de se foutre sur la gueule les uns, les autres. On se sera trouvé un combat commun. N'empêche, mon grand-père avait raison sur un point : on ne confie pas la sécurité de son poulailler à un renard. Ou alors c'est qu'on cherche la merde, qu'on veut se faire remarquer.

Après trois mois ? trois jours ? de larmes et de discussions à l'harissa avec Moïse, Margot m'a récupérée. Elle est revenue sur les signatures de son mari. Je suis rentrée rue Renoir à La Courneuve après avoir goûté trois mois ? trois jours ? à la cuiller en argent. Ce n'était que partie remise, mais ça, évidemment, je ne le savais pas encore.

Madame Loiseleur

Enfant, on ne venait jamais me chercher à l'école. Même à trois ans, même les premiers jours de l'année. Je me collais à Nathalie Loiseleur qui elle-même se collait à sa mère grosse, parce qu'elles habitaient au-dessus de chez ma grand-mère et que c'était le seul moyen que j'avais trouvé pour rentrer chez moi.

La mère Loiseleur râlait qu'elle n'avait pas que ça à faire de nourrir la bouche d'une petite youp's, qu'elle était seule à élever sa fille et ses deux fils et qu'« y en a toujours pour les bougnoules et leur portée au service social bon Dieu ! ».

Puis en passant devant la maîtresse, elle disait : « C'est bon, je la prends... mais c'est la dernière fois. » Alors elle se tournait vers moi, levait le poing et, tel un personnage de William Shakespeare, partait dans une tirade sur le mode : être ou ne pas être français, apprendre à aimer son pays, respecter les vrais Français, ceux qui étaient là avant, et on riait avec Nathalie devant un bol de Tang orange parce que « le Benco c'est pour les riches », elle disait Mme Loiseleur qui avait le cœur sur la main en vérité.

Cette femme en avait après la terre entière mais quand elle regardait sa fille, ses yeux s'éclairaient, sa voix devenait mielleuse et ses mains se mettaient à danser doucement, là où, d'ordinaire, elles s'évertuaient à assassiner l'air et les tâches ménagères.

En tournant sa cuiller dans son bol d'eau orangée, Mme Loiseleur me regardait en biais, puis, en reniflant et sans cesser de tourner, elle lâchait calmement :

« C'est vrai que t'es mignonne quand même. »

J'étais une petite fille très belle, des cheveux blonds, raides, et l'œil qui frise. Une bouche charnue comme une framboise mûre, avec dedans une langue bien pendue. Des yeux noirs en amande qui donnent à ceux qui me voient sur les rares photos que je conserve de cette enfance pas commune, une envie de pleurer parfois. La peau couleur caramel et une odeur de croissant au beurre me dit Micheline, ma mère forcée.

Nathalie et moi, on rigolait encore et c'est vrai qu'on riait tout le temps dans cette maison sale.

Margot débarquait vers 18 heures, elle déposait des paniers entiers de gâteaux au miel, du couscous pour la semaine et elle me chargeait sur son flanc en disant, allez, on descend, et Mme Loiseleur me disait à demain doucement en agitant sa main un peu parce que je crois qu'elle m'aimait bien.

Une fois en bas, Margot me serrait contre elle un long moment et elle s'excusait de m'avoir encore oubliée. Mes oncles disaient : « Arrête de la couver comme un œuf, tu vas en faire un pédé ! » et Margot maugréait dans sa langue, m'embrassait partout et me nourrissait encore et encore.

Le jour d'après, ça recommençait. Mme Loiseleur venait chercher sa fille, elle était toujours la première et je rêvais à ce jour où je verrais apparaître ma mère dans l'encadrement de la porte de notre salle de classe, comme un superhéros, comme Nicolas Sarkozy à la maternelle de Neuilly le jour où il a sorti les gosses les uns après les autres.

Mme Loiseleur faisait mine de ne pas me voir alors je reculais jusque dans le fond de la classe, je reculais comme un chien désabusé perdu dans la cage d'une SPA de banlieue. Puis Mme Loiseleur revenait, elle prétendait avoir oublié un chandail et elle remontait jusqu'à moi, elle prenait un air surpris et elle disait : « Ah bah t'es encore là toi !? Allez, viens. Ah, là, là... ta grand-mère faudra lui dire qu'il y a pas que le couscous dans la vie... j'te jure ces bougnoules... c'est bon, madame, je la prends. Encore ! J'te jure... ils font des gosses, ils les laissent pousser dans la nature comme des champignons vénimeux... »

Elle continuait comme ça sur le chemin qui nous ramenait chez elle. Elle posait sa main droite sur ma tête, sa main gauche sur celle de sa fille et ses mots agressaient l'air, et moi, je la prenais pour une télévision tellement elle parlait tout le temps.

Elle jetait systématiquement les bassines de bouffe succulente que Margot lui livrait parce qu'elle refusait d'être rémunérée pour son acte de bienveillance.

Faut bien comprendre une chose : à La Courneuve, les gens ne pouvaient pas se laisser tomber. Ils n'y parvenaient pas. C'est là que j'ai appris le sens du mot « humanité ». Notre journal, tiens.

Ce n'est pas dans les cours compliqués de philosophie que j'ai expérimenté le sens du concept, et, de Darwin à Rousseau, je peux vous dire que les penseurs auraient appris beaucoup à nous regarder vivre.

Je crois que la France tenait, à cette époque et en ces lieux, sa résistance. Une résistance désorganisée contre la misère et Simone de Beauvoir en aurait perdu son turban de tout cet amour giclé comme des baffes de douceur, des cris et des reproches en fond sonore mais toujours quelqu'un pour vous retenir de tomber.

Parfois, Mme Loiseleur s'asseyait sur le sofa en velours côtelé bordeaux avec un paquet de Chipster et nous on crevait devant et elle disait que chaque pétale de pomme de terre était comme un bisou qu'elle recevait d'un homme. Elle mettait même du rouge à lèvres pour bouffer sa merde jaune pétée de graisses hydrogénées.

Avec Nathalie, on riait encore parce que Mme Loiseleur remuait ses grosses fesses après sur la musique de James Brown et nous on avait l'impression que Casimir avait pris un acide et on se levait pour l'accompagner en sautillant, moi avec mon corps comme une allumette et Mme Loiseleur qui m'appelait Fritelle parce que c'était le cousin en tige de la Chipster et qu'on a les références qu'on peut.

Mme Loiseleur c'était la France dans ce qu'elle a de plus touchant. Le beau côté de la France, celle de Diderot, de Molière et de Mendès France. La France qui se soucie de l'autre et qui n'en fait pas tout un plat, un altruisme congénital et tant pis si cette délicatesse était planquée derrière un corps que la misère, toutes les misères d'une femme, avaient rendu monstrueux. Pas de manifestations dans les rues le dimanche avec de la gnole et des jambons beurre en bandoulière, mais une conscience véritable de l'autre et pas la peine de la ramener parce que, sans avoir l'air d'y toucher, on faisait le bien.

Vous savez que dans une cité, la pire insulte qu'on pouvait proférer consistait à stigmatiser la mère ? « Ta mère ! » équivalait à « Ta gueule ! », « Ta mère la pute » à « Connard ! », « – Fils de pute ! » à « Mal élevé va ! » etc. Il fallait toucher l'autre dans ce qu'il a de plus précieux : sa mère.

Parce que les gosses sont pas fous, les gosses sont bien plus clairvoyants que les adultes. Ils voyaient bien le courage de leur maman qui portait la maison, l'avenir de leurs enfants et le plus souvent aussi leur père, dont le principal rôle consistait à rapporter un misérable salaire que, la plupart du temps d'ailleurs, il allait griller au Balto du coin. Aujourd'hui quand je vois certains gosses parler à leur mère dans les allées du parc Monceau, j'ai envie de les noyer. Remarquez, quand j'observe le peu d'implication des mères du XVIe se reposant sur leur nounou marocaine et fuyant tout engagement moral auprès de leurs petits, j'ai envie de les cramer au chalumeau.

Mme Loiseleur se levait à 3 heures du matin pour aller nettoyer les bureaux des tours de La Défense puis rentrait à 11 heures, courait récupérer sa fille et ses deux garçons à 11 h 30. La cantine restait un luxe qu'elle ne pouvait se permettre. Elle filait ensuite un coup de main à la boulangère, Mme Gavelle, de 14 heures à 16 heures et enchaînait jusqu'au soir sur son devoir de maman.

Je me souviens qu'elle voulait me faire des anglaises, tout le temps, et que mes cheveux restaient raides et elle me mettait du sucre sur la tête pour faire du gel et je ressemblais à un épouvantail et je pleurais parce que je n'avais que trois ans après tout et voir Didier, le frère de Nathalie, mort de rire devant ma touche me rendait hystérique et triste. Mme Loiseleur n'a pas fait de ses enfants des ministres. Juste des gens honnêtes, des Français comme on aurait aimé en voir plus souvent en 1940.

Françoise n'est pas Framboise

L'Aïd-el-kébir est un jour de fête chez les musulmans. Les Arabes viennent chez ma grand-mère les bras chargés de gâteaux et les enfants portent tous des vêtements neufs, des vêtements de cérémonie. Dans la cité sale, c'est un spectacle peu commun. Des enfants habillés pour la noce évoluent au milieu des détritus sans que cela gêne personne. Eh bien, moi ça me gêne figurez-vous. Ça me rend agressive même. Je supporte de moins en moins ces humiliations, un quotidien comme une défaite, et faudra pas s'étonner si un jour tous ces gamins se mettent à brûler Paris.

La seule réponse à cette vie bâillonnée, cantonnée à deux rues, des murs, toujours des murs et une seule boulangerie pour vingt mille personnes, c'est de faire la fête comme au bled une journée par an. On tue le mouton dans les baignoires, on se moque des lois une fois pour l'honneur, on affirme sa différence mais, le lundi matin venu, on retourne sur les chaînes de montage de l'île Seguin et on rentre muet tant la fatigue est grande et qu'on n'a rien à raconter.

Ce jour de l'Aïd, dont on dit que c'est la fête du Mouton, et je ne comprends pas cette ironie malvenue, je dois avoir trois ans et demi et je vis encore chez mes grands-parents.

Je me souviens d'une femme qui détestait ma tante et elle tambourine à la porte de l'appartement et moi je n'ai pas le droit d'ouvrir, ma grand-mère est sous la douche, mon grand-père, sur les chantiers. Elle crie que Françoise est morte, qu'elle s'est jetée du pont de la porte de Bagnolet et je répète comme je peux, coincée derrière la porte de la salle de bains que ma tante est morte et ma grand-mère ne répond plus. Un moment je crois qu'elle s'est noyée alors j'ouvre et je vois ma grand-mère, nue, allongée sur le carrelage froid. Je suis surprise parce qu'elle n'a pas de poils et on me dira plus tard que c'est chose normale chez les personnes vieillissantes, c'est une question d'hormones. Je suis un peu coincée avec mon corps tout maigre et jamais je ne parviendrai à relever ma grand-mère alors j'ouvre la porte d'entrée. Là, Nacéra, une Arabe à la vulgarité de pute, se met à courir dans l'appartement et dit qu'elle veut récupérer la bague qu'elle avait confiée à ma tante défunte désormais.

Ma grand-mère que rien ne peut vraiment abattre se redresse et, nue comme à la première heure, attrape Nacéra par les cheveux. La rebeu a fini de hurler maintenant qu'on la maîtrise, et Margot la fiche dehors avant de s'effondrer, dans la cuisine, cette fois. Je suis restée près du corps de ma mémé sans parler comme un chien fidèle reste auprès de son cowboy de maître déshydraté après qu'il est tombé du haut de la montagne de sable. Je la regarde dormir et je compte les petits carreaux blancs sales du sol de la cuisine et j'ai froid.

Après il y eut un grand conseil de famille, un conseil de faillite tellement ça fait beaucoup de drames dans cette fratrie, et moi j'assiste à ça parce qu'on a pas idée de l'existence du psychologue alors.

Je les vois s'agiter et Moïse n'est même pas triste en surface, et il laisse sa colère le tenir debout et je pense, en regardant mon grand-père être un homme si dur, que le suicide de ma tante c'était de la légitime défense. Si vous allez au cimetière juif de Pantin, dans quelque temps, vous pourrez voir la tombe de Françoise que Moïse a voulue en forme de voiture. Assez figurative et c'est ce qui choque : il y a quatre boules de granit qui supportent la stèle et dessus, en épitaphe, pas de phrase inspirée ou en forme d'hommage ; non, juste ces mots : « Françoise, morte écrasée par une voiture à l'âge de 19 ans. » Un exemple de déni assez frappant et jamais plus on a reparlé des incohérences liées à une mort accidentelle proclamée alors que ma tante avait laissé un cahier gros comme un annuaire où elle expliquait méthodiquement l'impossibilité d'exister dans une famille trop nombreuse, trop bruyante et où être une fille était déjà un échec en soi. J'ai dérobé son cahier et ce n'était pas difficile, vu qu'on m'avait attribué son lit. Le cahier était caché sous le matelas et c'était une habitude chez les pauvres de cacher ce que l'on possédait de précieux sous les matelas. Plus tard j'ai compris que

Gérard Lenorman n'avait été que la signature sur le tableau, la cerise sur le gâteau, la pincée de sel dans la purée. La vérité c'est que la mort de ma tante avait été un crime organisé par les siens et que les plus sensibles d'entre nous ne sont pas prévus pour résister aux névroses de Tunisiens à qui on avait coupé les racines et qui faisaient comme si tout allait bien. Il ne faut pas faire bonne figure, les façades finissent toujours par s'effondrer quand les fondations sont atteintes. Même les Japonais, qui en matière de séismes intérieurs-extérieurs ont été les mieux servis de la planète, savent cela. Ils le réalisent en ce moment en tout cas.

Chez nous ça causait tout le temps mais ça ne disait rien.

Ma tante s'est fait suicider par les siens et c'était pour ça le déni. Concernant Gérard, faut quand même que je vous raconte. L'homme avait croisé ma tante à la fête de l'Humanité qui se déroulait chaque mois de septembre à La Courneuve.

Il était avec ses musiciens au stand des spécialités auvergnates et, tandis qu'il partageait un aligot odorant, il a remarqué à voix haute que ma tante était très jolie et avait l'air bien seule.

Ma tante n'a pas répondu, elle savait très bien qui il était, mais elle n'avait pas beaucoup d'admiration pour les hommes connus qui se faisaient remarquer. Elle trouvait son costume de célébrité moche, trop tape-à-l'œil et, pourtant, elle se disait que nu, sans ces vêtements stupides, cet homme devait être beau parce qu'il avait les yeux verts, des yeux tristes d'enfant mal aimé.

Alors elle a accepté de revenir le lendemain au même endroit et, c'est son imprésario qui la conduirait jusqu'à lui.

Le soir, Françoise s'est enfermée des heures dans l'unique et minuscule salle de bains qui était le seul endroit où l'on pouvait trouver un quart d'heure d'intimité. Les toilettes étaient très souvent sollicitées et c'était bien normal pour une famille de douze personnes qui mangeaient épicé. Ma tante s'est regardée nue dans le miroir de rasage de mon grand-père et elle ne pouvait s'offrir le luxe d'une vue d'ensemble de sa personne alors elle s'est découverte morcelée dans la petite glace et c'était là un drôle de présage. Elle a passé la main sur ses cuisses pourvues de tellement de cellulite pensa-t-elle qu'elle s'est comparée aux toits des bidonvilles en tôle ondulée. Alors elle s'est mise à fredonner « laisse les gondoles à Venise » en masquant cette disgrâce sous un épais collant. On était au mois de septembre, et c'est toujours un vrai drame ce mois en France vous remarquerez. Mon oncle David a cogné la porte comme si elle avait insulté sa mère et ma tante a sursauté un instant avant de sortir.

Mon oncle, qui était beaucoup plus jeune qu'elle, l'a regardée comme on regarde un clandestin se faire refouler sur une plage d'Angleterre après qu'il a traversé la Manche dans un bidon flottant. Avec de la pitié, un peu de colère et pas mal de mépris. Il a dit à ma tante :

« Tu vas où comme ça ? Tu sors pas comme ça j'te préviens, j'ai pas envie de m'embrouiller avec les mecs de la cité, y a pas moyen, vas-y fais pas ta grande, va aider maman, et retourne dans ta chambre ! » Ma tante n'a rien dit, et comme le bras de fer se révélait impossible, mon oncle s'est tu et l'incident fut clos.

Ainsi Françoise sortit ce jour-là, sans maquillage et mal fagotée et je crois que Gérard Lenorman trouva cela touchant. Ma tante pensait que les hommes sont les poux de la terre, et elle n'avait rien contre un bon coup de peigne. Voilà pourquoi elle trouvait du bon aux guerres. Elle n'aimait pas la foule, elle se trouvait elle-même trop nombreuse et songeait déjà à se supprimer tant elle pensait que seuls les gens qui doivent servir à quelque chose ou à quelqu'un avaient le droit d'être de ce monde.

Elle se trouvait inutile et superflue, incapable de faire profiter son prochain de ce que l'homme a de bon et c'est pour cela qu'elle céda vite au chanteur. Elle aurait voulu rendre heureuse la terre entière, et comme elle savait bien que même la plus belle fille du monde ne peut donner que ce qu'elle a, elle se donna à lui bien qu'elle sût depuis déjà longtemps que c'était chose prohibée en ces contrées.

Gérard lui parla de lui parce qu'il était une vedette et que chacun sait la taille de l'ego de ces hommes publics. Il lui dit qu'il était le fils d'un Allemand. Sa mère, pour les raisons que l'on connaît, l'avait caché à son fils et elle parla de moi, de mon père arabe et elle dit que les familles sont les cancers de nos corps et Gérard approuva en regardant sa montre. Elle se rhabilla et le chauffeur très gentil lui expliqua qu'il reviendrait la chercher dimanche à la même heure.

Françoise est très contente parce qu'elle ne sait pas que la demande ne vient pas du chanteur. L'employé minable de ce dernier se sert dans les miettes que représente ma tante pour lui. C'est ce qu'il a fait. Il a fait de ma tante sa gourmandise.

Alors que pendant des jours ma tante ne quitta son lit que pour se rendre à l'école Pigier où elle apprenait à traumatiser une Remington, le chanteur, lui, l'avait déjà oubliée.

De son côté le chauffeur se prépara pour les réjouissances qui, pensa-t-il, enchanteraient son après-midi pluvieux et merdique de septembre.

Françoise écrivit des lignes et des lignes dans son cahier, des poèmes même, et elle s'était mis en tête de sauver Gérard de la vacuité de sa vie de grande surface.

Elle cherchait comment arranger le très modeste appartement de ses parents, et surtout comment inviter Gérard alors que ses frères et sœurs seraient absents.

Elle fit des phrases pour des chansons à venir qu'ils fredonneraient ensemble chez Guy Lux et tout le monde, *Ici Paris* et *Match* en tête parleraient de leur incroyable histoire de conte de fées. Françoise fit des plans sur la comète comme on dit. Sauf que la comète si on y pense un peu, elle ne fait que passer furtivement. La comète, elle s'installe pas et puis voilà.

Le dimanche, le chauffeur vint avec un peu de retard si bien que Françoise fut fébrile. Quand la voiture allemande approcha du parc de La Courneuve où ils avaient rendez-vous, elle ne put s'empêcher de frapper dans ses mains comme une bourgeoise applaudit un joli corset : les poignets joints comme en prière catholique et les mains bien raides qui clappent dans un petit mouvement hystérique.

Le chauffeur lui sourit.

Elle s'installa, demanda où on allait. Le chauffeur était peu prolixe, mais un sourire de bête féroce et victorieuse gagna son visage. On arriva dans une autre banlieue, devant un pavillon d'ouvrier et Françoise fut surprise de la petitesse de l'endroit. Elle entra dans le salon et ensuite je ne vais pas vous raconter par décence pour les morts.

Ce que je puis vous dire c'est que l'encre sur le cahier, ce 13 septembre, avait été mouillée, que le papier ressemblait par endroits à un buvard qui a bien fait son travail d'éponge et que, quelques heures plus tard, ma tante devait tomber du pont et atterrir sur le pare-brise d'un camion (et pas d'une voiture, Moïse).

Elle a eu ces derniers mots.

Elle a écrit :

« Oubliez-moi. Je ne valais pas la peine d'être vécue. Pardon maman. » Moi je pense que la vie c'est du meilleur et du pire, je crois qu'on vit tous globalement la même chose, mais à des moments différents. Françoise s'est servie dans le pire et ça l'a épuisée et je pense que ce n'est pas vrai qu'il faut garder le meilleur pour la fin. Il faut dévorer le meilleur tout de suite pour pouvoir supporter le pire ensuite. Et puis aussi, il faut écouter les adages : les chiens ne font pas des chats. Le meilleur engendre le meilleur comme l'homme engendre l'homme. Il faut juste avoir le courage de la confiance. Faire confiance à la vie même quand elle vous chie à la gueule et faire contre mauvaise fortune bon cœur n'est pas l'apanage des imbéciles, c'est la force des croyants, pas des utopistes rabelaisiens, hein, mais de ceux qui pensent que la vie recèle quelque chose de palpitant, un truc venu du fond des temps qui mérite vraiment qu'on s'y intéresse.

Ne vous laissez pas vivre, ce serait le pire des suicides. Et si d'aventure la force de continuer venait à vous manquer, arrêtez-vous un instant, ne prenez aucune décision et regardez le monde bouger autour de vous. Vous verrez qu'il y a toujours pire mort que soi. Vous valez mieux qu'une maison en sapin, vous le savez bien en vrai. Notre âme et nos paroles, même idiotes, valent mieux qu'un squelette mutique. La terre tourne, la terre enfante Rimbaud et Hitler, le prof qui vous donna le goût de la lecture et des autres autant qu'elle accouche du beau-père dont l'oxygène est fait de vos larmes. Il ne faut pas partir avant la fin, il faut continuer à vivre et à rester loyal envers votre santé.

Sans que vous y prêtiez attention, la vie vous reprendra dans sa ronde mais, avant, vous aurez entamé quelque chose, sans le savoir, vous vous serez décidé à changer les choses.

S'approcher du précipice c'est aussi la meilleure façon de relever la tête et d'apercevoir qu'au-dessus de l'abyme, il y a toujours un beau paysage qui attend.

Françoise avait honte de son prénom. Parce que son prénom c'était l'aveu maternel de sa propre honte de n'être pas une vraie Française ; Margot avait rattrapé le défaut comme elle avait pu, en donnant à ses enfants des noms bien de chez nous qui n'était pas chez elle. Alors Françoise se faisait appeler Framboise parce qu'elle n'en pouvait plus de ses yeux trop noirs, de ses cheveux charbon qui n'allaient pas avec ce nom. C'était comme baptiser une Noire 70 % de cacao, Blanche. Mais comment on se construit une identité sans un nom ? Comment peut-on porter des fruits quand on arrache ses propres racines ?

Ma tante en se jetant du pont s'était rassurée comme elle avait pu. Il y avait au moins une chose dans sa *vie* qu'elle avait eu le *pouvoir* de réussir. De ne pas rater tout au moins.

Ça, elle ne s'est pas ratée. Une fois pour toutes, elle aura été l'objet unique de l'attention de chacun des membres de sa famille. De sa mère surtout. Quand on meurt parfois, c'est pour la vie.

On l'a enterrée au cimetière juif de Pantin quelques jours avant mon anniversaire et j'ai pas eu le courage, cette année encore plus que les précédentes, de demander une Barbie. Même à trois ans presque quatre, j'avais peur de paraître futile.

Trop sérieuse, disait la maîtresse. Anormalement responsable. Alors je me forçais à accepter les bonbons qu'on me tendait. Même si je détestais les bonbons. Ils servent à rien ceux-là je me disais. Mais je ne voulais pas causer trop de soucis à mes grands-parents qui avaient déjà fort à faire avec leurs vies qui s'effritaient plus rapidement que prévu.

Le messie des juifs

Un jour ma mère est rentrée de Sainte-Anne et, depuis lors, elle a commencé à parler bizarrement, à rire de tout et à pleurer de rien. Je crois que c'est en rentrant de chez les fous qu'elle a lâché l'affaire. Moi j'avais d'abord été adoptée par une famille et ma grand-mère a refusé mon destin qui était un peu le sien alors elle est revenue me chercher et j'ai vécu comme ça, entre mes grands-parents dont l'un me chérissait ouvertement et l'autre faisait tout pour que je ne manque de rien, sans jamais me regarder, sans jamais me toucher.

Ma grand-mère s'est battue pour moi et aujourd'hui si je n'arrive pas à détester la vie, si je ne suis jamais parvenue à porter atteinte à mon intégrité morale (pour le respect du physique j'ai pas trop réussi ou alors j'ai voulu trop bien faire et j'ai bien failli en crever dis donc) c'est grâce à cette boule d'amour qu'elle aura laissée brûler en moi depuis le début et qui ne s'éteint pas. Même avec tous ces dégâts des eaux personnels que j'ai connus. Même avec ces inondations sur mes joues et dans ma bouche, les feux de l'amour persistent et signent. Et si, aujourd'hui encore, je ne parviens pas à en vouloir longtemps aux gens, même à ceux qui m'ont offensée, c'est à cause, c'est grâce à ma grand-mère. Et à mon grand-père aussi.

Il faut bien l'avouer. J'ai pas mis longtemps à comprendre que Moïse m'aimait bien. Il a bien essayé de me détester, mais je l'ai endormi avec mes yeux de biche.

Parce que j'ai reçu tellement d'amour si vous saviez, que j'en ai donné beaucoup et ça s'alimente comme ça depuis le début je crois.

Je crois que, comme Ferdinand Céline, j'aime bien les gens (non je plaisante).

Et puis un jour, c'est la nuit. Je vis chez mes grands-parents. J'ai cinq ans. Je suis vive dit la maîtresse, anormalement mature pour mon âge. J'ai des réflexions d'adulte et elle ne comprend pas bien pourquoi je suis toujours en train de ranger la classe, débarrasser le réfectoire, aider les enfants à faire leurs lacets, etc. La maîtresse dit à mon grand-père que je prends la vie bien trop au sérieux pour une enfant de cinq ans.

Je suis donc là, assise sur un lit, le lit de ma tante qui s'est suicidée par amour pour Gérard Lenorman. On m'a donné le lit de ma tante morte à dix-neuf ans et je sais ce que vous allez dire, mais pensez bien avant de vous le dire que Françoise Dolto, à cette époque, n'a pas encore bien terminé son travail et que de toute façon, d'ici à ce que son discours remonte jusqu'aux oreilles de mon grand-père... donc je ne dors pas, je suis genoux croisés sur le lit de ma tante qui est mon lit désormais et mon grand-père entre dans la chambre. Il dit :

« Pourquoi tu pleures, Lili ? »

Moi je dis que c'est parce que je n'ai pas de père et que je le sais parce que même les autres le savent : cet après-midi, Mohand m'a frappée aux genoux parce que j'avais triché aux billes (j'avoue j'avais triché aux billes). Je ne suis pas parvenue à bien me défendre et j'ai dit que mon père allait le marave.

Et là tout le monde a ri comme devant un sketch de Le Luron et moi je me suis sentie moche et morte, une branche pourrie et sèche. Mohand a dit :

« T'as pas de père, ton père, il est même pas mort, c'est juste que t'en as même pas ! ».

Mon grand-père me parle des appréhensions de la maîtresse et de la bêtise des Arabes.

Puis il dit que j'ai été conçue le soir de la Noël, que ma mère m'a mise au monde vierge comme le jardin d'Éden avant la catastrophe, et que je suis née le dernier jour du signe de la... Vierge. À cela il ajoute que le messie des juifs n'est pas encore arrivé et qu'avec une mère juive, un père musulman (je ne sais pas ce que signifie musulman à cette époque, mais je ne demande pas) j'ai toutes mes chances pour le concours du messie des juifs. Là, il me tend un collier épais en maille d'or, au bout duquel est suspendu un napoléon, serti dans un soleil d'or ciselé. Il faudra qu'on m'explique pourquoi les Tunisiens, les juifs tunisiens plus précisément, ont cette manie d'offrir de l'or jaune quand ça ne va pas.

Depuis ma naissance et jusqu'à mes cinq ans, j'aurais donc reçu de cette famille plus de bijoux qu'une femme respectable multimère de famille en toute une vie. Et puis, à vous qui avez des enfants, mesdames, messieurs, entendez ceci s'il vous plaît : les enfants n'écoutent pas les conseils, ils suivent les exemples.

Et, je crois, enfin je crois oui, que si je me suis toujours levée tôt, si j'ai toujours aimé le travail c'est parce que j'avais sous les yeux mon grand-père, courageux à faire démissionner les superhéros de mon enfance, les Marvelous des Strange que je piquais à mes oncles. Tout en lisant je me disais, mais que font-ils d'utile ces drôles de gars en pierre, en glace, en feu ?

Mon grand-père, lui, il était de pierre, de glace et de feu, toujours à bon escient, toujours quand il fallait.

Et si la vie n'a pas réussi à m'abattre je crois que c'est grâce à Margot, qui n'ordonnait jamais et l'on suivait son exemple, on restait heureux et admiratifs (le secret dans la vie c'est d'avoir sous les yeux, tous les jours, quelqu'un à admirer) devant son courage et son sourire, devant ses larmes ravalées et, si Bertolt Brecht avait connu Margot, sûr qu'il y aurait eu un tome 2 à *Mère Courage*.

Ma grand-mère, elle avait compris avant tout le monde que la meilleure manière de lutter contre les ténèbres, c'est encore d'allumer la lumière. Et c'est ce qu'elle faisait, tous les jours je l'ai vue se démener. Ces deux-là, je crois, ont fait de moi ce que je suis.

Mon grand-père n'a plus jamais adressé la parole à ma mère tant sa douleur ne se taisait pas.

Mais, le soir de sa mort, c'est moi, moi et moi seule qu'il a appelée à son chevet. Mais ça aussi, j'en parlerai plus tard.

Je vais vous dire : trouvez-vous quelqu'un à admirer ; pour dessiner sa vie, on a toujours besoin d'un modèle, ou disons que ça facilite pas mal les choses. Les vrais héros sont souvent cachés sous des costumes banals, voyez Clark Kent[1]. Regardez autour de vous et trouvez-vous un héros je vous dis.

1. Clark Kent est un personnage de fiction. C'est l'identité secrète du super-héros : Superman.

Dernières heures juives

Il pleut sur la basilique Saint-Denis tout au bout de l'avenue de la République, à Saint-Denis comme il se doit.

Ma mère est majeure depuis peu et elle a quitté l'appartement familial des 4000. Mon grand-père n'a pas trop insisté pour qu'elle reste et elle est partie comme on part en week-end en disant à sa mère : « Bon bah à vendredi pour shabbat. »

On n'était pas religieux chez nous mais on se retrouvait le vendredi soir autour d'un couscous, des boulettes et de la *batata bel'hem*[1] de ma grand-mère.

L'été on coupait une grosse dellah (pastèque en français dans le texte), l'hiver on mangeait des clémentines. Et toujours les nèfles que mon grand-père rapportait de Belleville les soirs de fête ainsi que la boutargue et l'alcool de figues.

Quand ma mère a investi le minuscule studio, elle a été soulagée, découvrant le silence comme un petit Namibien découvre la neige, émerveillée et apeurée en même temps.

1. Plat typique tunisien.

Trop de bruit chez ses parents, trop d'hostilité, ma mère trop gentille, pas assez équipée pour supporter la vie, élevée comme Agnès par Arnolphe, et jetée en pâture à ceux qui savent en profiter. C'est à ce moment que Daniel entre dans sa vie. Entre dans sa vie et s'essuie les pieds et sa bave de rage sur la mienne. Les enfants trinquent à la santé des errances de leurs parents.

Il épouse Micheline en l'église de la Parfaite Incongruité contre cent vingt mille francs. Parce que ma mère était juive, la belle-famille offre cent vingt mille francs à Micheline pour qu'elle ferme sa gueule et convole en *justes* noces avec leur fils adoré ET DANS UNE ÉGLISE. Ma mère enterre son identité juive contre cent vingt mille francs, ce qui, pour elle, représente le grand gain du Loto.

Puisque Daniel a choisi une youpine, il va falloir sauver la face. Qui ne sait convaincre achète. Les paysans ont échangé le judaïsme de ma maman contre des thunes.

Ma mère, candide plus qu'avide, a accepté. Elle n'a jamais regretté ce choix.

Une église, une synagogue, quelle différence ? Et tes parents maman !? Mes parents ? Ça n'en fera pas des catholiques pour autant... etc., etc.

Mon grand-père Moïse, trop content qu'un inconscient donne enfin un statut social à sa fille, son malheur, consent à se rendre au bras de son aînée devant l'autel. Sans la regarder. Sans même lui parler. Les façades, il sait faire, il est peintre en bâtiment.

Ma mère est seule ce soir-là, veille de son mariage, à regarder la basilique le front écrasé contre la vitre où se disputent gouttelettes ruisselantes d'un côté, buée tiède et traces de sébum de l'autre. Elle recule son visage et examine ces marques qui sont la seule preuve tangible de son existence. Pas d'enterrement de vie de jeune fille, enterrement de son éducation, de ses principes et des valeurs que les parents de ses parents avaient reçus de leurs parents, oui ! Pas d'amie, pas d'ami, pas de petits mots de félicitations de ses collègues et pas de famille. Je suis restée chez mes grands-parents le temps que la situation se stabilise.

Micheline est seule, tous les soirs, et cette basilique est sa seule intime. La journée elle ne parle à personne, le soir, elle mange pour quatre, histoire de retrouver un peu de la table des jours heureux, quand sa mère préparait le dîner pour toute la famille.

Micheline est née grosse et ce qui était une fierté alors, en Tunisie, est désormais devenu un poids pour elle, le poids de son corps qui, chaque jour, s'épaissit davantage.

Micheline est grosse, belle et grosse, et ce sont ses grands yeux doux qui ont séduit le Français de Bourgogne qui, fraîchement monté de ses terres de fils de paysans richissimes, ne soupçonnait même pas l'existence du juif. Daniel a dit à Micheline après qu'il l'eut pénétrée la première fois : « Dieu ce que tu es moelleuse ! » et Micheline a rougi.

Il n'était pas question pour elle qu'elle cessât de manger trop. C'était la seule source d'amour qui lui restait, sa fille ne la réclamant pas, sa mère n'ayant pas le téléphone.

Elle regardait la basilique, célèbre pour ses rondeurs, et se rappelait ce que sa mère disait : « Chaque pot a son couvercle, il y a un chacun pour une chacune, il faut trouver sa moitié d'orange et quand on cherche on trouve. » Et puisque Daniel l'avait choisie malgré sa juiverie et ses grosses fesses, elle décida de fêter ça et d'ouvrir un paquet de crêpes surgelées, les champignons-crème qu'elle avala alors que leur ventre était encore gelé, et que la pâte avait noirci. Elle a épousé Daniel pour s'excuser auprès de ses parents d'avoir été une mauvaise fille. Sainte-Anne lui avait fait passer, pour toujours, le goût d'aimer les gens.

Quand elle rejoint sa chambre qui est aussi son salon, sa salle de bains, sa cuisine et même ses toilettes, dont la surface au sol est inférieure à la surface vitrée, Micheline se couche en pensant qu'elle est la bossue de Notre-Dame ; bossue du cul oui ! auraient crié ses petits frères. Elle pense que la basilique Saint-Denis est son église qui emprisonne ses jours et ses soirées mais qu'elle est son écrin aussi. Alors elle s'endort et rêve qu'elle est crucifiée sur une étoile de David par ses frères et sœurs qui la lapident au passage.

Quand Micheline se lève, il fait déjà jour depuis une demi-journée et elle crie en sautillant que « mon Dieu ! mon Dieu ! » elle est en retard et le réveil ne s'est pas déclenché pour la seule raison qu'elle n'en possède pas mais ça, elle oublie de se le dire.

La mairie, je ne m'en souviens pas. J'ai six ans, je lis, j'écris, j'ai des photos de l'événement pourtant, mais aucun souvenir de ce moment où ma mère troque le nom de ses aïeux (et le mien au passage...) contre un vrai nom de Français pur beurre. Mon cerveau refuse peut-être ce moment où tout a vraiment basculé pour moi. Les années soixante-dix sont le cauchemar des enfants de cette époque. Sous le prétexte de révolutions ou d'expériences culturelles/sexuelles/sociales/idéologiques on aura fait n'importe quoi de nous.

La chose dont je me souviens, c'est de l'église. Daniel en costume blanc et mes oncles disent que Joe Dassin est dans la place. L'église est moche, enclavée entre le carrefour des six routes et le lycée technique, et c'est à peine si les tombes ne se sont pas installées devant le bénitier, à l'entrée. Ma grand-mère est venue habillée en noir comme pour signifier à tous ces bouseux dégénérés qu'elle est en deuil. Deuil de ses principes, de son éducation, en deuil de son mari qui s'est vendu aux paysans français, lesquels, elle l'apprendra plus tard avaient « accueilli » les Allemands pendant l'occupation et ils se redressaient, les Bourguignons, quand ils racontaient cette histoire, fiers d'avoir su éviter le massacre de Français en coopérant.

Alors une juive, ma pauv' dam', il vous en aura fait voir le Daniel hein, fallait-y y donner un nom de youpin aussi Marcelle ?! Z'auront pas fini le travail les Allemands et c'est pas leur genre tout de même... Et on récrivait Céline, son *Bagatelles pour un massacre* et l'*École des cadavres* sans même avoir jamais connu son œuvre. Nous nous débarrasserons de la juive ou nous crèverons de la juive ! pensait sa mère en mordant sa lèvre quand son fils a dit « oui » devant le maire de La Courneuve, M. James Marson, qui avait un vrai nom d'Américain, ce qui n'était pas un luxe quand on avait été missionné pour mettre de l'ordre dans ce Far West qu'était ma ville à cette époque.

Ma grand-mère pleurait sans larmes en regardant sa fille gober, un peu plus tard, son hostie et elle pensait à Abraham Bloch le grand rabbin de Lyon tué par des éclats d'obus en 1914 alors qu'il apportait une croix à un jeune catholique agonisant sur le champ de bataille. Il ne faut pas aller contre sa nature, ne pas aller contre son camp, mais Margot, il n'a fait qu'aider son frère, il l'a aidé à passer de l'autre côté, rassuré, et il en est mort. Précisément, pensa Margot, l'œil mauvais, elle qui faisait rire ses enfants parce qu'elle ne savait pas faire les gros yeux. Comme l'huile et l'eau ne se mélangent pas, on ne met pas un attribut christique sur une juive et encore moins dans une église !

Ce que Margot ignorait, mon Dieu, elle en serait morte, c'est qu'on baptisa Micheline avant le rituel du mariage, étape nécessaire à la célébration de ce dernier (les catholiques ont compris très tôt que l'union fait la force et ils ne faisaient pas de manières pour accueillir de nouveaux fidèles). Ce que Margot ne savait pas, c'est que Marcelle, son mari Lilian et toute sa famille avaient aidé les Allemands pendant la guerre, ils avaient dénoncé des enfants ainsi que le curé du village où ils avaient des terres et ces derniers furent déportés et tués. Tout le monde le sait au village de Fulvy, dans l'Yonne, mais personne ne dit rien. C'est du passé, c'était y a longtemps. L'argent fait des miracles. Penser à en gagner beaucoup.

La Shoah est possible hourra.

Un peu plus tard, la vieille Marcelle m'a offert des chocolats et s'est signée en regardant le ciel pour remercier, mon Dieu, elle est blonde, une youpine blonde comment est-ce possible merci seigneur, merci allah akbar et je ne lui ai pas dit que ma blondeur me venait de ce père algérien des montagnes, ce père kabyle que je n'ai vu que de dos depuis, et en photo, je ne lui ai pas dit parce que alors je l'ignorais, et elle serait morte sur le coup la vieille si elle avait su que son fils chéri, son héritier de fils, avait reconnu, donc adopté, une gamine et juive, et bougnoule.

Parce que, dans les années soixante-dix, n'importe quel homme pouvait « reconnaître » même un enfant qu'il n'avait jamais vu auparavant pour peu qu'il soit le premier. C'est comme ça que, portant depuis ma naissance le nom de ma mère, celui de mes grands-parents donc (j'étais, à la convenance des mots, ce qu'il faut bien appeler une bâtarde), je me suis retrouvée affublée d'un nouveau patronyme qui n'allait pas, mais alors pas du tout avec ma tête. Cet homme m'a adoptée, il est devenu mon père légalement et, aujourd'hui encore, ça fait très mal de voir sur mon acte de naissance le nom de ma maman barré, surligné d'un « Reconnue le 24 juin 1976 comme Sylvie... ». Ça fait encore plus mal lorsque sur mes livrets de famille successifs, on a écrit : née de Micheline et de Daniel. Ce père obligatoire c'était comme les chaînes qu'on passe aux pieds d'un innocent.

À ce moment de mon enfance, j'étais comme mes copines musulmanes qu'on envoyait au bled pour trouver un mari, quand elles travaillaient mal à l'école (ce qui était le cas de la plupart d'entre elles) ou qu'elles étaient trop grosses et trop velues (on les échangeait alors contre la carotte magique d'une nationalité française). Ça fait un drôle d'effet quand même de se retrouver prisonnière sans les murs. Au moins le cadre, ça donne des repères. À cet instant, j'ai su que je tombais dans un trou, une geôle qui n'avait pas de consistance physique.

J'ai vu, j'ai ressenti dans tout mon corps ce sentiment glacé que procure la privation du libre arbitre et ce jour-là je me suis juré que plus jamais je ne serais une enfant.

Je me suis juré d'obéir à mes grands-parents, je serai mon propre père et personne d'autre que mon propre père ne déciderait pour moi.

Après la séance des chocolats, on m'a fait entrer dans une chambre, je ne sais plus où c'était, j'avais six ans et je comprenais bien qu'il s'agissait de vérifications sur ma personne. On parla d'excision et on voulait savoir quelle pratique barbare on avait commise sur moi pour me marquer comme juive. Mon grand-père regretta déjà d'avoir accepté le deal. Ensuite on me présenta à Daniel que je ne connaissais pas, que je découvre avec vous, et je vous rappelle que Dolto (encore elle) n'était pas le sujet de conversation préféré des Français à l'époque, on m'a dit voilà, c'est ton père, tu l'appelleras «papa», et on a changé mon nom. On a changé mon nom. On m'a dit : «Maintenant tu es quelqu'un d'autre.»

Je pleurais devant tous ces adultes qui me toisaient comme on envisage une bête à reproduire avant de l'acheter, et Daniel m'a dit :

«Ne pleure pas, Sylvie, ton *papa* est là, *maintenant.*»

La vieille Marcelle a décrété, en levant son verre, toutes ses dents au vent, qu'on allait faire de moi une bonne petite catholique et je peux vous dire qu'elle rigolait moins l'année suivante quand je l'ai poussée dans l'escalier et qu'on a dû lui mettre une hanche en plastique (faut pas me chauffer).

Daniel et sa clique

Daniel était très grand et costaud avec ça, des yeux de lézard bien au-dessus d'une moustache, comme il se doit dans les années soixante-dix, une sacoche en skaï et la laideur de cet objet m'a tellement, tellement traumatisée que, dès que j'ai eu les moyens de le faire, j'ai entamé une des plus belles collections de sacs à main de Paris. Attention hein ! Pas des Kelly, je laisse ça à Victoria Beckham et ses copines du XVIe, non moi, mes sacs Hermès sont des pièces uniques souvent, des protos magnifiques, dans des cuirs si rares que la maison a renoncé à les commercialiser. De même pour les Chanel, Valextra (première époque), Bottega et Fendi et j'en passe encore tiens. Cette sacoche m'a très vite fait comprendre qu'un bel objet peut sauver le regard, aider à apprécier le monde, à supporter sa laideur parfois, même psychologique, et mes sacs, mais ce n'était rien à côté de mes bijoux, m'auront aidée à traverser ma vie confiante, et c'étaient mes Manet, mes Brancusi, mes Klimt de tous les jours et j'avançais, pendue à leur bras comme à un homme que tout le monde veut et c'est ainsi on m'a très vite diagnostiquée « matérialiste ».

Un matin, Daniel est venu dans la salle de bains. J'avais six ans, je me suis dit comme ça, tout de go, qu'il en voulait à mon sexe. Mais non, il n'a jamais eu ce genre de déviance à mon endroit, ou alors j'ai oublié. Dans la salle de bains, je me suis habillée en deux secondes, histoire de pas trop tenter le diable quand même et Daniel s'est assis sur le rebord de cette baignoire que ma mère ne nettoyait jamais et d'où, après la douche (un bain dans cette crasse aurait été suicidaire...), on sortait plus sale qu'on y était entré. Bref, il a pris la pointe de sa moustache de Max Meynier entre le pouce et l'index, et, tout en regardant ses chaussettes, il m'a dit :

« Je suis ton père maintenant, il va falloir que tu m'appelles papa, maintenant. »

Deux fois « maintenant », c'est pas bon ça je pense. Mais j'ai rien répondu, je sentais bien que ce n'était pas mon jour dans l'horoscope. Il a insisté :

« Tu comprends ce que je te dis oui ou merde ? »

Je pense merde, mais mon instinct de survie me fait me taire.

Je l'ai regardé, et il n'y avait aucune défiance dans mon attitude. Juste un besoin de précision. Je savais la définition des mots papa, daron, père, paternel, dab, etc., pas de chance, à cette époque, et depuis toujours en fait, j'apprends le dictionnaire.

J'ai dit, j'avais six ans et je vous jure que j'ai dit :

« Est père celui qui engendre, j'étais déjà engendrée avant que tu maries ma mère ».

C'est ce matin-là que la première baffe est partie. Les premières humiliations et l'interdiction d'être juive, d'être une danseuse, l'interdiction d'être la meilleure à l'école aussi. Daniel disait :

« Si tu me ramènes encore un tableau d'honneur, je te tue. »

J'aimais trop les mots pour me résoudre à l'appeler « papa ». Tout aurait été plus simple si j'avais cédé. Mais je ne cédais pas et ma mère ne vint jamais à mon secours, même quand il me faisait très mal, même quand il y avait du sang dans ma bouche, elle restait muette. Et c'est bien ce qui m'a le plus blessée dans cette histoire. Les plus grandes trahisons sont des amours qui ont mal tourné. Mon histoire avec ma mère avait mal commencé et pourtant l'on s'aimait, c'était comme ça et je ne parvenais pas à lui en vouloir. On a du mal à en vouloir à sa mère parce qu'on vient d'elle et l'on se détesterait de ne plus l'aimer, de plus s'aimer un peu en somme, vous suivez ? Même l'alphabet possède un sens, et même si les jours tournent en rond, ça finit toujours par progresser un peu. Et pour pouvoir avancer dans la vie, il faut être parti de quelque part. Si par malheur l'on se met à renier son point de départ, si l'on repousse sa matrice, alors on se met à errer, et j'en ai connu moi des filles qui disaient pouah jamais je ne ressemblerais à cette vieille chouette de mère, et vlan ! Elles leur emboîtaient magistralement le pas sans le voir. Moi, petite déjà, je voyais bien les erreurs monstrueuses de ma maman. Lui me frappant devant elle et elle, immobile, de peur que son simulacre de famille ne s'effondre. Maintenant que j'ai eu l'épilogue, que j'ai vu son Daniel s'enfuir un jour, quand il n'est plus resté que moi pour la soigner, je peux dire ceci : ne jugez pas votre maman trop vite parce qu'elle est faible, parce qu'elle vous manipule, vous traumatise parfois, parce que c'est une petite tête de linotte idiote et sympathique. Même si ce qu'elle vous a fait est grave car je sais, oui, je sais pour l'avoir vu advenir devant moi que la pire punition pour une mère qui ne s'est pas repentie, c'est de continuer à l'aimer. Il sera toujours temps, quand ses derniers moments viendront, de l'abandonner dans un hospice. On finit toujours par prendre le pouvoir sur ses parents, et je crois que souvent les équilibres se rétablissent d'eux-mêmes. Mon beau-père me frappait souvent donc, mais les traces des coups, les boursouflures sur mon corps alors chétif qui naissaient puis grossissaient après ses claques des *Mystères de l'Ouest*, tellement c'était des claques de cow-boys cette affaire, faisaient des dessins comme les nuages font des dessins quand on veut bien se donner la peine d'y croire. C'étaient mes amies pour la vie comme les produits laitiers dans la publicité et quand il y avait des bleus parfois je disais : « Oh ! regardez les Claquettes, Grosseclaque s'est encore maquillée ! » et ça m'aidait à tenir, les traces de mes coups étaient mes souris de Cendrillon et ça m'aidait à soutenir ma solitude de Reggiani.

Mon beau-père me détestait et, pourtant, comme j'étais blonde et qu'il était stérile, il était fier de me présenter comme sa fille à ses copains de l'ASPTT (l'association sportive des PTT, un ramassis de, comment vous dire précisément, gauchos pochtrons du dimanche, tous moustachus et enclins à l'adultère, pelotant les fesses de leurs adolescentes de filles, la bave à la commissure. Des Dupont Lajoie assumés et pleins d'eux-mêmes). À chaque fois je vomissais quand il embrassait mes cheveux (toujours en public, des fois que me serait venue l'idée de raconter sa violence). Un jour je me suis rasé la tête et il m'a dérouillée pour cela. Ses parents l'ont vite briefé sur notre juiverie et ma blondeur c'était pour lui ce qui m'éloignait de mes racines africaines. Quand mes cheveux ont repoussé, ils étaient roux ; j'ai alors vraiment cru qu'il me ferait monter au bûcher. Le jour de la rentrée des classes de CP a été le pire jour de ma vie. Ma grand-mère a arraché mon nom sur ma blouse d'écolière, là où elle l'avait cousu l'année précédente et je vous rappelle qu'alors on était pauvres et que même si on avait été riches, ce n'était pas l'ambiance d'acheter une blouse neuve à chaque rentrée scolaire.

Ma grand-mère pleurait de devoir arracher ce nom qui était le mien, le sien et de devoir y broder ce nom bourguignon. Et c'était un peu mon étoile jaune qu'elle cousait sur ma poitrine, elle qui avait échappé à tout ça. Je disais « pleure pas yama » parce qu'en arabe ça voulait dire « maman » et j'ai toujours appelé ma grand-mère maman rapport à ce qu'elle m'a allaitée, vu que son dernier enfant avait un an de plus que moi.

Le beau-père, c'était pas Patrick Dewaere, et j'aurais préféré, je vous jure, parce que la seule attirance physique qu'il avait pour moi consistait en des coups toujours plus nombreux. Je peux vous en parler moi des traces de son affection. Une telle violence envers une petite fille et même pas l'excuse de l'alcool, comment vit-on avec ça après ? Hein Daniel ? Comment tu vis avec ce souvenir quand tu regardes grandir la petite fille que ta maîtresse t'a donnée ?

Ainsi il serrait ses dents et ses poings, puis il frappait en hurlant : « Je suis ton père ! Tu portes mon nom je suis ton père ! Tu vas m'appeler "papa" salope de bougnoule ou je te tue. JE TE TUE ! » Il scindait bien les monèmes et ma mère ne disait toujours rien, elle mettait la télé plus fort, c'est ça qui me faisait pleurer. Ça et pas les coups. Je n'arrivais pas à l'appeler « papa », je n'ai jamais réussi. Et il m'a battue pour cela et surtout je crois parce qu'il ne parvenait pas à engrosser ma mère et ça leur en foutait un coup à lui et à sa virilité. Aussi, je pense, parce que sa mère, la nazie paysanne aux yeux si bleus, avait dressé un autel dans sa chambre à la gloire de sainte Rita (la sainte des putes, j'ai su après, mais cette conne de vieille l'ignorait) parce que son fils était, selon elle, une cause désespérée. À son chevet, reposait une statue de saint Antoine de Padoue parce qu'elle disait que la juiverie avait envoûté son fils et qu'il fallait réparer cela. Ça le rendait fou le Daniel. Il n'y a pas plus dangereux qu'une personne humiliée. Ce sont les humiliations subies qui poussent les gens à humilier à nouveau et en pire. Ça s'appelle le dialogisme discursif, mais je ne vais pas étaler ma science qui est si petite en vérité.

Ainsi, elle priait chaque jour Dieu pour que Micheline ne donnât pas de fils à Daniel et la vieille facho et moi on avait au moins ça en commun. Je ne sais pas lequel de son Dieu ou du mien aura fait le boulot, mais ce qui est certain, c'est que Micheline n'eut jamais d'enfant de son mari légitime. L'eau et l'huile (d'olive, ma chère grand-mère adorée, d'olive) ne se mélangent pas. Le week-end, Daniel nous emmenait dans sa famille en Bourgogne où un steak était un steak et où on remballait le fromage dans son papier après avoir pu y goûter discrètement. Une maison où l'on avait droit à trois carrés de chocolat noir par jour et par enfant mineur et c'était les tickets de rationnement et moi ça me changeait du bleu du ciel dans la cuisine de ma grand-mère où il faisait toujours beau et où c'était corne d'abondance et buffet à volonté.

Chez Daniel, les enfants n'avaient pas le droit de parler à table, n'avaient pas le droit de parler tout court, n'avaient pas le droit de regarder « Champs-Élysées » le samedi soir, n'avaient le droit que d'attendre d'être assez adultes pour devenir des hommes et des femmes qui serviraient l'effort paysan.

Les parents de Daniel s'engueulaient menu parce que la mère avait pris des pommes de terre à purée pour faire des frites et ça pouvait durer des heures quant au sujet de la pomme de terre. Le concept de la patate dévouée à une fonction unique me dépassait complètement. J'étais au spectacle. Mais c'était pas drôle, comme si j'assistais au show d'un Albanais en représentation à Tirana juché sur une colline de cadavres d'enfants turcs. Ma mère, qui avait honte de sa myopie plus que de sa juiverie, portait des lentilles rigides (à l'époque la lentille souple n'existait pas) et clignait des yeux toute la journée. Elle gardait ses beaux yeux rougis tant sa cornée ne supportait pas ce corps étranger, elle se les frottait du matin au soir, ça infectait encore ses mirettes et elle était bonne à chaque fois pour une conjonctivite.

Le curé du village, qui aimait bien les enfants, avait consenti à ne pas m'approcher parce que j'étais du peuple élu et qu'il craignait les représailles de mon Dieu juif.

On avait barbarisé leur Christ et cela suffisait à ce qu'il me laissât tranquille. Pour ses affaires courantes, il allait demander l'absolution le dimanche pour mieux recommencer ses affaires pédophiles le lundi. Un jour il dit à Marcelle que ma mère était psychotique parce que ses yeux de myxomatose c'était un bon signe et Marcelle redoubla ses prières. Ma mère nous avait fait jurer à ce grand con de Daniel ainsi qu'à moi-même de ne jamais répéter son lourd secret : elle portait des lunettes et elle serait morte de suicide et de honte si l'on dévoilait cela. Le dimanche soir, je rentrais à La Courneuve traumatisée par ce monde qui n'était pas le mien et comme à quelque chose malheur est bon, ce grand écart culturel aura forgé mon caractère : je suis à l'aise partout dans le monde, prise dans une rixe au fond d'une cave courneuvienne ou dans les salons d'une suite de l'hôtel de Crillon quand je vendais des diamants gros comme le Ritz à des femmes voilées et faut dire messieurs-dames que ça ne me changeait pas beaucoup des Arabes de mon enfance. Je comprenais leur langue et elles appréciaient. Vrai qu'une fois, quand je commerçais de la gemme, une princesse m'a acheté une poire de 4 carats D/*flawless* qu'elle m'a ensuite offerte.

Les diamants

Mon amour pour le diamant remonte à mes six ans. Ma mère recevait à La Courneuve, dans sa boîte aux lettres défoncée, le catalogue des bijoux Maty. Dedans, il y avait un baguier en plastique crème et j'ai inventé, un jour, sans le savoir, les trois anneaux Cartier que Cocteau portait à l'auriculaire. Je regardais les pages tout doucement, je lisais toutes les légendes, et puis, vers le premier tiers du magazine, arrivaient les pages féeriques, les pièces d'exception. J'ai passé des années à rêver devant le catalogue des bijoux Maty. Un jour, ils inventent un nouveau concept : le bijou personnalisé. Vous envoyez un croquis, ils en font un dessin technique. Puis, si vous êtes d'accord, ils réalisent ledit bijou. J'avais neuf ans quand j'ai dessiné mon premier collier. Je passais des heures à chercher une nouvelle maille. À cette époque, la maille vénitienne faisait fureur (vous savez, ces chaînes faites de petits carrés de métal entremêlés) et je voulais inventer la maille qui serait la signature de la maison Maty, Besançon. Jean Dinh Van avait quitté Cartier pour créer ce maillon que l'on s'arrache encore aujourd'hui et je voulais faire pareil. J'ai dessiné plusieurs maillons, puis quand j'ai été satisfaite, j'ai envoyé mes plus beaux croquis à l'attention de Gérard Mantion qui était le président de la société. Je le savais puisque dans les pages de son catalogue, il signait, à chaque saison, un édito. Il y avait sa photographie en bas à droite et il avait une tête de protestant du nord, la tête d'un mec droit et pas fun. Une tête que j'aimais bien. J'ai joint une longue lettre à mes dessins. Mon quart d'heure de gloire, je ne l'ai pas connu dans la publicité ou sous les ors de la place Vendôme. Mon quart d'heure de bonheur, de plénitude absolue, ce moment où vous avez le sentiment d'avoir accompli votre devoir, que vous vous sentez fort, comme après que vous avez vaincu un cancer, je ne sais pas, on m'a dit, je l'ai connu quand, un matin, ma mère a gueulé que j'avais reçu un recommandé et que je n'avais pas intérêt à avoir fait de connerie sinon c'est direct chez les paysans, tu vas finir l'année là-bas, ça te fera les pieds. Je restais ébahie, je ne comprenais pas bien pourquoi ma mère s'agitait comme cela, j'avais, pour ma part un bon pressentiment. Vous savez toujours comment les choses vont tourner, tout de suite. Fiez-vous à votre première impression, c'est souvent, très souvent la plus juste. Après elle a gueulé qu'allait encore devoir se cogner la queue puis elle a marmonné que les gosses c'était une vraie maladie. Ma mère est rentrée de la poste avec un petit colis. Elle a voulu l'ouvrir et là c'est moi qui ai gueulé très fort. Daniel m'a mis une bonne baffe de Lino Ventura pour ça, mais j'en avais rien à foutre. J'ai pris mon colis et je suis allée m'enfermer dans ma chambre.

Ma mère avait son disque rayé derrière la porte, ça faisait : « Qu'est-ce que c'est, qu'est-ce que c'est... » Je ne l'entendais plus. Dans le colis, il y avait une lettre manuscrite, la plus belle lettre que j'aie jamais reçue. Puis il y avait mon maillon, en vrai, en or, en bracelet. Il y avait aussi une radio. Je ne sais pas pourquoi une radio, mais il y avait un petit transistor. La lettre m'informait que mon maillon serait commercialisé la saison suivante. Après, ça s'adressait à ma mère, elle devait signer une cession de mes droits et j'ai bouffé le document, je ne voulais pas d'histoires. J'ai montré tout cela à ma mère et elle a dit : « Il s'est bien foutu de toi, il va se faire des millions sur ton dos, et il te dédommage avec un bracelet et une radio. Pfff, connard ! ».

Bon, c'était pas le Swoosh de Nike non plus maman... j'étais tellement perchée sur mon bonheur que j'entendais les cris de ma mère de loin, comme venus de derrière la montagne. Un écho léger qui ne me gênait pas. Après Daniel a menacé de me mettre en pension si je n'arrêtais pas avec ces conneries de bijoux. Il a été plus pervers qu'un simple gars qui crie. Il m'a convaincue du fait que ce monde n'était pas pour moi, que si je voulais m'en sortir, il fallait que j'apprenne un vrai métier.

Je n'ai plus parlé de bijoux pendant des années. Je me sauvais régulièrement pour aller traînasser devant les vitrines de la place Vendôme et ça suffisait à nourrir mon rêve interdit. Quand mes copines étaient fans de Michael Jackson, moi je découpais les photos des publicités Boucheron ou Van Cleef, que je collais dans un cahier Clairefontaine.

Clairefontaine, bien avant la Coupe du monde de 1998, c'était pour nous les cahiers des riches, les cahiers que je regardais comme mon beau-père moche regardait les voitures de sport ou les filles à taille fine.

J'avais neuf ans et j'avais la chance d'avoir ce dont toute mère rêve pour son petit : j'avais une passion.

Je crois que ces Tunisiens m'avaient transmis, en plus de leur bruit, une passion pour la vie. Je ne sais pas d'où ça venait. Du soleil de Tunisie, des plages de La Goulette, de la douceur de leur enfance, je ne sais pas. Je me souviens d'avoir eu une belle-sœur ashkénaze, une fille avec un regard de Georges Bataille. Elle m'invitait à manger de la carpe farcie et du foie haché chez ses parents. Leur table manquait cruellement de couleurs, de diversité, de fruits. Leurs chants étaient des pleurs, leurs prières juives suppliantes et rapides. On avait le sentiment qu'il fallait pouvoir déguerpir dans le quart d'heure. Il ne leur serait pas venu à l'idée de rendre hommage au piano. Ils jouaient du violon, c'était un instrument facile à emporter au cas où il aurait fallu partir précipitamment.

J'avais un amour démesuré pour la danse, les diamants, la littérature française de 1870 à 1980. Je vivais tout intensément et parfois je me couchais fatiguée de moi-même. Je vivais les choses singulièrement même si, en surface, j'avais une vie d'ascète, une vie réglée comme une journée à l'hospice.

Un après-midi de 2001, je suis enceinte jusqu'au menton. Je regarde les informations sur LCI et je vois qu'un avion s'écrase sur une des tours du World Trade Center. Je vois le second Boeing lui emboîter le pas et je vois en direct les deux tours s'écrouler.

Je comprends que nos certitudes peuvent se fracasser en deux secondes sur les opinions des autres. J'ai la vie bourgeoise dont je rêvais, j'ai un mari avec les voyages plein les poches, des bijoux à pas d'occasions, une employée de maison philippine et des meubles qui valent plus cher que les murs. Je gagne ma vie confortablement, je fais du bon travail, je suis reconnue par mes *pères*. Rien ne m'oblige à devoir changer les choses. Rien sauf mon désir de vie devant toutes ces âmes que je vois sauter par les fenêtres des immeubles en flammes. Ce jour-là, je décide de vider mon compte en banque, de me rendre à Anvers, d'acheter un stock de diamants de 1 à 10 carats. Je profite de mon congé maternité pour créer une société, puis j'ouvre, quatre mois plus tard, un bar à diamants dans un appartement de la place Vendôme. Je pense à mon beau-père, à toutes ses prophéties de malheur, à ma fin prévue sur un trottoir, aux bijoux qui sont trop bien pour moi, au fait que j'ai les ovaires pourris comme ma mère qui ne parvient même pas à lui donner un fils.

Mon idée était simple. J'avais remarqué qu'à Paris il était impossible d'offrir un diamant à sa future épouse ou mère de son enfant, ou femme depuis cinquante ans, etc., sans y laisser sa chemise. Les maisons de la Place impressionnaient beaucoup alors j'avais décidé d'aligner sur un zinc magnifique des coupes à champagne au fond desquelles reposait une pierre nue ou déjà sertie. J'avais fait baisser la lumière, diffusé des chansons françaises mémorables et les couples pouvaient venir faire une dégustation de champagne à deux (ou à trois...) et c'était un moment magique, un moment de fête, et, souvent, grisés par la beauté des pierres et surtout par l'alcool, les hommes repartaient avec une commande ou avec un écrin en satin chocolat et marine.

Ma crainte reposait sur le fait que les populations arabes ne buvaient pas d'alcool. J'avais donc demandé au grand groupe auquel je m'étais adossée et qui me fournissait si peu de champagne contre une très grande publicité (c'était mon premier métier, je vous rappelle) de confectionner un champagne sans alcool. Ils ont crié au malheur et tout cela s'est fini avec des coupes de... Perrier. Cette eau jouit, pour la clientèle internationale, de l'aura d'un grand cru.

Le succès a été fulgurant. Le succès a été fulgurant parce que mes pierres étaient certifiées par le HRD et le GIA (les deux principaux organes indépendants de certification de qualité des diamants) et coûtaient deux fois moins cher que les bagues poussiéreuses de mes petits copains, en bas, qui avaient pignon sur rue. J'ai pris le glamour de la place Vendôme sans les prix, et les prix de la rue de La Fayette, en y ajoutant du sexy. C'est sensuel un bijou. Ça se porte à même la peau. C'est du parfum pour les yeux, une pierre.

J'ai gagné bien plus que de l'argent dans cette histoire.

J'ai gagné quelque chose d'infiniment plus gratifiant que les cartes Amex Black ou Red. J'ai gagné le privilège réservé à si peu d'aimer mes journées de travail. J'avais pour le diamant un tel respect, un amour si grand et tellement de reconnaissance quand il me renvoyait cette lumière unique alors que je le regardais, longtemps, de face, et c'était mon miroir magique et il me disait, regarde, regarde comme tu es la plus belle et cette lumière c'était le reflet de mon âme je me disais, je voulais faire mentir Daniel, je voulais le moucher, lui et toute sa race moisie. J'avais fait réaliser des clichés de femmes nues et vertueuses, juste vêtues d'une gemme aux proportions parfaites, à la couleur si pure que la femme qui la portait devenait, même à poil, une madone intouchable.

J'avais affiché ces tirages sur les murs des salons de mon boudoir et le processus identificatoire opérait dès la première seconde. Les Russes avaient l'impression de parer leur pute d'une nouvelle virginité, les Français, peines-à-jouir avec le diamant qu'ils qualifiaient encore de signe ostentatoire et vulgaire, succombaient, certains de donner de la valeur à la femme qu'ils épousaient.

Les hommes arabes, eux, voulaient racheter les tirages...

J'ai été surprise de voir la délicatesse de ces femmes déguisées en Batman. Elles avaient, pour la plupart, un goût sûr pour les choses de qualité. Elles s'offraient, seules, des pierres somptueuses et débarquaient, parfois à quatre ou cinq, encadrées de deux nounous et de trois gardes du corps, faisaient fermer l'appartement et repartaient complètement bourrées, une bague à chaque doigt. Mon directeur de boutique, Laurent, m'appelait alors, je débarquais, moins pour savoir combien elles laisseraient que pour passer un moment délicieux avec elles. Les femmes du Golfe sont de grandes princesses tristes malgré les apparences, des princesses enfermées dans des cages dorées, des Shéhérazade sans les mille et une nuits et, parfois, elles faisaient sortir les hommes et je voyais se déployer sous leurs fichus compliqués, strassés, logotypés, sous ces foulards aux couleurs criardes qui leur donnaient une forme de crâne à la E.T., des cheveux à la masse généreuse, des cris et des chuchotements et des nattes épaisses et brillantes que Baudelaire aurait dévorées plutôt que mordillées.

Leur maquillage outrancier était une banderole de protestation ; elles étaient, plus que tout, désireuses de rappeler au monde qu'elles étaient, malgré tout, des femmes et cette surface d'expression devenait leur champ de bataille, celui-là même d'où sortait, victorieuse et contente d'être encore en vie, leur féminité.

Mes diamants étaient comme elles, des solitaires. Alors ils devenaient l'écrin de ces femmes qu'on cachait. Les rôles s'inversaient et j'aimais cela. Comme j'aimais le fait qu'il ne fallait pas pousser loin pour qu'une pierre à l'éclat de soleil devienne un vulgaire bout de charbon. J'aimais la dualité de cette pierre majesté, cette ambiguïté, une reine qui portait en elle le gène du gueux.

Ces années de faste joaillier m'ont emplie de bonheur pour toujours. J'ai été heureuse comme jamais plus je ne le serai et ça me donne le courage de quitter la vie sans me plaindre. Ne perdez jamais de vue vos rêves, ne vous laissez pas dévorer par les contingences, ne faites pas de vos corps des natures mortes, ne baissez pas les yeux sur vos chaussures et ne laissez pas vos meubles figer votre existence.

Il faut cesser d'avoir peur. La pire chose qui puisse arriver à un homme, c'est de se terroriser lui-même.

La vie vous récompense à la hauteur du risque pris, c'est Margot qui me l'a dit.

Jean-Jacques Goldman est venu s'asseoir sur mon lit

Je rentre de l'école et je n'ai pas encore huit ans puisque je suis née le 21 septembre et que nous sommes le 7. J'ai sauté la classe de CE2 parce que je suis trop sérieuse, alors je suis de loin la plus jeune rapport à ce que chez moi avoir douze ans en CM2, c'était la norme.

Je vous dis ça pour expliquer : je n'ai pas pu me défendre quand les grands de dix ans, et c'est l'âge normal pour les enfants de ma classe, viennent me trouver pour m'expliquer que ma tante Patricia fait la pute sur les chantiers d'Aubervilliers et que ma famille, et bah elle est pourrie. J'ai bien tenté d'insulter pour la forme, mais, à la première baffe, je me suis enfuie en courant.

J'ai retrouvé Karima derrière le mail, et il pleuvait un peu mais le ciel était noir. J'ai dit à Karima :

« On n'a pas le droit de faire vivre les gens dans des endroits pareils. »

Karima m'a dit :

« Tu veux quoi ? Tu veux rentrer au bled manger des cafards ? »

J'ai eu beau lui expliquer que dans nos appartements, le jeu favori c'était *déjà* de jouer aux billes avec les cafards, que les gars des poubelles ne passaient plus depuis longtemps et que les rats ne se cachaient même plus, elle n'a pas écouté, elle a dit qu'on était bien ici, que les appartements étaient sales à cause des Noirs et que la mairie nous envoyait en colo à chaque vacance scolaire, que les Misérables c'était pas chez nous c'était chez les francaoui puis elle a parlé de ma tante Patricia, que ses frères l'avaient vue tapiner près d'un Sonacotra mais qu'elle s'en foutait, qu'elle comprenait, que ma tante elle était pas méchante, juste défoncée toute la journée et je ne parvenais plus à sortir un mot tant j'étais choquée. Par la répétition des « que » dans la phrase, mais pas que. La famille c'est ce qui compte le plus pour moi, et ma tante Françoise déjà qui s'était jetée du pont sur le périphérique et la douleur de ma grand-mère après le petit Gaston, mort noyé en Tunisie et je pensais à Margot à tout ce qu'elle allait devoir affronter parce que notre cité c'était un village et, vous savez bien, je n'ai pas besoin de vous expliquer tout ce que l'on reproche aux villages. Même autour des mosquées et des synagogues on avait des querelles de clocher.

À ce moment, en rentrant dans mon hall, je me suis dirigée vers l'escalier parce que j'habitais le douzième étage et que ça puait tellement la pisse dans l'ascenseur qu'il était hors de question que je passe deux minutes en apnée. Sur la quatrième marche de l'escalier, il y avait Jean-Jacques Goldman. Il n'avait pas sa cravate en cuir noir de rigueur mais une casquette qui lui cachait le visage ainsi qu'une veste en jean fourrée et c'était une Levi's et j'en bavais de posséder un jour un 501.

Je l'ai quand même reconnu parce que ses yeux sont asymétriques et qu'ils sourient même quand l'heure est grave. Des yeux d'ashkénaze en somme. Il m'a dit, Jean-Jacques Goldman m'a parlé et m'a dit :

« Tu habites ici ? »

J'ai voulu faire, genre, je ne t'ai pas reconnu, mais je respirais tellement mal que c'est toute mon émotion qui a répondu à ma place.

« Euh non enfin si pour l'instant parce qu'on va bouger sur Paris avec ma mère là on attend que je finisse l'année j'ai mes copines... »

Et je tentais de justifier cette existence de merde dans un endroit de merde. La merde sur mes cheveux blonds, magnifiques, alors je me pensais un roi Soleil tombé dans un puits sombre, bien plus qu'un potentiel messie des juifs.

Jean-Jacques a dit :

« Je voudrais écrire sur les cités et je cherche quelqu'un qui puisse m'expliquer la vie ici. »

Je l'ai fait monter à mon appartement. Daniel travaillait et ma mère aussi et je me suis dit que cet homme ne pourrait pas me violer parce qu'il était Jean-Jacques Goldman, qu'il ne pourrait pas me voler non plus parce que Jean-Jacques Goldman avait écrit et chanté « quand la musique est bonne » et qu'il était déjà riche (faut pas croire qu'il se serait enrichi avec ce qu'il trouva là-haut dans mon appart des 4000) et donc, je l'ai laissé entrer parce que je n'avais rien à perdre et tout à gagner au contraire. Et comme j'allais encore m'ennuyer et que le temps paraît tellement long quand on s'ennuie (bon, le bon côté c'est que ça allongeait l'espérance de vie, mais je n'avais pas envie d'éterniser mon existence non plus), j'ai ouvert la porte de mon appartement dont j'avais les clés depuis mes sept ans et j'ai laissé entrer Jean-Jacques.

Il a voulu voir ma chambre et j'ai douté un instant.

Il s'est assis sur mon lit, il a vu tous les ouvrages autour : il y avait Victor Hugo, Mauriac parce que j'aimais bien les gens qui avaient une éthique, déjà Zweig, Romain Gary, tout Maupassant et des disques d'Yves Duteil et Henri Tachan et Jean-Jacques a dit :

« Mais d'où tu connais Henri Tachan toi ? »

J'avais honte de ne pas aimer la funk comme il était de coutume, alors, chez moi, à La Courneuve, et je n'ai pas osé lui dire qu'Henri Tachan était ma passion anormale et que j'avais trouvé sur ma route un moniteur de centre de loisirs, vieux beatnik à guitare sèche, on s'était reconnus alors que j'avais sept ans, on s'était reconnus dans la musique française dépressive. En cachette il me faisait découvrir Léo Ferré et Tachan et Bourvil et je n'osais pas en parler aux gars de la cité et encore moins à ma mère qui m'aurait fait enfermer parce qu'il est bien pratique de reproduire ce que l'on a connu. Jean-Jacques a dit que les livres c'était un rempart contre la connerie et moi j'ai répondu que les livres ça pouvait aider à en faire tomber des murs.

Après quoi, il a dit : « Il fait nuit », et moi j'ai répondu que c'était pour mieux cacher les épaves et la laideur. Je lui ai dit : «Regarde-moi bien, je ne leur ressemble pas.» Et il a convenu que les blonds n'étaient pas nombreux dans mes parages.

On a parlé un moment comme ça, et il commençait à se faire 8 heures du soir. Il m'a dit : «Je vais revenir te voir à La Courneuve.» Je ne voulais pas qu'il tombe sur Daniel qui, je pense, sur l'échelle de la conscience était exactement à son opposé, je ne voulais pas non plus qu'il voie Micheline parce qu'elle était bien trop jeune et tellement belle et juive qu'il aurait pu faire des conneries. Il était marié, m'avait-il dit. Je ne voulais pas tenter le diable.

Je l'ai regardé monter sur sa moto immatriculée 92 qui, miracle de tous les miracles, n'avait pas été volée, et est reparti vers chez les civilisés de surface. J'ai repensé à ce qu'il m'a dit; il voulait absolument savoir si j'avais un but et j'en avais un.

Il a dit : «Tu sortiras de cette cité parce que c'est ton but et qu'avoir un but c'est encore le meilleur moyen de ne pas tourner en rond.» Il a dit aussi, qu'il fallait que je pense à bien dormir, à me coucher tôt et j'ai dit que je dormais mal alors il a dit que «dormir du sommeil du juste» était un beau contresens, que ceux qui dorment tranquilles sont ceux qui ont une piètre estime de la vie et que l'on devrait dire à tous ces cons bien-portants et peu regardants sur leurs actes et leurs lâchetés qu'ils dorment du sommeil de l'injuste (il était ashkénaze aussi. Les goys peuvent pas trop comprendre l'idée).

Après il m'a expliqué qu'il écrivait des chansons depuis tout petit mais que la vie s'était acharnée à l'empêcher de réussir et qu'il avait cédé en ouvrant un magasin de sport avec son frère. C'était la seule fois où il renonçait à son rêve, alors la vie lui a dit oh ! lala t'es pas drôle, pourquoi tu renonces et c'est au moment où il a lâché, que la vie a cédé à son caprice qui n'en était pas un : il deviendrait un grand auteur de variété (si si, grand auteur de variété ce n'est pas un oxymore messieurs-dames, je vous rappelle à toutes fins utiles que Jean-Loup Dabadie vient d'entrer à l'Académie de France). Il a dit, c'est souvent comme ça que ça se passe. Tu fais les choses honnêtement, ça ne vient pas et tu cries à l'injustice alors tu pleures et tu colères mais tu restes droit et c'est à ce moment que la vie te rend ce qu'elle te doit.

Les gens qui sèment un caractère finissent toujours par récolter une destinée.

Ça m'a donné du courage.

Il n'est jamais revenu me voir à La Courneuve. Il a fait ce qu'il savait faire de mieux ; il a écrit une chanson. Je veux croire qu'il l'a écrite pour moi.

Quelques semaines plus tard en écoutant Europe 1, j'ai entendu « Envole moi » et j'ai pleuré comme une chaussette mouillée pendue par les pieds et pas du tout essorée.

Je suis sortie de ma cité, je suis devenue une petite bourgeoise du VIIIe qui aime toujours Serge Lama et Jeane Manson, sauf que maintenant je dois baisser le son après 8 heures du soir parce que mes voisins, sont, comment dire, plus sensibles de l'esgourde que mes compagnons courneuviens.

Je suis devenue parisienne et pourtant je pleure chaque fois qu'à la télé ils font imploser une des barres de ma cité. La nuit je rêve que je rénove les 4000, qu'un architecte m'aide à faire de ces grands immeubles des lofts de verre et un havre pour artistes.

Ma mère vit toujours là-bas, elle n'a pas trahi, elle, disent les voisines. Ma mère leur dit d'aller se faire mettre dans des clandés et les femmes baissent leurs yeux à défaut de leurs grosses culottes qu'elles aimeraient voir maltraitées plus souvent.

Je dîne dans les trois macarons Michelin et je vous jure que ça ne vaudra jamais la mloukhia de Margot ni les beignets au miel, ni la pizza de Moïse.

Aujourd'hui encore, je ne peux m'empêcher de manger avec les doigts, trop souvent. Et les gens me regardent en retenant leurs yeux qui se voudraient ronds, parce qu'ils ont besoin de moi pour faire fructifier leur capital. Je jure comme une charretière de banlieue et l'autre bourgeoise de la Sorbonne regrette encore de m'avoir traitée de «fille des rues», son brushing avait bien moins fière allure après ça et tout le monde de me prévenir, oh! lala son père est ministre de la Justice, tu vas morfler et c'est elle que j'ai humiliée quand on m'a remis mon diplôme de troisième cycle qui validait mon aptitude à la langue de Corneille et de Racine par une mention «très bien» tandis qu'elle devait lâcher en cours d'année.

J'ai tout fait pour sortir de ma banlieue moche comme une héroïne des frères Farelli et, pourtant, il ne se passe pas un jour sans que je regrette la solidarité désintéressée qui régnait alors, sans que je ne pense à ces amitiés qui me rendaient forte et assurée. J'ai fui ces murs bleus sales et gris et pourtant il ne s'écoule pas un jour sans que je ne pense aux gens de La Courneuve.

Ils me manquent tous les jours, Karim, Laurent-Zézette-Laguerre, Nadéra, Djamila, Nargesse, Les deux Kamel et Abdelatif, la famille Saadouni, et les Doucouré et Salah et Mounir Chaouch et le petit Bouboule, je pense à vous et à ce qu'on a connu ensemble, et même dans les palaces de Maurice ou de Miami je n'ai senti semblable béatitude et rigolades, même quand mes clients me font faire le tour de Sydney en hélicoptère, ça ne vaut pas le soir où Sosso a volé une voiture de condés, la fois où on a volé le car de la colo de ski et où on a échappé au drame de l'ouverture du JT de 20 heures.

Mon fardeau est devenu mon bagage.

Depuis que je côtoie les nantis je ris jaune, je sens mes commissures lutter pour ne pas retomber. Mon humour, ils ne le comprennent pas, le leur, je n'y entends rien et je ris, je me fais à leurs blagues, pire, j'en invente parfois, sur le moule des leurs, des leurres, et ça les fait rire et moi ça m'attriste et souvent mon grand-père vient la nuit me tirer par l'oreille. Lili, n'oublie jamais d'où tu viens et tous les pauvres de la terre ont cette rengaine et pourquoi les riches ne diraient-ils pas, Baudoin-Henri, n'oublie jamais d'où tu viens ? Je sais d'où je viens et je n'ai pas du tout envie d'y retourner. Je crois que la meilleure façon d'obtenir un truc, c'est de le vouloir très fort. Et pour désirer, il faut avoir une certaine foi. Donc il faut aimer. Je sais, pour aimer il faut avoir été aimé et ce n'est pas donné à tout le monde, mais forcez-vous bordel ! Je dis pas de tendre la joue gauche, je suis de la juiverie je vous rappelle, mais mettez-vous du point de vue des optimistes et dites-vous que l'amour est possible.

Le jour ou j'ai compris que je n'étais pas *si* folle

Le 7 juillet de l'année 1979, Serge Gainsbourg chante une chanson sur laquelle ma mère se trémousse comme une pute quand son mari est absent. Quand je la regarde, elle dit, agressive et lascive (ce qui n'est pas commun) : « Bah quoi ? Allez, va faire tes devoirs ! » Ce sont les vacances môman... Je m'étire et soupire devant cette femme qui n'en finit pas d'être une enfant. Je lui demande si elle ne veut pas qu'on aille manger une glace, en bas, chez Gavelle. Elle me répond que je cherche encore à la faire grossir, mais quand elle m'accompagne, c'est elle qui prend trois boules. On est assises sur un banc de béton face à la Tour, le plus haut édifice de la cité, on lèche notre friandise en souriant et c'est vrai, parfois, que la misère est moins pénible au soleil.

Demain je pars trois semaines en colonie de vacances, à Berneix, au chalet la Barnolande, propriété de la mairie de La Courneuve. Alors je suis contente. Je suis seule un instant avec ma mère, et je suis bien ; ces moments sont rares. Je les savoure autant que Micheline kiffe la crème glacée.

Je ne finissais pas ma glace, parce que je n'aime pas ça et c'était le seul moyen que j'avais trouvé pour amadouer ma mère – on attire les mouches avec du sucre, c'est bien connu – et nous nous retrouvâmes une heure entière à deviser sur le cours des choses, ma mère ne se faisant pas prier pour finir mon esquimau.

Micheline ne me donnait jamais de conseils. Elle ne regardait jamais sa vie en face, avait décidé de la survoler, de ne pas ressentir les choses, de ne pas lutter, elle ne pleurait jamais, riait tout le temps, d'un rire de dingo, elle ne s'accordait aucun plaisir, n'avait pas plus de désir, elle se voyait vieillir sans y penser. Elle ne se maquillait pas, ne s'étalait aucune crème sur la figure. Elle n'attendait rien, elle aimait son mari qui la méprisait et qui était encore plus idiot qu'elle et je regardais cette femme dévorer sa glace comme une enfant privée de gourmandises depuis trop longtemps, je la regardais m'aimer mal mais m'aimer quand même, j'observais son visage qui n'avait pas trop de rapports avec le mien et je me disais que j'étais le fruit de cette femme, un accident, une histoire rocambolesque avec une entrée en scène digne des plus belles tragédies anglaises. Je voyais bien qu'elle ne trouvait pas sa place à mes côtés, je lui avais volé ses plus belles années, l'amour de son père et le respect de ses frères. Pourtant j'étais là et je voyais bien qu'elle cachait ses larmes le lendemain matin quand elle me laissa devant l'autocar de la mairie pour trois semaines de colonie de vacances. Oscar Wilde disait que le grand drame des femmes c'était de devoir ressembler à leur mère un jour. C'est une phrase de pédé misogyne. Moi, je n'avais rien contre l'idée de devenir un peu elle. Devenir, c'est venir de, ainsi vont les choses, il ne sert à rien de lutter contre. Et puis j'attendais, du haut de mes huit ans, la vieillesse avec impatience. Comme on attend un bus qui tarde à venir. Je regardais au plus loin que je pouvais, j'attendais la fin, je voulais savoir. Ce que je préfère dans les livres, ce sont les épilogues. Même les magazines, je les commence par la dernière page. J'étais pressée de voir ce qui allait advenir. Ce que le sort ferait de moi, et je regardais ma mère derrière le carreau fumé de l'autocar bruyant comme un quai de bateau un jour de grand rapatriement. Je l'observais refuser pudiquement mon regard et je lui faisais mal autant que je la ravissais, mes yeux c'était ses yeux à Lui et ceux de mon petit garçon aujourd'hui, ces yeux noirs qu'elle a toujours du mal à confronter.

Elle ne me disait rien, pas de geste mais elle restait, elle se ferait engueuler par son patron qui ne tolérait le retard qu'en situation de mort constatée, mais elle restait encore. Bien après que les mères arabes s'en furent retournées à leur couscous, bien après que le car eut dépassé la Porte d'Aubervilliers, elle restait seule, assise sur un banc à regarder les fils de chlorophylle se frayer un passage entre les pavés gris et froids et elle disait que j'étais de cette trempe-là, elle me voyait brin d'herbe résistant au béton, défiant la mort et elle se rappelait que dans le prénom qu'elle n'avait pas choisi pour moi il y avait le mot « Vie » et je crois que ça la rassurait un peu. Je n'ai jamais déçu ma mère si l'on se place du côté de la tradition. J'ai donné à ma mère tout ce qu'une personne digne de ce nom est en droit d'attendre de sa progéniture. Elle ne m'a jamais encouragée, elle ne me voyait pas. J'étais *sa* gêne. Elle m'insultait, me traitait de salope et de pute, elle me reprochait d'avoir son steak dans mon assiette, elle disait : « Mange ! Mange ! Moi je n'ai pas la chance d'avoir de la viande ! » Faudra qu'on m'explique pourquoi le signe distinctif des pauvres était de toujours vouloir mettre de la viande à chaque repas, de le revendiquer, d'en faire un signe extérieur de richesse intérieure. Aujourd'hui, c'est bien connu, les riches mangent des graines. Y a qu'à voir du côté des Madonna et des Gwyneth Paltrow.

Micheline n'avait pas de limites sociales ni même morales mais je sais qu'elle m'a dédié sa vie. Je sais qu'elle a prié Dieu chaque jour et chaque matin pour qu'il me protège, pour qu'il me donne la force qui l'avait quittée trop tôt, la force de continuer à y croire. C'est son steak qu'elle me donnait en gage d'amour et les vêtements de gosses de riches dont elle m'affublait, ces chaussures trop chères pour être d'honnêtes chaussures qu'elle mettait à mes pieds et sa peur d'animal était que l'on me traitât de va-nu-pieds.

Quand je suis arrivée à la montagne après un voyage tourmenté, un voyage qui aurait fait pâlir de jalousie Bonnie & Clyde tant les garçons avaient semé la terreur dans les stations-service où nous passions, j'ai été contente de retrouver ce paysage qui ne bougeait pas. Je chantais « La montagne » de Jean Ferrat avec une voix affreuse et tout le monde m'écoutait en riant. Je ne me laissais pas dépasser par mon ridicule, je continuais si bien que les autres gosses se sont mis à connaître la chanson par cœur.

Il faut persévérer si vous pensez que votre combat est juste. À force de ne pas vous taire, les autres finiront par vous entendre. Personne ne m'a jamais dit cela, je l'ai expérimenté au cours de mes expériences passées à aller d'un monde à l'autre comme une bourgeoise désœuvrée passe d'un pantalon à une robe pour se donner l'impression que sa journée est bien remplie.

Les gens sont tous les mêmes dans le fond. La quête du pouvoir n'est que la recherche d'un acquiescement maternel, d'un signe d'amour de Sa part, la consommation de jeunes filles quand celles-ci pourraient être leur enfant, une façon de dire, regarde maman, je suis encore ton garçonnet, regarde papa, tu ne vas pas mourir puisque j'en suis encore à croquer ma jeunesse. Quant à l'agressivité des gars de banlieue, elle ne consistait en rien d'autre que quémander un peu de respect, de considération et je voyais bien le retour sur investissement quand je me déplaçais chez eux pour les aider à faire leurs rédactions, la bienveillance de leurs mères, la fierté dans les yeux des fils d'être envisagés avec autant d'amour. Alors vous imaginez la douche froide dehors ? Quand il leur fallait justifier de cheveux trop frisés, d'un accent venu d'aucun pays, d'un accent de haine, l'accent des cités qu'on empruntait tous pour se donner de la contenance. Le poids pour eux d'avoir dû naître sur la terre qui humiliait quotidiennement leurs parents, leur culture et leurs traditions. Ils étaient perdus et pour surnager ils s'agitaient au lieu de faire contre mauvaise fortune bon cœur, ils refusaient de se laisser flotter en attendant la vague qui les ramènerait vers un rivage plus clément.

Ils juraient sur le Coran à longueur de journée, sur le Coran, sur la tête de ma mère, leurs deux piliers, alors qu'ils n'étaient pas religieux, qu'ils mangeaient du khalouf (cochon) en cachette. Quand on s'est installés à la colo (un immeuble en béton gris qui donnait sur une falaise assassine et c'est un vrai miracle si personne ne s'est jamais tué là-bas) la première chose a été de choisir sa chambre, des minidortoirs assez bien conçus qui donnaient sur le couloir des garçons. On était petites, entre sept et douze ans, et pour certaines, l'émoi hormonal s'était déjà enclenché et je ne comprenais pas bien pourquoi leur corps sursautait à chaque fois qu'apparaissaient Sosso ou Mounir ou, pire, les deux en même temps. À l'heure du goûter alors que nous rentrions d'une marche épuisante, nous retirions les Pataugas marron données par la mairie, et il fallait les voir rougir à l'approche du fumet que dispensaient généreusement leurs pieds engrossés par des bulles d'eau, des cloques de neuf mois. Moi, ça ne me gênait pas de puer des pieds. Je ne me cachais pas et on m'appelait La Vache qui Rit qui Pue. L'après-midi, on répétait le spectacle de fin de colo sur « L'amour c'est comme une cigarette » de Sylvie Vartan, les garçons zyeutaient comme ils pouvaient, alors j'étais fière et exubérante, parce que je fais toujours ce qu'on attend de moi. Les grandes me prenaient sous leur aile, y allaient de leur «elle est trop mignonne». Elles parlaient de moi comme d'un singe savant ou d'un caniche nain et ça m'allait bien. Puis vint ce jour de *la* révélation ultime. Une chose que je n'ai jamais dévoilée. À personne. Vous en avez la primeur aujourd'hui.

Nous marchions dans la montagne, un sac trop lourd sur nos dos en sueur et nos épaules affaissées, nous faisions la Dent d'Oche, deuxième sommet après le mont Blanc et seuls les plus braves avaient été élus pour participer à l'expédition. Nous sommes partis à l'aube et j'étais la plus fraîche et la plus disposée, j'étais la plus jeune aussi, mais ça ce n'est pas le plus important, le plus important c'est que j'avais bien toute ma tête toute neuve. Nous voilà donc partis, crapahutant dans les rochers, le soleil commence à taper sec et je demande à Lydie, la monitrice, s'il est possible de s'asseoir un instant.

Lydie qui n'a pas la passion de la marche et cherche juste à payer ses études de commerce, trouve que c'est une bonne idée. Elle nous invite à nous mettre à l'ombre et à ne pas gaspiller l'eau de nos gourdes. Bien entendu, les mecs de la cité n'en font qu'à leur tête, et les voilà se jetant des idiotes de gourdes pleines au visage, puis des stupides gourdes vides. En, aluminium ces connes. Bouboul se retrouve blessé à l'arcade sourcilière et ça pisse pas mal le sang. Je préviens Lydie qui s'est endormie, que Bouboul pisse le sang et voilà les six autres lascars se lançant dans une moquerie : «Ah! Bouboul y pisse le sang! Bouboul il a ses règles des yeux! Ah, la gonzesse, il a ses règles des yeux!!!» Je lâche l'affaire. J'abandonne. Autant l'année, je veux bien être déléguée de classe, tenir le cahier vert de correspondance, autant là, chuis crevée. Après tout je n'ai que huit ans.

Lydie s'est réveillée, elle s'énerve et nous demande de l'attendre un peu plus haut. Elle hurle des insultes et je pense que ce n'est pas un bel exemple pour la jeunesse mais je ne dis rien. Un peu plus haut, il y a une petite chapelle de fortune à l'intérieur de laquelle repose une très belle statue blanc et bleu de la Vierge Marie. Autour de ses poignets en communion, on a glissé un long chapelet en or au bout duquel pend une croix lourde en or rose sertie de petits rubis. M'hamed commence par écarquiller ses grands yeux. Je crois qu'il a une révélation, je suis heureuse pour lui. Je suis bien idiote à ce moment de ma vie. M'hamed est en train de voler le chapelet en métal précieux. Il le mord avec ses dents noires et cassées par endroits (de la porcelaine qui aurait subi les bombardements à Limoges et qui aurait survécu à un incendie) et il crie : « Putain sa mère ! C'est du ro-ro ! » (Chez nous, ça veut dire : « Diantre chers amis, il s'agit bien d'or ! »)

Les autres se précipitent pour le lui dérober et voilà que me pousse une force verbale que je ne me connaissais pas. Je laisse monter un cri à déclencher une avalanche (les neiges éternelles ne sont pas loin) et les voilà tous au garde-à-vous sur le cul, la bouche ouverte et l'œil raide.

Les Arabes ont toujours peur de la punition, de la douleur. Alors j'attrape le chapelet que j'enroule autour des poignets de la statue et, ce faisant, je leur explique que Dieu est partout et le même pour tous, qu'il faut respecter le culte de l'autre, voler un chapelet à Marie c'est comme arracher sa barbe à l'iman d'Henri-Barbusse (le quartier aux 4000 où se trouve la plus grande mosquée). Stupeur et tremblements dans l'alpage. Je leur précise que Dieu veille et je dois absolument les faire s'éloigner de la petite chapelle, leur dis d'aller laver leur péché à la rivière en contrebas et de vite rentrer attraper leur sebha (le chapelet des musulmans, que bien entendu ils n'ont vu en vrai, qu'aux mains de leurs grands-pères restés au bled). Je dois les éloigner de là parce que j'ai peur qu'un petit con recommence. Ils finissent par déguerpir et je m'assieds sur un rocher, soulagée d'avoir pu éviter l'incident diplomatique entre Allah et Jésus. C'était déjà pas l'amour entre ces deux Églises, mais là, franchement, on se dirigeait tout droit vers une guerre de cent ans. Et quand les dieux se font la misère là-haut, c'est toujours le peuple d'en bas qui ramasse.

Je suis posée sur mon caillou à détester un quart d'heure les Arabes quand un grand rayon de soleil vient m'éblouir. Il fait beau, ce n'est pas le problème, mais le truc, c'est que je suis à l'ombre et je ne comprends pas quand cette lumière douce et tiède vient embraser mes pommettes. J'ai chaud, alors je dis : « Ouh, là, j'ai chaud ! » parce que je n'ai aucun filtre. Le préconscient chez moi ne fait pas son travail. Et puis là, dans la lumière, une femme, la Marie de la statue, presque les mêmes vêtements mais beiges, la peau mate et les yeux noirs, me remercie. Honnêtement, je ne sais plus les paroles, mais je me souviens qu'elle dit merci, merci, merci sans bouger les lèvres. Puis la lumière disparaît, emportant avec elle la jeune femme en robe longue, aux cheveux découverts. Une jeune femme qui ressemble plus à la Mona Lisa de Vinci qu'aux poupées Corolle à yeux bleus que j'ai si souvent croisées dans les églises. Il y a une dizaine d'années, ma mère m'a parlé d'une carte postale qu'elle avait retrouvée (donc gardée...) et où il était mentionné par ma plume, le fait que M'Hamed T. avait tenté de dérober son collier à la Vierge. Puis elle a ajouté qu'il fallait toujours que je me mêle de défendre la veuve et l'orphelin... L'orphelin, si on veut maman.

Quant à la veuve... comment te dire ? Depuis cet euh... incident ? je porte autour du cou ou dans la poche une petite médaille de la Vierge, pour ça et pour tout le début exposé plus haut, pour toutes les coïncidences et les accointances avec la donzelle. Ça fait pas mal chier mon second mari qui est le fils aîné du rabbin de Pau.

Il y a deux ans, alors que je me rendais à Genève, route du Rhône, dans les locaux de la maison Piaget pour laquelle je dessinais des bijoux, mon taxi a croisé un bus sur le front duquel était inscrit : « Berneix ». J'ai pleuré en songeant au chemin parcouru. En songeant à cette époque où je passais la plupart de mes vacances dans cette construction communiste. Et voilà que maintenant, on me donnait pour quelques dessins, ce que ma mère n'a jamais gagné en un an.

En vérité je pleurais mon incapacité à jouir de ce que ma vie m'offrait. J'avais atteint mon but, on produirait mes bagues, les bourgeoises porteraient à l'annulaire l'œuvre d'une petite fille des banlieues grandie au couscous et aux gros mots, mais ça ne me plaisait pas plus que ça. Je suis repartie ce jour-là avec une montre que mes employeurs m'offraient en gage de leur affection commerciale, je n'étais pas fière de moi. J'ai refermé mes mains sur l'objet et j'ai encore pleuré sur un banc de béton, le menton dans les chaussettes, j'ai pleuré un monde perdu. On riait tellement malgré le malheur des fois... Je ne m'amuse plus trop en vérité. Je crois que, quoi qu'on fasse, on reste à la merci de son enfance.

Regardez-moi, je suis une petite racaille de banlieue qui joue les bourgeoises, s'habille en Chanel et ne sort jamais sans 3 carats de diamant sur elle.

Quand je vois le fils de mon mari, un vrai petit bourge pur beurre, dont la mère, la grand-mère, l'arrière-grand-mère font ou ont fait les riches heures du Racing, s'habiller en jogging Adidas et jouer les « wech wech » en écoutant du rap hardcore je me dis que, quand même, la vie est drôle parfois.

Lui, le vrai bourge qui parle mal et moi la banlieusarde fille d'immigrés pauvres on est pareils, on a les mêmes complexes.

Vengeance

Un soir il neige et Daniel rentre à 20 heures de son travail aux PTT. Il a sa sacoche bien à plat sur son flanc, la main posée sur le rabat du sac, le coude plié, aux aguets, un regard de bodyguard présidentiel, des fois qu'un Arabe viendrait à en vouloir aux dix francs qu'il garde précieusement, là, sous le skaï. Il avance, long de son mètre quatre-vingt-dix, à grandes enjambées poilues et ne voit pas que derrière lui, comme des Indiens déterminés, se cachent Sosso, Farid, son frère, et les cinq frères Doucouré : Bobo, Mustapha, Boubou, Djibril et Modi.

Au moment où il atteint le Saveco, seul supermarché de toute la cité, fermé depuis qu'il a – encore – été vidé une nuit d'hiver, les garçons lui sautent dessus.

On m'a demandé de me dissimuler derrière le mur d'entrée du Yuro Teatro et c'est ce que j'ai fait sans savoir ce qui m'attendait. Je n'ai pas été déçue par le spectacle. Pour une fois que le Yuro Teatro programmait quelque chose d'intéressant, il fallait que cela se déroule à l'extérieur de son enceinte. À mon côté, il y a Robert, un des derniers juifs de La

Courneuve. Robert qui m'a sauvé la vie quand, juste après la première intifada, on m'a tiré dessus, en bas, dans la cité.

Et là, je vois ce que je n'avais jamais osé espérer voir un jour : Daniel est à terre et, sur la neige, je vois filer son sang comme se répand un filet de pisse, long, rapide et continu. Et d'un vermillon, d'un carmin magnifique. On dirait un film. Un film d'Yves Boisset sous acide. C'est bon la vengeance, et Blanche-Neige n'a qu'à aller se piquer le doigt ailleurs.

Les garçons s'en prennent à sa tête et des bouts du verre de ses lunettes lui transpercent la cornée comme le lui confirmeront les médecins du centre de santé Salvador-Allende le lendemain matin. Je cours chez moi car je n'aime pas cette violence malgré ma détestation toute célinienne de ce beau-père.

Il est 20 h 15 et ma mère ne dit rien, car, depuis que j'ai sept ans, elle m'a remis les clés de la maison et ne souhaite plus trop entendre parler de moi. Son amour la trahit quand même puisque, chaque soir, je trouve sur mon oreiller des cadeaux démesurés au regard de ses revenus. Elle ne parvient pas à me défendre contre les assauts répétés de son époux, alors elle se rachète comme on peut se racheter dans ces circonstances : elle dépense, elle achète. Elle nous achète, mon silence et moi. Elle paie beaucoup pour que je l'aime un peu. Pour que je me taise aussi. Quand Daniel ouvre la porte de l'appartement, Micheline ne hurle pas. C'est son séjour à Sainte-Anne qui lui a fait perdre ses repères moraux je pense. Quand on veut tuer son chien, on l'accuse d'avoir la rage, mais si d'aventure on ne parvient pas à l'abattre, alors le chien finit par devenir fou. Nietzsche avait tort. On ne devient pas ce que l'on est. On devient ce que *le* groupe a prévu pour vous. C'est cela vivre en société et tant pis pour Antonin Artaud.

Ma mère est devenue folle en douce parce que ça arrangeait son père qu'elle le soit. Et quand Daniel rentre dans l'appartement, les yeux comme dans un film de Stanley Kubrick, ma mère ne voit que le sang sur le tapis et elle se précipite, une éponge à la main et moi je suis heureuse comme tout, même si, je le concède, il n'est pas humain de se réjouir de la souffrance de l'Autre.

Même si l'Autre est un enculé. Le chien andalou va peut-être cesser de me bouffer les mollets, qui sait ?

Daniel a du sang dans la bouche et la première chose qu'il trouve à dire, ce n'est pas, amène-moi au centre de santé (on n'appelait pas le médecin dans mes contrées, on n'allait pas au restaurant, on ne savait pas ce qu'était le Club Med ni un théâtre, on avait vaguement entendu parler des livres mais peu de gens en avaient vu, et surtout, on n'appelait pas le médecin, même si à l'époque, on adorait la série : « SOS Médecins »).

Daniel dit à Micheline : « Les crouilles ont voulu me piquer ma sacoche ! Mais je me suis défendu hein ! » À ce moment, je crois que je l'ai trouvé encore plus con que moche. Pas Michel Strogoff pour un sou, malgré les yeux en sang. Plus bouseux que le paysan qu'il était, plus idiot que tous les héros de Dostoïevski et Kennedy Toole réunis, bref, j'ai apprécié, non sans une certaine amertume, le pathétique de mon cadre de vie et ce que celle-ci m'offrait, et je me suis mise à pleurer.

Daniel, qui n'était pas la moitié d'un con comme je l'ai dit à l'instant, a eu ces mots d'inconsistant sans cervelle et sans conscience : « Ne t'inquiète pas ma biche, *papa* n'a rien. »

Est-ce à ce moment que j'aurais dû lui dire que c'étaient mes amis qui m'avaient vengée de lui ? Aurais-je dû lui avouer que pendant des mois, en mettant la table, je m'évertuais à tenter de l'assassiner à la Soupline que je diluais dans son vin ? Que lorsqu'il hurlait sur Micheline parce que les plats étaient toujours trop salés, c'était parce que je pissais *systématiquement* dans ses portions ? Que c'est moi qui avais poussé sa mère dans l'escalier en prenant soin de laisser sur la première marche du grand escalier un rouleau à pâtisserie, après que j'ai trouvé dans l'armoire de cette dernière des photographies d'un Allemand l'enlaçant devant un lavoir en 1941 ? Non bien sûr.

Son heure n'était pas encore venue.

Son heure viendrait plus tard.

Ce soir-là j'ai dormi du sommeil de l'injuste. Comme un bienheureux et les plus heureux sont souvent les plus lâches. Ceux qui ne veulent, ne peuvent pas se confronter à la vie.

On évite de se poser les questions qui fâchent et hop ! On se retrouve bercée par les illusions d'optique de sa propre vie et à quoi bon chercher *la* vérité puisque l'on est tous voués à la même fin me direz-vous ? Je me suis endormie en pensant que l'équilibre se restaurait, au moins pour un temps et cette nuit-là, j'ai compris pourquoi on représentait la Justice par une balance (même si c'est une femme avec les yeux bandés qui tient l'ustensile).

En guise de réveil, j'ai eu droit aux hurlements de Daniel qui ne comprenait pas pourquoi j'étais encore couchée à 6 h 30 et que son petit déj' n'était pas sur la table alors qu'il avait les yeux en sang et que c'était pas dans cette baraque de youtres qu'il trouverait un peu de charité chrétienne... Et j'ai pensé en me levant, un œil fermé, l'autre en sursis, qu'un jour il faudrait qu'on pense à faire le procès de la Justice.

Douze ans, et toujours Gérard Berliner

Vous avez connu Gérard Berliner ? Le plus grand chanteur réaliste des années quatre-vingt.

(Vous allez me dire, ça ne se bousculait pas au portillon des chanteurs à textes à cette époque. Je vous le concède.) Il a commis une chanson, une seule ; un chef d'œuvre. Son *Citizen Kane*. La chanson c'est « Louise », et je pense qu'on peut l'entendre sur les sites communautaires même si elle n'est pas en vente sur iTunes.

Un mercredi, on est à la maison de l'enfance Youri-Gagarine de La Courneuve. Je prends des cours de couture à cause des communistes de ma ville et Maria, la prof espagnole, réfugiée du franquisme nous a demandé d'apporter des disques. Elle nous racontait son passé de fille de républicains en nous apprenant à broder et elle avait insisté pour que son cours soit suivi par autant de filles que de garçons. Avec ma cousine on a volé le disque de Gérard Berliner chez Euromarché, à Stains, un hypermarché immense et orange, avec un parking grand comme un cimetière de Pantin.

C'était la grande époque, quand Gainsbourg chantait « Sea Sex and Sun », pas de sida, presque pas de chômage et pas d'antivols. La journée, j'écoutais le disque en boucle sur la chaîne de Daniel. Le soir où il a chanté sur le plateau de « Champs-Élysées », j'ai pleuré toutes les larmes de mon corps, tellement Louise c'était moi, même si je ne vivais pas dans un village de l'Allier et que je ne m'étais pas fait engrosser par un poilu mort au front.

Mon beau-père, toujours aussi sympathique, avait eu la bonne idée, en découvrant mon émotion, de changer de chaîne avant la fin. En me regardant en coin avec son œil de Rocky 4, il avait eu un petit sourire de sadique.

Ce jour-là, chez Maria, tout le monde a sorti son disque ou sa cassette. Maceo Parker, Kool and the Gang, les Commodores, Oum Khalsoum, Les V, Idir et pas un seul chanteur français.

Je n'ai jamais vraiment eu peur du ridicule (sinon je serais déjà au musée), alors j'ai sorti mon disque de Gérard Berliner.

Les autres ont dit oh non c'est pas vrai, arrête avec tes chansons de cé-frans, putain mais celle-là depuis que sa mère elle a pécho un paysan des bois elle est devenue une Guillaume (c'est comme ça qu'on appelait les Français de souche chez moi), Lili merde, tu peux pas écouter la bonne musique et Maria a dit qu'on était en démocratie et que tous les goûts sont dans la nature de l'homme et elle a mis le disque et tout le monde s'est tu. Ce jour-là, les gosses de La Courneuve ont découvert qu'il y avait d'autres misères que les leurs. Que la violence n'avait pas seulement cours dans les cités et que, il y a cinquante ans c'était en France, dans un village de l'Allier, on n'accordait pas d'importaaaannnce, à une servante. Sans fiancé.

Les gamins sont restés muets et Maria pleurait, elle pleurait son fiancé espagnol mort au front de 36 j'ai pensé même si je n'avais aucune preuve mais ce dont je suis sûre, c'est que son Guernica intérieur s'était réveillé d'un coup et il nous a fallu du temps pour sécher ses larmes. Même Ahmed s'y est mis pour l'attendrir en réalisant un ourlet invisible et il la regardait et il disait : « Regarde Maria, regarde ! On ne voit pas du tout le fil ! Ouah ! Comment je touche ! Maria, viens j'te fais un brushing ! » Et c'était ça les gars de ma cité. Des gosses mal élevés mais pleins d'une humanité qu'ils répandaient dans l'urgence. Des gars sur lesquels on pouvait compter pour peu que l'on respecte quelques règles.

Ne pas jouer à la pute, respecter son intégrité de fille, ne jamais lanceba (répéter), s'entraider et ne jamais attaquer quelqu'un de notre cité. Les règles ont bien changé et les Arabes disent que c'est à cause des carlouches (les Noirs si vous préférez) et moi j'ai eu beau leur rappeler que les Italiens disaient la même chose des Arabes et avant eux les Français des Italiens, ça ne changeait rien à l'affaire.

On a tous besoin d'un plus petit que soi, on a besoin d'avoir quelqu'un à détester pour pouvoir se rappeler que l'amour existe et la détestation c'est ce qui en fait un sentiment noble et précieux. En attendant, moi j'étais leur princesse parce que j'étais la meilleure de l'école et je ne profitais pas de mon statut.

Je faisais les devoirs de tout le monde, j'apportais dans les maisons des uns et des autres les livres que la mairie mettait à la disposition des élèves, et le soir, à l'automne, on se retrouvait chez mes grands-parents et je refaisais la classe avec nos mots à nous et les enfants comprenaient mieux. Les maîtresses n'en ont jamais rien su. Pourtant, on disait que, dans ma classe, les élèves étaient beaucoup plus attentifs.

Ma grand-mère préparait de la citronnade et des carafes d'eau où flottaient des morceaux de fenouil frais, mon grand-père confectionnait des makrouds (des gâteaux au miel et aux dattes) et tout le monde était heureux de faire la classe.

Les grands frères de mes copines me rapportaient des Weston et des polos Lacoste pour me remercier et, je vous jure, faut voir comment j'étais habillée à cette époque. On aurait dit un maquereau blonde. Quand j'ai épousé mon premier mari, un bourgeois des Hauts-de-Seine, il me racontait comment il se faisait dépouiller à la sortie du lycée et je n'ai pas osé lui dire que sa doudoune Schott volée en 1985, alors qu'il sortait de la boutique au bras de sa mère bien coiffée, a certainement fini sur le dos d'un de mes potes.

Parfois le soir, ma mère sortait au volant de sa R12 sale et son mari ne rentrait pas, il avait des compétitions de tennis disait-il (la nuit). Quand il rentrait au petit matin il sentait la vinasse et la chatte et ma mère lui cassait des balais sur le dos. Quand elle sortait pour aller travailler, mon beau-père me dérouillait, moi, puisque j'étais la seule responsable de son malheur. Alors j'écoutais Gérard Berliner et ça me donnait du courage de me dire qu'ailleurs, pour d'autres filles, la vie était encore plus salope. Le grand frère d'Hakima m'avait offert un Walkman Sony énorme avec des boutons gros comme des touches de piano et ça m'aidait à fuir un instant, cachée sous la pile de linge sale. C'est comme ça que j'ai découvert des capotes dans les poches carrées des jeans de mon beau-père et que je les ai données à ma mère.

Ma mère n'a pas hurlé. Elle a frappé son mari tellement fort qu'il n'est plus jamais revenu.

Il m'a regardée en face, il a dit : « Toi, tu finiras sur le trottoir. »

J'avais envie qu'il ait tort.

J'ai travaillé comme un Chinois.

J'ai eu des diplômes.

J'ai eu des bourses aussi. Tellement j'avais de mentions. J'ai passé deux troisième cycle tellement j'avais honte de n'être pas complètement française. Quand j'ai commencé mon doctorat, on m'a proposé du travail. Tout ça parce qu'un jour, lors d'un stage de DESS, dans une agence de publicité, j'ai écrit : « Regardez-moi dans les yeux. J'ai dit les yeux. » J'étais trop contente de pouvoir rapporter un salaire à ma mère.

En fait, j'avais surtout envie qu'elle soit fière de moi. Et les compliments ne venaient pas. Pas pour me blesser. Parce qu'elle ne savait pas ce que c'était, Micheline, les compliments, les encouragements. J'ai eu les boules quand on m'a dit que les grandes écoles ne permettaient pas d'avoir un job à côté. Je ne pouvais pas vivre sur le maigre salaire de ma daronne. Ni même sur ma bourse.

Je voulais que ma mère puisse dire : « Ma fille, elle fait une grande école. » Même si la grande école pour ma mère, c'était l'école primaire.

J'ai travaillé pendant dix ans sans jamais profiter de la vie. Je me levais, je m'occupais de Micheline, de la maison, de son chien, je filais à l'université, je travaillais pour la mairie, pour le Monoprix et pour un musée. La nuit, je regardais des films en VHS. Pas un seul jour de congé, pas de vacances, pas de garçon, j'ai travaillé et un jour, alors que dans mon métier de publicitaire j'ai obtenu une grande récompense, le téléphone a sonné dans mon bureau. J'ai tout de suite reconnu la voix de mon beau-père. Cet enculé capable de frapper une enfant de six ans comme on va au combat sur un ring pour y abattre un homme de couleur. Il était parti depuis douze ans et il a dit :

« C'est *papa*. »

J'ai répondu que je n'avais pas de père, que ce devait être une erreur. Je l'ai laissé me parler. Il avait vu ma photographie dans le journal. Il avait des problèmes d'argent.

Il voulait savoir si je pouvais l'aider.

Je n'ai rien dit.

Il y a eu un blanc long comme un dimanche de novembre. Il a dit, je t'ai reconnue, merde ! Devant la loi tu es ma fille, tu as des devoirs envers ton père. Quand mes parents crèveront, tu seras bien contente de toucher l'héritage !

J'ai dit à Daniel que j'étais occupée et que, s'il sollicitait un rendez-vous, il n'avait qu'à voir avec mon assistante.

Puis j'ai raccroché.

J'ai souri. Mon plus proche collaborateur m'a demandé ce qu'il se passait.

J'ai répondu que c'est toujours une bonne nouvelle quand les choses rentrent dans l'ordre.

En 2006, je n'ai pas touché l'amour en héritage de cette famille de tarés, mais cent quarante-cinq mille euros.

J'ai fait un chèque de cent mille euros à la SPA.

J'ai fait un chèque de quarante-cinq mille euros à Van Cleef & Arpels.

J'ai tendu à ma mère le diamant que Daniel ne lui avait jamais offert.

Elle a dit : « C'est trop gros, on va me couper le doigt ! »

Depuis, la pierre dort au fond d'un coffre.

Tu vois Gérard Berliner, j'ai vengé Louise.

Et je veux dire à toutes les Louise de la terre que la vie n'est pas écrite à l'avance. La vie c'est ce qu'on en fait. Jour après jour.

Premières fois

La première fois que je fais l'amour avec un garçon, je ne suis pas encore pubère.

Mes seins ne sont jamais sortis de mon corps.

Mon grand-père m'a surnommée la Limande.

Aussi, comme Sheila, et parce que j'ai une voix grave à l'accent de caillera, on dit de moi, là où je passe, que je suis un garçon déguisé en fille. On dit que j'ai peur de me battre alors je fais croire que je suis une fille et c'est bien pratique pour moi le lâche des 4000. Ce sont les mecs des Francs Moisins qui répandent la rumeur et faut pas déconner avec ça rapport à ce qu'à cause des rumeurs, des mamadous auront laissé leur peau dans une bagarre dont on parlera l'année suivante sur FR3 Régions. En attendant que les Noirs y passent, les mecs de ma cité sont allés camper sur le parking de la cité des Francs Moisins (cité dionysienne, ils se la pètent, c'est terrible. Et encore, ils n'ont pas encore construit le Stade de France) avec des barres de fer et des caddies histoire de remettre les pendules à l'heure, les points sur les *t* et les barres sur les *i*, quant au respect dû aux filles des 4000. J'ai eu beau dire que ce n'était pas nécessaire, il y allait de leur honneur et je vous dis, écoutez bien, il n'y a pas plus dangereux qu'une personne humiliée. Surtout si c'est en public. Allez un peu demander aux Allemands de 1917... Ç'aurait pu tourner au drame si les grands frères et surtout mes oncles n'étaient pas intervenus.

On a réglé ça sur les banquettes arrière beiges des BM et un jour, un matin, un samedi, les gars de la cité d'à côté sont venus me présenter des excuses publiques.

Il faut savoir que chez moi, aux 4000, les balcons donnent sur une place sans rues ni voitures, un peu la place du village, sans clocher, sans son café mais avec plein de bancs défoncés.

Toutes les mères étaient à leurs fenêtres et j'aurais voulu mourir ce jour-là quand un grand Marocain avec des cheveux tellement épais que je suis certaine qu'il y dissimulait une arme a dit bien haut, de façon bien audible : « Sylvie. C'est bon. On s'excuse, on sait que t'es une meuf et pas un lascar. » Moi je ne disais rien, j'allais à la danse avec mes copines et j'ai prié pour que ma grand-mère, qui vivait à deux halls du mien, ne soit pas en train d'étendre son linge.

Mounir était là et on se connaissait depuis la maternelle. Son père était mort et comme chez les Arabes il était de coutume que le frère aîné épouse la veuve, Mounir s'était retrouvé avec son oncle pour beau-père. Avec une particularité atroce : son père n'ayant pas d'aîné, on avait marié sa mère avec le frère jumeau du défunt. Vous suivez ? Vous voyez l'angoisse ? Mounir était doux et tendre. Il est devenu plus tard une des grandes figures de La Courneuve et a placé son argent dans des orangeraies en Tunisie et en Algérie.

Mounir ne parvenait pas à faire le deuil de son père et moi je comprenais puisque, le pauvre, il l'avait vivant, sous ses yeux, et c'est vrai que son oncle ressemblait étrangement à son père.

Je lui ai dit qu'il fallait qu'il accepte ce que la vie lui envoyait. Je lui ai dit qu'il fallait qu'il cesse d'en vouloir à son oncle d'être vivant. Regarde Mounir, regarde comme il s'occupe de toi, et toute l'attention qu'il te porte, il te ramène des jeans du marché et je sais que tu voudrais un 501, mais l'intention est bonne. L'attention est louable. Peut-être que ton père a envoyé son frère pour veiller sur vous. Je ne pouvais même pas l'amener sur la tombe de son papa puisque les Arabes détestaient tellement la France (franchement, il y avait de quoi) que dès qu'un des leurs mourait, on le renvoyait illico au bled dans un cercueil en fer-blanc. Mounir ne parvenait pas à se faire à l'absence du père et moi je m'en sortais si bien (je n'avais aucun mérite, on ne peut pas regretter ce qu'on n'a pas connu) que Mounir s'appuyait sur moi, j'étais son bâton de pèlerin, et comme on ne s'appuie que sur ce qui résiste, ça me donnait du courage de devoir veiller sur son manque à lui, ça m'évitait de penser au mien de manque. On avançait comme ça dans la nuit même en plein jour sûrs que deux faiblesses qui s'appuient l'une sur l'autre forment une force. Mounir était un vrai psychopathe en vérité.

Personne ne devait s'opposer et encore moins se mettre en travers de sa route. Je ne crois pas qu'il ait jamais tué, mais avec les dents qu'il a pétées, il aurait pu se fabriquer un collier de Rahan. Un sautoir même. Il respectait les filles au Plus Haut Point, peut-être parce qu'il n'avait pas eu de sœur alors il fantasmait. Ou bien parce que sa mère était d'un tel courage, je vous jure, coucher avec le jumeau de son mari mort sans avoir le choix de dire non, fallait pouvoir. Ça lui forçait l'admiration et toutes les autres filles en profitaient. Merci madame. Merci pour nous.

Grâce à vous, madame la maman de Mounir, j'ai connu la plus belle, la plus tendre des premières fois.

Un mercredi, on squatte chez ma mère et Daniel tant ils ne sont jamais là et Mounir me dit que je suis sa sœur alors je le laisse m'embrasser. Il dit qu'il veut que je l'épouse et moi je n'ai que quatorze ans mais ce n'est pas grave, au bled on pourra se marier mais moi je suis française ah ah toi t'es française ? Et moi chuis un lord anglais, laisse-moi rire alors je lui dis qu'on peut faire l'amour même sans être mariés parce que j'en ai envie et pourtant je ne suis pas formée. Puis je dis à Mounir : « T'as déjà fait l'amour ? » Il répond tellement vite : « Bien sûr, tu crois quoi ? T'es folle ! » que je comprends qu'il est puceau et ce n'est pas un drame vu qu'il n'a que quinze ans et des yeux magnifiques, dorés et étirés comme des soirées d'été en Provence.

On n'a pas le temps d'y penser qu'on se retrouve nus l'un contre l'autre dans mon lit d'enfant. J'ai froid alors il propose de me rhabiller et je dis non, je glisse sous les couvertures et l'entraîne avec moi. Il est nu mais je fais comme si son sexe n'existait pas, comme s'il n'était pas là et ce n'est pas possible, je sais bien mais je fais ce que je peux pour me rassurer. Comme je n'ai pas de seins, je n'ai pas de poils non plus. Et comme je n'ai ni seins ni poils, je n'ai pas mes règles.

La question de la Crainte des Craintes ne se pose donc pas et c'est un souci de moins à gérer.

Sous les draps je ne peux plus ignorer son sexe qui demande son dû un peu fort. Il fait le fier-à-bras, se dresse sur ses pattes arrière (ses couilles quoi), puis cherche ma main. Alors comme j'ai vu un film ou deux assez romantiques, je l'embrasse. D'une main je lui prends la tête, je veux dire, je ne le soûle pas hein, je lui prends la tête dans ma main et de l'autre je caresse son sexe. Oh, là, là, c'est doux un sexe d'homme. Il a des poils lui, moi, pas. Un-zéro.

Au moins au niveau des seins, on est pareils.

C'est déjà ça. Je suis plate comme c'est pas permis à mon âge. Je suis un lit sans oreillers. Pas douillette pour un sou, pas de quoi poser sa tête. Je caresse son corps et comme j'ai l'impression de tenir le rôle de l'homme là, je cesse de bouger et je le laisse prendre la direction des opérations comme il est de coutume dans les cultures judéo-chrétiennes. Les mille et une nuits c'est du vécu je peux vous dire. Il est tellement doux, tellement habile et sa langue est langoureuse et sa peau sucrée et les culs blancs après ça, ça n'a jamais été possible pour moi, excusez-moi messieurs du Nord et des environs mais les blancs de blancs après Mounir, j'ai jamais pu.

Tout se déroule à merveille donc, malgré l'aspect pédophile du tableau, moi pas de seins, pas de poils et lui un sexe dur à la barbe de trois jours, sauf qu'on ne nous a pas dit que pour mettre un sexe d'homme dans un sexe de femme, on pouvait s'aider des mains. On le fait comme dans un film d'auteur, en s'embrassant mais, jamais ce jour-là, on n'a trouvé ma porte d'entrée.

Ce n'est que quelques jours plus tard, quand on a remis ça, qu'on a vraiment compris ce qu'était la luxure.

Et c'est cela que j'aime dans le sexe et l'amour. Pas de conditions de ressources pour en jouir. L'amour physique se partage entre tous et c'en est terminé des attributs sociaux et les signes distinctifs pour se sentir mieux ou moins.

Nous n'avons que nos corps et notre capacité à aimer. L'amour physique c'est comme le football, les supporters en moins. Un sport à la portée de tous qui vous rend fort ou minable, fier ou honteux parfois et je me souviens de tous ces moments passés avec Mounir entre les murs de papier de ces immeubles tellement gigantesques pourtant, et l'on gagnait la Coupe du Monde à chaque fois, je vous jure.

Il se tendait et moi ça me détendait.

L'amour avec Mounir m'autorisait à supporter ma vie pourrie avec ce beau-père qui me haïssait tant et tant et moi je lui faisais subir pire offense, je jouais l'indifférence, je recevais ma dose de coups quotidiens et lui il attendait un signe de moi, mais ça ne venait pas et je repartais dans ma chambre ou à l'école ou à la danse, je ne vais pas mentir, souvent ça me sortait des larmes de douleur, mais je ne disais rien. En grandissant, mon corps s'était habitué à cette douleur même si c'est faux qu'on s'habitue à ça, mais j'ai envie de vous dire cela pour que vous ne me plaigniez pas trop ou afin que je force votre respect, je ne sais plus. Mounir et moi partagions donc ce secret et c'était un crime de peine de mort s'il s'était agi de le divulguer. On ne faisait pas l'amour à La Courneuve. Les Arabes, elles, se faisaient enculer dans les locaux à poubelles pour préserver leur virginité et, quand ça dérapait, elles rattrapaient le coup contre deux mille francs en cash qu'elles glissaient dans la main d'un médecin de la clinique de La Roseraie, à Aubervilliers.

Les juives, ce qu'il restait de juives, couchaient avant le mariage puis frottaient sur les draps comme des preuves, un morceau de hampe saignante même pas casher. Les Françaises ne la ramenaient pas trop et préféraient vivre leur vie plus loin.

Mounir m'aimait tellement que ça me rendait humainement meilleure.

C'est pour cela aussi, je pense que je ne suis jamais parvenue à en vouloir trop longtemps aux hommes, à leurs piètres attentions, leurs adultères que l'on finit TOUJOURS PAR DÉCOUVRIR, leurs lâchetés, leur inconstance, et ils mentent tant qu'ils ont l'impression de dire toujours la vérité. Les hommes de ma vie m'auront donné tellement de volupté et des souvenirs de soleil même la nuit, des enfants beaux, comme peuvent être beaux des enfants pour une mère juive, qu'en m'endormant pour la dernière fois, c'est à eux que je dirai merci.

De l'utilité – pas toujours évidente – d'être une bonne élève dans le désert

J'ai continué comme ça, à aligner les heures et les jours puis les semaines et les mois. Un matin j'ai été la meilleure de la classe et ça n'a plus jamais cessé.

Ma mère disait : « Mais à quoi ça te sert de bien travailler à l'école ? Tout le monde s'en fout ici... pourquoi t'as besoin de te la péter comme ça ? Et va pas croire qu'un jour quelqu'un te donnera un travail bien payé... les riches pistonnent les fils de leurs copains, ils n'ont rien à foutre de gamines comme toi, même pas assez belles pour s'en sortir. » Je répétais alors, inlassablement, que je serais danseuse à l'Opéra et ma mère faisait des « Pfff... tu fais même pas de la danse classique ! ». J'avais sept ans et le but ultime pour moi était d'intégrer la troupe des petits rats de l'opéra Garnier parce que j'avais vu un soir à la télé toute la rigueur de ce monde, les cheveux et les casiers bien rangés, les corps aiguisés comme des premières lunes, arqués juste ce qu'il faut et des courbes comme des danses de Picasso. Je voulais être une danseuse alors je travaillais bien à l'école. Moïse disait : « Si tu travailles à l'école, toutes les portes s'ouvriront, tu auras le choix de ta vie. »

J'étais prise entre deux avis contradictoires. Je voulais croire à l'optimisme de mon grand-père, sa foi dans la république de France, mais je ne pouvais m'empêcher de penser que ma mère avait raison ; j'étais en décalage avec le monde dans lequel la fortune m'avait fait naître, tous mes efforts seraient vains et pourtant je ne pouvais pas me résoudre à ne pas aimer l'école. Je n'arrivais pas à ne pas espérer. Il aurait été plus aisé pour moi de suivre le mouvement plutôt que de faire face à la vague. Je n'y parvenais pas. L'école était un père de substitution, encore un, et j'étais fière le soir de rentrer un peu plus pleine de nouvelles connaissances, je ne me cachais pas des autres et, bien que, par chez moi, la bonne élève fût mise au rang de « bouffonne internationale », je crois qu'à la cité on m'aimait bien.

Mon beau-père avait toujours envie de me vomir dessus. Si vous saviez ce que j'ai eu à essuyer d'humiliations. « Arrête de faire ton intéressante. Connasse ! » il disait le Daniel. « Bougnoule tu es, bougnoule tu resteras. » « Toi et ta race on vous tolère ici, alors ferme ta gueule. » « Tu crois que *ramener* des bonnes notes ça va te donner des privilèges ? » etc., etc. Et ça pleuvait des baffes quand je répondais parce que j'avais l'esprit bien français, des dispositions à la contestation comme il se doit chez nous. Mes ascendances orientales me donnaient encore plus le goût de la France. Le sentiment de n'être pas de la fête mais d'y avoir été invitée à l'arrache, bref de faire partie des élues, recueillie par une grande nation. Et toujours la Déclaration des droits de l'homme et du citoyen que Moïse avait fait encadrer et qui nous tenait à l'œil dans le salon de mes grands-parents. Nos dix autres commandements de juifs rapatriés et complètement fiers d'être français. Je me rappelle les joutes à la cité, en bas du mail les Arabes fustigeant la France et moi leur rappelant que les allocs construisaient leurs maisons au bled (Le Pen a les arguments d'un enfant de sept ans) et eux m'expliquant qu'il fallait pas leur demander de venir !

Et je leur faisais la classe encore avec les livres dont ils se moquaient tous et je me rappelle avoir arraché les pages des *Fables* de La Fontaine et avoir tout polycopié à la récré puis avoir répandu mes « tracts » comme un résistant le soir, après l'école. J'étais syndiquée avant l'heure et j'étais bien loin alors de m'imaginer qu'un jour je deviendrais une petite bourgeoise se déculpabilisant de gagner trop d'argent en faisant des chèques au Secours populaire (parce qu'ils m'avaient amenée voir la mer, enfant) et en larguant sur le parvis de Saint-Augustin des sacs remplis de robes Balenciaga (parce qu'elles se démodaient vite, les robes de N. Ghesquière). L'école m'a sauvée parce qu'en m'y attardant j'ai pu comprendre qu'un autre monde était possible.

L'école représentait pour moi l'égalité des chances de s'en sortir. J'avais foi en elle. Et le miracle s'est produit parce que je me suis donné la force d'y croire. La France est comme un homme ; si vous voulez en tirer le meilleur commencez par ne regarder que ses bons côtés.

Résister à l'école pour les rebeus (et même pour mes oncles qui décidément tournaient mal) c'était comme cracher au visage de la France. Signifier à leur pays qui n'était pas celui de leurs parents, qu'il ne ferait pas d'eux un petit singe savant en cravate et agile sur un trapèze. Puis un jour, à force de ne pas me taire, les autres ont commencé à m'entendre, puis à m'écouter. Je ne dis pas que tout le monde est devenu bon à l'école, mais ça leur a permis de voir que, peut-être, de l'autre côté des murs, là où on voyait la forêt quand on montait jusqu'au vingt-sixième étage de la Tour, l'édifice le plus haut des 4000, notre World Trade Center, il y avait une autre vie possible. Près de chez moi, il y avait, entre la caisse des écoles et la société Babcock, une bibliothèque toujours vide. Hormis le passage des sorties scolaires, personne ne passait emprunter de livres. Un samedi matin, Bénédicte dont les parents étaient les gardiens de la mairie, m'a fait monter jusqu'aux appartements du maire (qui se résumaient à un trois pièces cuisine, niché entre deux étages et très bas de plafond). James Marson a pris l'air agacé d'abord, puis sa femme m'a invitée à entrer. Je lui ai présenté mon « plan d'éducation des Arabes » et le maire a eu l'air amusé. L'idée était de déposer devant la porte de chacun des élèves récalcitrants (c'est-à-dire à peu près tous les enfants de six à seize ans) un livre, un seul. J'avais, pour cela, besoin d'argent. J'avais besoin de postiers aussi. James Marson m'a écoutée, et, grâce à lui, le service des achats de la ville a commandé : deux mille exemplaires des *Fables*, quatre mille de *Candide ou l'Optimisme*, et trois mille exemplaires de *La Vie devant soi*. Puis le maire m'a remis les clés de la bibliothèque. Pas les clés, clés hein... il m'a dit : « Chaque mois tu me feras passer une liste de cinq ouvrages que tu souhaites voir présenter dans les rayonnages. Je les ferai commander en plusieurs exemplaires. » J'étais hyperfière d'être considérée, toute frétillante aussi. Puis un jour, tous les agents de nettoyage de la ville ont pris, dans leurs carrioles ou leurs sacoches, quelques exemplaires des milliers de bouquins commandés par le maire, puis les postiers, les vrais, ceux en jaune, ont déposé dans les boîtes aux lettres ou sur les paillassons des appartements crasseux des monuments littéraires et il y avait le nom de chacun des élèves sur les enveloppes. Et moi je trouvais ça beau à en crever de voir que Romain Gary écrivait une longue lettre à Djamel el-Aïssi. La bibliothèque n'a pas connu plus d'affluence après ça, mais j'avais le sentiment d'avoir fait un truc utile. Ma mère avait raison, faut toujours que je me la pète.

Forest Bijaoui

Forest Gump a été inspiré par mon copain Lahlou Bijaoui. Les scénaristes américains devraient passer plus de temps dans les cités des quartiers nord de Paris. Ils feraient des oscars plus souvent. Le matin, nous partions pour l'école et, avant d'entrer dans le petit corridor de la primaire Henri-Wallon, nous nous adossions au mur pour remettre des notes de l'école des fans. Était récompensée la meilleure tenue vestimentaire du jour.

Un jour, Lahlou Bijaoui a rapporté de derrière ses fagots un survêtement Sergio Tacchini, modèle Dallas. Bleu et blanc, avec un col rouge. On est tous tombés amoureux de Sergio. Chez nous, on était si peu éduqués aux choses du cœur, aux sentiments nobles, qu'il nous était facile de faire boomer notre palpitant devant un morceau de tissus.

Après, « La quête » de Jacques Brel. La quête ultime. S'approprier le survêtement de Lahlou Bijaoui.

Ce garçon avait l'air idiot au premier abord. Ce garçon avait des fulgurances.

C'est lui le premier qui m'a mise en garde quant aux méfaits causés par une naissance bourgeoise. Il disait, Lahlou : « Les bourgeoises, elles ont tellement pas de problèmes majeurs à régler, qu'elles passent leur temps à s'en inventer. C'est un truc à se suicider d'ennui. T'en connais beaucoup toi des pauvres qui se suicident ? » Euh, en fait, oui, mais bon... Lahlou Bijaoui adorait observer les bourgeois comme on regarde les émissions de Bougrain-Dubourg à la télévision. Il nous traînait avec lui jusqu'au métro du Fort d'Aubervilliers. On avait neuf ans, dix ans, on fraudait et aucun contrôleur ne nous en a jamais tenu rigueur. Lahlou expliquait que, pendant qu'on visitait Paris, on ne volait pas des 103 SP Pot Pollini et les gars de la RATP, alors convaincus, nous laissaient passer. On s'asseyait sur les marches des églises et les gens nous donnaient des pièces. Surtout devant Saint-Roch. On ne faisait pas la manche, hein ! On observait les gens et moi avec mon look de danseuse moderne des années quatre-vingt, il arrivait souvent qu'on me prenne en photo. Lahlou faisait payer la photo et on allait manger des frites chez Free Time près du forum des Halles. C'est comme cela que Lahlou est devenu mon imprésario. Je marchais dans la rue quand on a croisé un gars qui montait un groupe, les Ministars. Je faisais de la danse à outrance pour oublier mon beau-père et ses coups, pour redonner un peu de sa propre estime à mon corps meurtri par ce bourreau paysan.

Le bonhomme de la rue m'a tendu un papier avec une adresse indiquant le XVIIIe, il a dit : « Viens avec ton père », alors j'ai pleuré et Lahlou lui a dit que mon père était un gars connu qui devait cacher sa paternité. Le gars a dit, viens avec un adulte responsable et Lahlou a bien été obligé de lui avouer que par chez nous, les adultes responsables n'étaient plus légion, qu'ils avaient migré ailleurs et qu'il n'était pas certain qu'ils réapparaissent un jour.

Alors le gars, une très gentille pédale à vapeur, a demandé si j'avais une mère, j'étais pas peu fière de répondre : « Oui, bien sûr », et Lahlou a dit qu'on viendrait « avec volontiers ». Le pédé est parti en souriant et Lahlou a dit : « Eh là ! Tu te sauves pas comme ça hein ! Pour voir si t'as des couilles, tu fais la course avec moi jusqu'au poteau là bas. » Le gars resta interdit comme il se doit dans ce genre de situation fantasque. Il était trois fois plus grand que Lahlou alors il a souri et n'a pas bougé, certain qu'il gagnerait l'épreuve.

Lahlou est devenu colérique comme dans les séries télé, alors le gars s'est mis en position après que Lahlou a parlé du manque de respect là. Lahlou l'a foutu dans le vent du nord, en arrivant, quoi, dix mètres avant lui et il a dit au bon Français qu'était le monsieur : « Souviens-toi de ça quand on négociera la thune. » Le monsieur est parti prendre son métro en se retournant tous les deux mètres et en agitant son menton genre, « c'est pas vrai que c'est possible un truc pareil ». Il était rouge de honte, d'effort ou de colère, je ne sais plus.

Après, Lahlou et moi, on restait des heures sur les marches des églises à prédire l'avenir des passants. Attention hein ! On ne prédisait pas l'avenir *aux* passants, mais celui *des* badauds.

Quand une fille un peu trop maquillée, plus assez jeune, passait couverte de perles et tenant un sac de marque, Lahlou prédisait : « Ce soir elle demandera une nouvelle voiture à son mari, ou un nouveau gosse, elle cherchera juste une preuve d'amour. » Lui apeuré à l'idée de devoir payer une pension à vie, s'il devait lui fournir un bébé, cédera pour la voiture, nous expliquait Lahlou, des deux maux, il choisirait le moindre, et le chantage continuerait jusqu'à ce qu'elle le saigne encore et encore. Un jour il partirait pour la même en plus jeune, une qui le regarderait comme un dieu du stade, faisant fi de ses poignées d'amour, et l'histoire recommencerait parce que l'humain ne tire aucune leçon de ses expériences et c'est pour ça qu'après la première guerre, il y eut encore une deuxième guerre et encore des massacres et des génocides et des « plus jamais ça » qui deviendraient des « encore ça ». La jeune se ferait faire un gosse et elle deviendrait moche et vieille parce qu'il en est ainsi du sens de la vie et le mec crèverait après s'être tué à la tâche. On écoutait Lahlou et pourtant je vous mens un peu, il s'exprimait avec des images bien plus colorées mais j'ai oublié ses mots tant ils n'appartenaient qu'à lui. Lahlou disait que notre pauvreté à nous autres nous ôtait un poids certain ; celui de la peur de tout perdre. Il disait que nous, contrairement à ceux qui passent sur les trottoirs de Paris pour rentrer chez eux à pied, on était libres de faire mieux puisqu'on n'avait rien. Il a dit, regarde, là, la vieille qui dissimule son gros diamant sous sa phalange quand elle prend le métro, elle a peur pour son doigt, qu'un tox le lui coupe et elle vivait dans la hantise de perdre son caillou ou pire, de devoir payer de son sang son arrogance de nantie. J'ai eu beau dire à Lahlou qu'il avait un certain goût pour la chose matérielle (informatique, hifi, vestimentaire...) il n'a pas voulu entendre. « Rien à voir. Moi, c'est ma vie. Ou je crève, ou je revends. » Il avait dix ans et il vendait des chaînes hifi et même, à la sortie du métro, des magnétoscopes qui n'étaient que des boîtes scellées, remplies de vieux journaux. Il avait tellement l'air débile que les honnêtes gens pensaient l'arnaquer, en tout cas, ils ne se méfiaient pas d'un garçonnet avec une épaule rentrée et un œil de Picasso.

Il faisait ça avec son frère Karim et c'est une certitude que les Arabes sont de bons voleurs (Ali Baba et ses potes, ce n'est pas moi qui les ai inventés). Un jour, Lahlou a insisté auprès de ma mère pour qu'elle m'accompagne au casting des Ministars.

Ma mère a refusé, comme on pouvait s'y attendre à cette époque. Mon beau-père, Daniel, a ri en disant qu'ils étaient aveugles les *casteurs*, que j'étais une endive doublée d'une asperge et Lahlou lui a fait miroiter la possibilité de se faire un biffeton sur mon dos, alors Daniel a cédé puisqu'on le prenait par les sentiments. Il était mon père devant un juge, je portais son nom et ça me faisait bien mal.

On est sortis du métro, station Guy-Môquet, Daniel me tenait par la main et l'envie de vomir ne me quittait pas. Il portait un débardeur et rasait ses aisselles puantes. Je regardais cette horreur nationale, on aurait dit qu'un poivrier et une salière s'étaient renversés sous ses bras. Daniel a dit : « Tu veux ma photo ? », alors j'ai dit oui, comme ça je pourrais la donner à la mère de Djibril qui faisait de la sorcellerie dans le hall de Prešov et Daniel m'a mis un taquet sans que j'aie rien répondu en vérité.

Un peu plus tard, le monsieur du casting m'a demandé de chanter une connerie en dansant mais moi je respectais trop la langue française alors j'ai dit : « Je ne peux pas dire : "Je suis une fille à la vanille j'aime pas les gars au chocolat là là là, on peut pas toujours avoir ce qu'on a, ahhh ahh ah !" » Le gars a demandé pourquoi gentiment, alors j'ai dit que sa phrase n'avait aucun sens et Lahlou me pinçait les fesses et mon beau-père serrait ma main à faire exploser mes phalanges d'oiseau.

Le monsieur a regardé en direction de mon beau-père, il tentait de rester positif alors il a dit : « Elle est drôle votre *fille*. Et elle danse bien dis donc ! » J'ai précisé qu'il n'était pas mon père alors la baffe est partie sans préavis. Daniel m'a frappée, puis juste après, en regardant le monsieur du casting qui devait avoir l'anus comme une autoroute, il a remis en place mes cheveux bien raides et a souri, genre vous comprenez, les gosses, c'est comme les chiens, faut les dresser tout de suite... Le pédéraste qui ne voulait pas d'histoires a dit qu'il ne voulait pas d'histoires et nous a dirigés vers la sortie. Je pleurais sur le trottoir et Daniel, qui semblait énervé d'avoir perdu son temps et raté l'occasion de se prendre un billet, a tracé tout droit me laissant là, avec Lahlou. Il a dit : « Faut que j'y aille, dis à ta mère que je t'ai rapportée, sinon elle va encore gueuler toute la nuit et j'ai sommeil. » J'ai dit ta gueule connard, ramener, pas rapporter, chuis pas un paquet fils de pute paysanne de bouse de merde et il est revenu vers moi menaçant, il serrait ses dents en décalé, la babine entrouverte et je vous jure que ce mec n'était pas humain, il n'était même pas animal, ce mec c'était une merde avec des cheveux et j'avais tout le temps envie qu'il meure.

Lahlou s'est interposé. Il a dit : « Tu la touches, mes frères te niquent. » J'ai eu ce regard noir que mon fils a hérité de moi et qui fait peur aux faibles. Alors Daniel a reculé et s'en est allé prendre son métro et j'ai souhaité très fort qu'un ange le pousse du quai et qu'il se prenne la rame de la ligne 13 en pleines dents.

Je pleurais ma supposée célébrité déjà envolée. Lahlou qui était beau malgré sa laideur m'a serrée contre lui et ça m'a fait du bien ces yeux bleus de Kabylie posés sur moi et on n'avait pas encore le problème de la chacalerie sexuelle, on pouvait s'abandonner dans les bras d'un garçon et n'y trouver que de la tendresse. Lahlou parlait pour tuer mon malaise et j'entendais : « T'as déjà des étoiles dans tes yeux, Lili, pourquoi tu veux décrocher la lune ? La lune ma parole, c'est moins loin, c'est moins la classe que les étoiles, Lili ! Ouvre tes yeux yalahbi ! » Et comme je pleurais et que mes yeux brillaient, il m'a fait pencher la tête vers le caniveau où mourait une flaque d'eau qui avait eu son heure de gloire la veille, et il a dit : « Regarde ! Regarde ! On voit les petites étoiles dans tes yeux ! »

Moi j'y suis allée de mon refrain de Léo Ferré et il a dit, ah non commence pas avec tes Français qui chantent, il a parlé d'Idir de la joie de ses chansons et je lui ai dit qu'il ne comprenait même pas le kabyle vu que sa mère faisait tout pour s'intégrer, que son père était tunisien et que de toute façon, ce n'était pas les trois mots qu'il lâchait par jour qui lui auraient permis d'apprendre l'arabe et j'ai insisté sur le fait qu'avec le temps va tout s'en va.

Lahlou m'a dit que ce qui s'en va part bien quelque part, et que là où il y a un départ pour l'un, il y a une arrivée pour l'autre. La vie fait bien les choses, Lili, suffit de bien vouloir croire que ça va changer, d'être patiente et d'attendre son tour.

Nadiège Guitteau

La vie aux 4000 logements pouvait très vite tourner à la torture morale. On n'avait rien. Platon en serait mort. Le pauvre, sa cité idéale, sa République et son allégorie de la caverne n'étaient pas parvenues jusqu'aux consciences des gars qui nous avaient fourrés dans ce millefeuille de béton indigeste et nihiliste.

On n'avait rien, et pourtant il y avait des gens bien qui se démenaient à la mairie.

Les communistes ne sont pas tous des Staline et je n'ai jamais été aussi bien servie par mon pays que lorsque j'étais gouvernée par ces gens-là. La cité idéale platonicienne existait tout de même un peu par endroits, et seulement parce que certaines personnes avaient du cœur, croyaient en un monde de partage et d'entraide. Ainsi, quand a été construit le gymnase bleu et orange, œuvre architecturale de bois et de plastique savants, œuvre magnifique détruite depuis, on a tous senti qu'il serait notre église à tous, juifs, musulmans, catholiques portugais ou italiens, baptistes négroïdes et protestants en colère.

Toutes sortes de cours étaient proposés, de la natation à la danse classique en passant par le kick boxing. C'est d'ailleurs chez moi, dans mon État banlieusard, que la discipline est venue s'installer après avoir traversé les contrées flamandes. Il fallait aux garçons des quartiers un objectif, il leur fallait aussi canaliser leur violence, cabrioler pour ne pas voler et je dois dire que ce sport fut un bon exutoire : plusieurs de nos types ont fini champions de France, d'Europe. Totof s'est même illustré en championnats du monde. Quant à Dida qui fit ensuite une carrière médiatique, c'est au gymnase Langevin-Wallon qu'il s'entraînait. Quand on a le temps de tout, et rien de passionnant à en faire, on se met à gamberger et pour peu que la colère vienne s'écraser sur vous comme une vague à l'écume amère vient faire chier les bernard-l'ermite, on commence à échafauder des plans mauvais et parfois maléfiques et ce n'est jamais très bon. Je sais la nature d'évidence de mes mots mais, comme disait le Général, les choses capitales qui ont été dites à l'humanité ont toujours été des choses simples.

Ma mère m'avait inscrite à la danse, à la natation et à l'équitation (nous avions un poney-club au parc de La Courneuve), j'étais partie pour une vraie éducation bourgeoise, sans avoir jamais eu à débourser un sou. Les cours coûtaient à ma mère quelque cinquante francs par an et ça occupait bien mes journées. Micheline avait ainsi le loisir de ne pas avoir à passer avec moi un temps qui lui serait forcément douloureux. Tout le monde y trouvait son compte donc.

Je remercie ici la municipalité de m'avoir permis, plus tard, de faire illusion auprès des bourgeois, des bourgeoises surtout, parisiens et même bretons, quand il s'est agi de mettre son filet à un canasson, de passer un quelconque obstacle sur le domaine du fondateur des biscuiteries nantaises LU, ou quand il a fallu faire tapisserie d'époque à un dîner en apparaissant dans une robe de créateur juchée sur des talons de salope. La danse m'a sculpté un corps dont les restes nourrissent encore un peu aujourd'hui l'œil aguiché de ces messieurs.

C'est au cours de danse que j'ai rencontré Kamel Ouali. C'était un jeune homme passionné et rigoureux, pas bon à l'école mais qu'importe, puisqu'il pouvait rivaliser avec Leroy, notre héros à l'époque, le danseur noir et réfractaire de la série *Fame*.

À la danse, le but était pour moi de rejoindre le cours des « avancés » alors que Nadiège, la prof antillaise chaude et enivrante comme un ti'punch, un corps comme un poème d'Aimé Césaire, me cantonnait au cours des « intermédiaires ». Je rongeais mon frein et décuplais mes efforts. Kamel était tellement passionné, et c'est la chienlit cet état de passion : vous êtes condamné soit à souffrir pour elle, soit à ne jamais l'assouvir totalement sous peine de la tuer, et je voyais Kamel courir après comme un chien fou court après sa queue en jappant malheureusement. Moi j'avais la chance d'être déliée de la langue et du corps, un corps souple que Nadiège prenait en exemple quand il fallait montrer l'exemple. J'étais fière alors ! Comme j'étais fière. Ce sentiment que ma mère ne me laissait pas exprimer, ces petites victoires du quotidien dont elle se moquait éperdument, prenaient ici du volume, et, malgré la couleur de sa peau, j'envisageais Nadiège comme une nouvelle mère. Ça me reprenait ces conneries et pourtant depuis, je n'ai pas pu faire autrement que de me construire des parents volés. Les mères de mes copines, des écrivains célestes, des gens à la conscience élevée ou encore dévoués à leur mission de parent.

L'orgasme est venu quand Nadiège a décidé que Kamel et moi ferions un duo sur « Dr Beat » de Gloria Estefan lors du spectacle de fin d'année qui avait lieu chaque année devant plus de mille personnes, dans l'enceinte de la salle mythique Jean-Houdremont. Un peu notre Carnegie Hall. J'avais été élue pour participer au week-end de répétitions à Trilbardou, dans un château du XIXe, autre propriété de la mairie qui, décidément, avait de la ressource. J'avais été élue et mon beau-père restait à convaincre. Dès que le moindre plaisir s'offrait à moi, il le pulvérisait avec sa kalachnikov de haine. Il fallait que je joue serré. Heureusement pour moi, j'avais lu Dino Buzzati. C'est ce qu'il y a de bien avec la littérature ; elle envisage le réel avant qu'il n'advienne. Elle donne les clés pour comprendre les mécanismes de l'âme quand les hommes se cachent derrière des phrases creuses, des pantalons à cinq cents euros ou des sourires de circonstance.

Ainsi, dans cette nouvelle dont j'ai oublié le titre, il explique comment un condamné à mort passe le jeudi devant la foule dans le but avoué de la convaincre de le gracier. Une sorte de tribunal populaire à ciel ouvert où tout le monde est invité. Les autres condamnés ayant peaufiné leur allocution, ayant mis des années à répéter leur texte, des hommes brillants parfois, des prisonniers politiques dont la cause était noble, sont passés sur l'estrade et chacun a échoué. Des condamnés qui cherchaient l'argument, celui qui leur sauverait la vie. Souvent, ils le trouvaient d'ailleurs. Pourtant, malgré le respect de la morale ambiante, en dépit de l'observation des règles du groupe, pas un n'est parvenu à susciter sinon la compassion, tout au moins l'armistice.

Et voilà que notre homme apparaît au public. Serein et nonchalant. Il tient un brin de fenouil entre l'index et le majeur et il dit : « Je n'ai pas envie de sortir, je veux mourir ici. Attendre gentiment ma fin, ne pas périr dans un accident de la route, ou me tuer au travail... Ici on lave mon linge, on me donne à manger. Ce matin, on m'a apporté du fenouil frais et dans la cour ombragée c'est chaque jour un moment agréable, un rendez-vous fixe et rassurant, le moment de la discute avec les copains, de ne pas avoir à courir, de ne pas devoir rentrer s'occuper des mômes, d'être défait de la tentation d'aimer des femmes... » Il a continué comme cela et la foule a hurlé qu'on le jette dehors, arguant que les impôts de l'honnête contribuable italien ne servaient pas à payer des vacances prolongées aux voyous. La foule était outrée, et je n'ai pas oublié d'y penser quand il a fallu défendre ma cause pour le week-end. J'avais mis Margot dans la confidence. Alors, ce vendredi soir, comme chaque vendredi où nous étions réunis chez mes grands-parents pour un shabbat informel, ma grand-mère a dit :

« Lili ! Lili !? LILI !!!!!??? La mère de Nadéra me dit que tu ne veux pas aller à Trilbardou demain cueillir le colza ? »

J'ai répondu que non ! Pas question, je ne suis pas une *paysanne*. Je préfère rester à la cité, j'ai danse demain et plein de devoirs... Ça a fait ni une ni deux comme disent les bons Français. Daniel m'a attrapée dans le couloir, bing ! Un revers de la main et l'empreinte de son alliance sur la lèvre qui enfle. Il dit :

« Tu te prends pour qui petite connasse ?! Tu crois que tu vas prendre tout le monde de haut avec tes devoirs et ton sport de catin ? Et qu'est-ce qu'ils ont de moins que toi les paysans hein ? Qui est-ce qui te nourrit ? Tes devoirs de merde qui servent à rien ? Ta danse qui va te conduire direct sur un trottoir !? Ah, bravo ! Bravo la négresse qui t'apprend à lever la jambe !!! ».

Margot est apparue, alors il a un peu radouci ses paroles. Elle a insisté :

« Nadéra, elle, elle reste tout le week-end ! »

Et Daniel de me traiter de feignasse, et que j'allais y aller demain matin prendre le car à la mairie et pas qu'un peu et moi, Actor Studio Style, de hurler non ! non ! je n'irai pas ! Puis ma grand-mère chérie me faisant tut tut n'en fais pas trop quand même... ma vieille Tunisienne était allée l'après-midi même préparer mon sac chez ma mère (toutes les mères juives ont les clés des appartements de leurs enfants) tandis que cette dernière travaillait. On a conclu que je dormirais là ce soir, et que c'est elle, Margot en personne, qui veillerait personnellement (ça va, Margot, on a compris) à ce que je monte bien dans le car le lendemain à l'aube.

J'ai retrouvé Kamel (c'était bien avant la Starac...), sa sœur Farida, une fille belle comme Shéhérazade, vierge de pierre au corps de Diane aurait dit Michel Sardou en la voyant, Nadéra, sa sœur Dalila et tous les autres. Mike, un Antillais comme on en voyait dans les ballets de Redha nous a rejoints et je voyais à ses dents tombées, qu'il tournait mal. Je ne sais pas ce qu'il est devenu, mais ce qui est certain, c'est qu'il avait un talent fou et un corps à mettre dans un musée ou dans un ballet d'Alvin Ailey. À cette époque l'homosexualité n'existait pas chez nous. C'était un concept qui n'avait pas dépassé le périphérique et bien que l'on traitât parfois Kamel de pédé, nous ignorions ce que ce mot signifiait vraiment. Ce n'était pas un sujet pour nous.

Nous étions le 5 mai. Je me souviens. Le parquet du château glissait. J'avais mal aux cuisses et Nadiège nous hurlait dessus. Elle répétait à l'envi, et dix années durant je l'ai entendue dire cela, elle disait : « Kamel, tu vas trop vite, tu vas plus vite que la musique, tu n'y arriveras pas comme ça !!! » C'est vrai qu'il allait trop vite. Mais il a inventé un truc je crois. Il avait une énergie débordante et quand quelque temps après on a commencé à le voir danser derrière Sylvie Vartan à « Champs-Élysées », on était tous fiers de lui.

Le second jour du stage, Nadiège nous a autorisés à nous allonger une heure dans le parc du château. Il faisait beau, le ciel était très bleu et on voyait la lune toujours accrochée au ciel qui faisait sa nuit blanche si je puis dire, qui faisait des heures sup' quoi.

Je ne sais pas pourquoi, elle a pris ma tête sur ses cuisses et a caressé mes cheveux. Longtemps. Elle avait des doigts fins comme des Fingers de Cadbury et je crois que c'est à ce moment de ma vie que j'ai été la plus heureuse. Je pourrais parler de la naissance de mes enfants, de mes deux mariages, de la fuite de Daniel vers sa maîtresse berrichonne, des récompenses trop peu nombreuses que j'ai eues dans mon métier, mais je trahirais là la vérité.

Le moment où j'ai été la plus heureuse, c'est quand après l'effort, j'ai posé mon corps meurtri sur une herbe grasse et fraîche et qu'une femme gentille et solaire a caressé mes cheveux en vaporisant, doucement, des paroles réconfortantes à chacun de ses danseurs et de ses danseuses. Cet instant indicible où, regardant l'azur droit dans le bleu, je me suis sentie entière et utile au monde. Depuis, souvent, quand je trouve à ma vie un goût de vacuité, je cours m'allonger sur le sable ou l'herbe, je recherche ce bleu, où qu'il puisse se trouver sur la terre et jamais encore je n'ai pu retrouver la plénitude de cet instant divin. Georges Bataille. Le bleu de ton ciel. Quand nous sommes rentrés, juste avant de remonter dans le car, j'ai pris soin de bien frotter mes mains sur la terre et le gazon, devant mes congénères qui m'observèrent tous, alors, d'un air circonspect. Je ne tenais pas trop à expliquer et heureusement, à cette époque, on était moins regardant sur l'hygiène. Les lingettes et autres gels désinfectants n'existaient pas et mon beau-père fut largement satisfait que je sois devenue, le temps d'un week-end, l'une des siens.

Quand le jour du spectacle est arrivé, j'étais tout excitée et j'ai toujours eu du mal à contenir mes émotions, c'est un travail que je ne me résous pas à faire. Il est des fois où je préférerais être autre chose qu'une Orientale. Nadiège me demandait de me calmer et moi je ne l'écoutais pas, j'étais tout à mon orgueil, je passais entre les rangées des fauteuils, je saluais les uns, les autres comme une cocotte de Montparnasse. Quand j'ai dû rentrer en scène, je ne respirais plus tant je m'étais remuée. Kamel m'attrapait, me faisait tourner puis, à un moment, je devais sauter et arriver sur le sol en grand écart (je vous rappelle que c'était l'époque *Flashdance*, *Footloose*, et *Fame*... les figures imposées étaient toujours très cinématographiques à ce moment de l'histoire des danses secondaires). Je me suis fait un tel claquage en atterrissage forcé qu'un « oh ! » collectif est monté de la salle. Micheline, toujours à côté de ses pompes, a applaudi des deux mains, en hurlant dans un sourire de Julia Roberts : « C'est ma fille ! c'est ma fille ! » Kamel continuait un solo qu'il inventait et il vivait toute l'année dans une famille de douze enfants, son père ne savait pas qu'il dansait, et le voilà, notre Billy Eliott du djebel cherchant la lumière qui manquait à son quotidien encombré. C'était son premier quart d'heure de gloire. Alors que j'étais à terre, souffrant le martyre mais obligée de faire bonne figure sous mon maquillage de carnaval, j'ai compris en le voyant sourire au projecteur, que ce garçon avait manqué de splendeur toute sa vie et ce halo puissant était investi d'une force divine et il regardait ce rayon comme on s'adresse à Dieu, sûr qu'il le réchaufferait même une fois éteint. Il me faisait penser à un papillon de nuit qui sait que le contact avec la flamme va lui être fatal mais qui y va quand même, certain d'être poussé dans le dos par une main qu'on appelle le Destin.

Puis Kamel m'a tirée par le bras et m'a fait glisser jusqu'aux coulisses. Je ne parvenais pas à refermer les jambes, elles étaient tétanisées. J'étais à terre, Nadiège au-dessus de ma tête m'expliquant que c'était bien fait pour moi, qu'elle m'avait prévenue et ça me faisait du bien de ne pas me faire engueuler avec des mots orduriers mais avec de vrais reproches constructifs.

J'ai été heureuse à nouveau de voir qu'on m'accordait une vraie colère et ça me faisait plaisir de susciter chez cette femme un sentiment intense.

Kamel, tout comme moi dans un autre registre, allait réussir dans un monde qui n'était pas le sien. Il allait devoir parler un langage nouveau, évoluer auprès de gens venus d'autres planètes. Je le sentais, je le savais en le regardant béat, tellement entier sur cette scène. Ça faisait un drôle d'écho dans ma poitrine.

La vérité c'est qu'on taille ses vêtements dans les costumes de ceux qui nous font grandir. Et quand on a reçu son éducation de mille personnes croisées au fil du temps, on se retrouve à s'habiller n'importe comment, au moins pour un temps. On se voit contraint d'inventer.

Alors, il faut s'interroger sans cesse. Parce que c'est faux, monsieur Descartes, que « le bon sens est la chose du monde la mieux partagée ». La connerie est la chose du monde la plus distribuée. Faites l'exercice et vous verrez : il est toujours plus aisé de dire une connerie que de raconter un truc intelligent.

Il est beaucoup plus facile de blesser que de donner son amour. Et il est encore plus tentant de se laisser aller à Rien.

Voilà pourquoi je crois que l'effort est plus gratifiant que la récompense.

L'effort est la preuve de l'effort. La récompense ne résulte pas toujours de ce dernier, malheureusement.

Notons qu'il est toujours plus riche de s'endormir en invoquant son espoir, plutôt que de dire : « Merci pour tout et maintenant que vais-je faire ? » Quant à la résilience, même si j'ai pour M. Cyrulnik (et ses collègues américains avant lui) tout le respect que ce monsieur inspire quand on le croise, je dois dire que Nietzsche parlait, un peu avant lui, dans une langue bien plus violente, de ce phénomène. La résilience c'est une question de rééquilibration des forces, des énergies, une volonté de mettre la vie au-dessus de toute pensée morbide. Le sentiment que le déploiement de sa propre puissance peut abattre tous les murs du déterminisme. Je crois définitivement que nous avons le choix de nos vies. Nous avons le choix d'avoir peur et de rester immobile ou d'y croire et d'avancer. Peu importe ce que l'on recueillera de tout cela, il faut semer, toujours semer, à la hauteur de ses ambitions et prendre soin, toujours, de n'offenser personne.

Cela peut faire penser à un cours de morale dispensé par Chapi et Chapo. De l'*incentive*, ou du *personal coaching* des années quatre-vingt, un discours empreint d'une époque où les femmes faisaient des gosses et des carrières et des rôtis de dinde et du sport et des voyages au Club Med. Je sais.

Je veux vous dire que la vie porte en elle, fondamentalement, le germe en mouvement de la croissance, et même la vieillesse est une progression, et il faut en tenir compte quand vous vous réveillez le matin. Demandez-vous ce qui cloche chez vous, ce qui ne vous va pas. Formalisez un rêve, même un rêve fou (genre, j'ai soixante ans, je veux des jumeaux). Attrapez le fil de ce rêve ou de cette douleur, et tirez, tirez-le, petit à petit, tirez encore, et même s'il vous conduit nulle part, vous aurez changé votre façon de faire et cela aura une incidence sur le reste de votre existence.

Il a été porté à notre connaissance l'information la plus difficile à digérer, celle que Dieu dans Sa miséricorde a eu la gentillesse d'épargner au règne animal (sinon, tu vois pas le bordel qui se profilait...) : notre temps nous est compté. Il y aura d'autres naissances bien après notre mort, et tout le monde finira par ne plus nous regretter, par oublier, même, que nous avons été. La vie aurait donc un sens.

Raison de plus pour tenter de faire quelque chose de nos jours, au moins le temps de notre vivant.

Cherchez chez l'Autre ce qu'il y a de bon, vous finirez bien par trouver quelque chose, puis, si vous ne trouvez que de la merde, passez à quelqu'un d'autre. La bonne nouvelle c'est que l'homme se démultiplie plus rapidement que les lapins !

Romain Gary avait raison. Il faut aimer. Farouchement. C'est la seule façon qu'on aura de s'en sortir.

C'est le seul moyen de continuer à faire des choses dont on n'aura pas à rougir un jour.

Les forces du bien finissent toujours par l'emporter sur le mal. Le IIIe Reich a disparu. Pas les juifs.

Comment vivre avec un monstre quand votre père vous a abandonnée

Beau-père. Beau-père le hideux. Beau-père le moche. Beau-père le méchant. Celui qui vous reconnaît. Adopter en latin c'est choisir. Il ne m'a pas choisie, je n'en ai pas voulu. Mais jusqu'où ira donc la langue française dans l'aberration ? Il me donne son nom et il croit qu'il va s'acheter une façade de famille. Il me frappe tout le temps, tous les jours. Pas assez pour qu'on en parle dans le journal. Il ne m'accroche pas au radiateur ni ne m'enferme dans un placard. J'ai ma chambre, des Barbie, ma mère me pare de jolis vêtements. Mais l'humiliation, la douleur physique, tous les jours. La peur au ventre quand on rentre chez soi. Avoir peur dehors c'est normal, mais avoir peur à l'intérieur de ce qui est censé être votre refuge ? Ça vous met sous tension pour le restant de vos jours. Vous ne vous enfoncez jamais vraiment dans le fauteuil, vous ignorez les accoudoirs. Et puis l'espoir, chaque jour déçu. Le père que je me suis inventé. Les prières païennes, la concentration la nuit à sept ans, à huit ans, à quinze ans, les mains jointes qui luttent l'une contre l'autre tellement elles sont serrées, le minois froissé pointé vers le ciel et son souffle qu'on retient. Comme Linus mais sans public, à dire à Dieu : « Si tu ne m'envoies pas mon père TOUT DE SUITE je cesse de respirer !!! » Et le faire, mettre du Scotch sur sa bouche et son nez pour s'aider à ne pas abandonner. Puis la survie, arracher très vite, de façon anarchique, le ruban transparent, qui, avec la salive et la morve, ne colle plus puis aspirer : « hhhhhaaaaahaahhhnnn ».

Et je me revois dire à Dieu : « T'es vraiment un salaud hein... T'as pitié de rien ma parole. »

Et recommencer chaque soir. Prier pour la mort de Daniel. Échafauder des plans de Georges Lautner visant à l'assassiner. L'enlèvement, l'envoi au bled dans la famille de Mounir où il serait traité en esclave blanc. Non, l'enlèvement, séquestré dans les caves de la rue Renoir, obligé de manger des rats sous peine de passage à Tobacco (la basket mythique de chez Adidas, la toute marron qui faisait alors fureur chez moi) par les gars de la cité. Non, non ! Planquée dans une camionnette devant son bureau rue Bonne-Nouvelle et lui tirer une bastos entre les yeux, aidée par les frères Bénamer.

Me promener dans la rue, à ses côtés et baver devant les petites filles qui prennent la main de leur père au parc de La Courneuve le dimanche. Baver encore de les voir finir le chemin des allées roses du parc immense à califourchon sur les épaules de leurs darons. Pleurer en regardant Daniel, le trouver tellement moche, tellement con et nul et méchant avec les enfants qu'il déteste en vérité. Avoir pour seule figure paternelle, figure tutélaire, aide au maintien, mon grand-père déjà fatigué par les asphyxies quotidiennes des peintures au plomb qu'il manipulait. Et penser à mon père, encore, toujours.

Le chercher dans le regard de tous les hommes de la rue qui m'observaient avec un peu d'insistance. Chercher des ressemblances avec – le peu – de niakwés qu'il m'était donné de croiser dans mon enfance parce qu'un jour ma mère m'avait dit : « Ton père s'appelle Michel, il est vietnamien. » Et moi, devant mes yeux trop tirés, face à la glace, moi devant ma famille qui m'avait surnommée la « Chinoise blonde », à chercher un père chinois. Puis inventer des pères de substitution, très tôt, très petite, le soir, dans le lit. Très petite, six ans, parler la nuit à mon père, lui raconter ma journée, y croire, après tout, on était dans le noir. Et de me caresser la tête et les cheveux avec la main de ma poupée pour que ce ne fût pas la mienne, pour que ce soit lui, mon papa, qui veille sur mes nuits à défaut d'être présent dans mon paysage diurne.

Et un jour vient le moment où on n'en peut plus, où on doit trouver un père avec un caractère à lui, pas rempli de ce que vous avez inventé pour vous faire plaisir, pour vous lustrer le poil, trop facile. Je n'aurais pas dû lire tous ces livres en vérité. Trop d'imagination après ça. Trop déçue par le quotidien. Et puis je n'allais pas chercher dans le père lambda, il me fallait un père flamboyant, une vedette tant qu'à faire, un père dont tout le monde voudrait. Et puis, un jour, mon oncle me convoque dans sa chambre. Il vient d'acquérir, de façon plus ou moins nette, un lecteur VHS. Il prend soin de fermer la porte et me dit : «Lili, assieds-toi là, sur le lit. Je vais te montrer un truc de ouf.» Moi j'ai neuf ans, j'attends. Une boîte noire se met à avaler une autre boîte noire, plus petite. Puis sur l'écran de la télévision je vois apparaître un chinetoque très énervé avec les yeux comme... moi. Mes yeux, c'est dingue, les mêmes yeux que moi. C'est... Mon oncle veut me dire que ce monsieur tout petit, toujours en colère et musclé comme un chêne, est mon papa? Je ne dis rien, j'observe. J'évite de demander, trop de pudeur. Lui a un père, pas moi, et je scinde le monde en deux catégories à cette époque. Ceux qui ont un père et ceux qui n'en ont pas. Je ne demande pas. J'aurais peut-être dû parce que après ça, j'ai cru pendant des années que Bruce Lee était mon père.

Quand il me fallait regagner l'appartement de ma mère et de son mari le soir après l'école, après que ma grand-mère est venue me chercher, après qu'on a bien ri et mangé, j'avais le sentiment d'être un chien qu'on remet dans une cage au chenil après qu'il a gambadé la journée durant dans un parc immense.

C'est dur de n'être pas aimée par son père. Attention hein, je ne parle pas de ces cons-là, qui prennent leur paternel en grippe parce qu'il faut bien «tuer le père pour se construire» (balivernes), je parle de ceux qui sont confrontés au néant, au grand rien, ceux qui se retrouvent, parfois, à vouloir tuer tout le monde parce qu'ils n'ont pas pu se frotter à l'Œdipe de rigueur. Vivre dans une cité quand on est blonde, maigre, qu'on n'a pas de père ni de frère pour vous défendre c'est comme vivre nu dans une grande ville, nu et sans domicile fixe. Il faut une certaine dose de courage et beaucoup de caractère. Ou alors il faut être une petite chipie maligne et un peu vicelarde. Moi j'étais une gamine avec une intelligence qui rend triste mais qui m'aura permis de jauger les situations plus vite, de prendre les bonnes décisions très rapidement. J'étais un petit animal instinctif et je suis devenue une petite bourgeoise du VIIIe qui, si elle n'ouvre pas la bouche, fait grassement illusion.

Enfant, j'avais toujours le regard qui cherchait partout, je me retournais dans la rue, je regardais vers le fond du bus, derrière les portes des toilettes, sous les bancs, je voulais croire qu'il était caché là, qu'il veillait sur moi comme un ange veille sur un vivant, je me disais, il est en vacances, il est coincé dans une guerre au Pakistan, il va revenir me chercher. Je parlais au ciel, je demandais au dieu des juifs, j'implorais la Vierge de m'aider, bref, je bouffais à tous les râteliers. Et toujours ce sentiment de vide abyssal dans un corps si freluquet, cette énorme bulle d'air qui bloquait ma poitrine. Le sentiment de n'être pas aimée encore et toujours par celui par lequel votre vie est arrivée. Et puis je me suis mise à saigner du nez tout le temps. Surtout dans la rue, au gymnase, dans le métro. Jamais chez moi. Comme si je voulais le forcer à sortir de sa cachette, d'où, j'en étais persuadée, mon père m'observait. J'attendais qu'il coure vers moi, qu'il accoure, un mouchoir de lin brodé à mes initiales au bout d'un bras tendu vers moi sur une musique du *Lac des cygnes*.

Mais rien, rien. Daniel continuait de me dérouiller doucement, un peu tous les jours. Il entreprenait un travail quotidien et appliqué de destruction de ma confiance qui venait se juxtaposer à la folie de ma mère inconséquente et sciemment aveugle.

J'avais donc peur tout le temps. Peur que mon père m'enlève. Peur qu'il réapparaisse, peur de rentrer chez « moi », chez Daniel et sa main comme un battoir paysan suspendu comme une épée de Damoclès accrochée à un cheveu, peur du moment où il me dirait : « Viens faire un bibi à papa. » Et moi je ne pouvais pas l'embrasser, ça me faisait vomir (vraiment je veux dire, ce n'est pas une image) et si je vomissais, il me frappait encore. Il m'en voulait tellement d'être en vie, il disait : « C'est parce que tu es là que mes enfants ne veulent pas exister. Ils auraient trop peur de devoir se cogner une sœur comme toi ! » Et ma mère riait. Elle riait toujours quand c'était grave de toute manière. Elle riait et moi je la regardais incrédule, j'attendais qu'elle se comporte en mère, ça ne venait pas, elle ne savait pas, elle n'avait pas de morale, plus aucune notion du bien et du mal depuis son séjour à Sainte-Anne. Mais moi j'étais là qui grandissais et je lui rappelais son double échec, celui de son histoire avortée (si je puis dire) avec Ahmed et son incapacité à fonder un foyer harmonieux avec son nouveau mari. J'étais comme le petit juif du ghetto qui va mourir de faim s'il ne fait rien et qui, malgré le poids de ses guenilles et en dépit de sa maigreur atroce, se met à faire des claquettes pour récolter un peu d'argent. J'essayais de plaire à ma mère parce que je voulais croire que mon salut viendrait d'elle, qu'elle allait se réveiller et réaliser qu'elle avait sa petite à protéger.

Je reprenais mon souffle chez Margot qui faisait l'autruche, qui disait : « Tu abuses. Il ne t'a pas cassé un bras tout de même. » Elle me demandait de céder, de l'appeler « papa », que ça arrangerait tout puis elle disait que j'avais choisi de faire la forte tête et que je devais en assumer les conséquences. Elle me couvrait de miel et de douceur pour faire passer la pilule amère mais elle souffrait en silence de me voir tellement perdue et moi je ne voulais pas lui faire trop de mal alors je souriais tout le temps mais les yeux, surtout quand ils sont trop grands, ne peuvent pas mentir très longtemps...

Et puisque mon père ne venait pas jusqu'à moi, je m'étais mise en quête de son visage dans les rues, dans les cours de danse, au marché, dans les gares et même en province quand nous partions en colo. Je demandais à Dieu : « Mais pourquoi tu me fais ça ? Pourquoi bordel !!! La vérité Dieu, ça se fait pas ! » Puis après, comme je m'intéressais à la Vierge rapport aux événements rapportés plus tôt, j'y allais de mon analyse de petite fille de huit ans, de onze ans, je disais : « T'as abandonné ton fils à la naissance, c'est pas une raison pour reproduire sur nous ! Tu veux qu'on finisse tous agités comme lui ou quoi bordel de Dieu ?! »

Mon père s'appelle Ahmed Hamoudi. Ça, je l'ai appris après avoir séquestré ma mère une nuit durant en 1991.

Encore, la semaine dernière, je suis la bourgeoise parvenue, bien à l'abri de la misère et je tombe sur *Gala*, le magazine. La misère d'être une moitié de rien me reprend encore en vérité. Ça ne m'a jamais quittée.

L'autre dimanche donc, je lis *Gala* allongée sur mon canapé grand comme un studio. Je suis figée dans mes sapes à douze mille, manchette en diamants Chaumet, jogging Chanel, j'attends mon cours de gym avec William, mon coach. Le doute ne peut plus m'atteindre. Je suis arrivée dans la vie. Puis je tombe sur des photos de Dany Boon enfant. Dany Boon à la plage, Dany Boon devant le camion de son père, Dany, bébé dans les bras de son père. La légende dit : « Dany Boon de son véritable nom Daniel Hamidou dans les bras de son père, Ahmed Hamidou. »

Hamidou. Hamoudi. Une anagramme. Une vapeur bouillante monte de mon ventre à mes tempes. Je scrute la photographie. Il est brun, très brun. Bon, mon père est blond. Enfin je crois, c'est ce qu'on m'a dit. On m'a aussi dit qu'il était vietnamien puis kabyle alors je ne me formalise pas. Je bondis, mes enfants sursautent, mon mari, le juif, dit : « Qu'est-ce qu'il y a encore, Lili ? » l'air excédé devant mon manque de self control. Je lui demande de me suivre dans notre chambre, je lui montre l'article où il est dit qu'Ahmed Hamidou était très volage avec son camion, qu'il est kabyle et qu'il aurait très bien pu répandre sa semence dans les quartiers nord de la banlieue de Paris. Bon ça, ce n'est pas écrit, mais disons que ce sont mes conclusions. Mon mari lève les yeux au ciel et puis il dit : « Mais ton père, il est mort, c'est sûr... sinon, il t'aurait déjà retrouvée... Qu'est-ce que tu vas t'inventer maintenant, Lili ? Tu partages ton père avec Dany Boon ? Arrête, laisse tomber ton père, c'est trop tard. »

La colère m'étreint d'un coup. Presque une jalousie d'enfant auquel on donne la plus petite part de la tarte.

J'ai envie de le mordre au sang, lui, avec son père rabbin, tellement beau sous son chapeau un peu en biais, quand il traverse Belleville et que tous les juifs du quartier le saluent, lui tirent presque une révérence de Sissi impératrice. Isaac, le parrain de la communauté juive, qui n'a jamais rien fait d'autre que le bien autour de lui (c'est dur à croire, mais c'est vrai). Lui et son père, un roi soleil qui a tenu ses fils au chaud sous les rayons de son aura et mon mari, le juif, qui n'a jamais douté de sa capacité à être un homme bon grâce à ça. Vas-y, enterre mon père que je n'ai pas connu, on rigolera moins quand il faudra mettre le tien en bière.

Grandir sans père c'est comme vivre sur une jambe.

Un jour je dis à ma grand-mère :

« Yama, c'est quoi le courage ?

– Le courage c'est quand tu peux dépasser ta peur et ta douleur.

– Pourquoi tu me dis tout le temps : “Allez du courage !”

– Parce que tu seras contente après...

– Après quoi, Yama ?

– Après, quand tu l'auras dépassée, ta peur !

– Ouais bah si tu me dis tout le temps, allez, du courage, c'est que ma vie, c'est que de la peur et de la douleur. J'aimerais bien changer de vie.

– Dis pas de bêtise ! Mange !
– Encore ?
– Mange, tu sais pas par qui tu seras mangée... »

Après, elle se tait et boit son café en faisant : « pppffffuuuuiitt ».

Si, si, je sais. Je serai dévorée par ma tristesse lorsque, devenue trop énorme, celle-ci se sera muée en une colère acide. Ou je serai assassinée par le monstre. Il m'aura tuée à l'intérieur pour ne pas finir au trou, pour garder la face, pour pouvoir continuer à faire du sport à l'ASPTT : un revers de raquette, trois levées de bras au bar. Ma grand-mère disait : « Arrête de te raconter des histoires... veut dire quoi d'abord "tuer à l'intérieur", tu es morte ou pas. Chnou morte à l'intérieur ? Ahhrgh... ffffoouuu. » Elle soufflait fort comme pour expirer les mauvaises pensées. Ma grand-mère n'avait tellement aucun vice que toutes les choses de la psyché malade lui échappaient royalement. Elle était ainsi protégée. Il est des ignorances qui peuvent vous sauver la vie.

Daniel ne m'a pas tuée.

Daniel m'a permis de ne pas avoir peur. J'ai dépassé ma peur de lui et, avec elle, celle de tous les autres hommes. J'ai avancé, comme j'ai pu. Un jour après l'autre.

J'ai eu des maris gentils, en apparence pour le premier, fondamentalement concernant le second, et des enfants qui me regardent comme si j'étais *la vérité*.

Il ne m'a pas brisée, il était à l'extérieur, rien à voir avec moi, mes valeurs, mon éducation. Sa méchanceté m'a appris à être gentille, sa laideur à apprécier la beauté.

Pour mon père, c'est une autre affaire. J'ai toujours dormi la porte fermée, bien fermée, des fois que lui viendrait l'idée de surgir en pleine nuit. Il faut que j'aie le temps de me redresser, de me recoiffer presque. Bref, d'être présentable.

J'ai le sommeil le plus léger du monde, une plume mon dodo, je suis aux aguets, depuis l'enfance, depuis toujours. Je suis au taquet. J'ai toujours su que quelque chose de grand m'attendait. J'ai toujours pensé que mon père était un héros sublime et qu'il reviendrait me chercher à une heure théâtrale. Parce que, loin tout en bas de moi, mon désir d'y croire ne s'éteint pas. C'est ce qui est pervers avec l'espoir. Il maintient en vie les grands désespérés. C'est toujours ceux qui décident un matin de cesser d'inspirer qui reprennent les plus grandes respirations.

En attendant il fallait se lever avant l'aube, avec, dans une main, un ennemi intime à contenir et, dans l'autre, l'absence incarnée par rien puisque on ne me disait rien de lui, rien qui vaille la peine d'être retenu.

J'étais comme un funambule, obligée de tendre les deux bras au bout desquels reposaient ces deux poids, la tête bien droite pour ne pas tomber, et je restais concentrée sur mon chemin parce que j'aimais encore plus la vie alors. Merci Moïse, merci Margot, vous m'avez gardée intacte l'envie de continuer à croire que le meilleur est devant moi.

Merci Margot de m'avoir rappelé un jour que j'étais fière de dire : « Moi, je ne lâche jamais le morceau ! » que ne pas lâcher le morceau c'est ce qui fait la grandeur des chiens, pas celle des êtres humains. Ma grand-mère à la peau de miel, au regard si doux, aux bras toujours ouverts pour les grands autant que pour les lamentables, qui n'a jamais connu d'autre bonhomme que son Moïse et qui, pourtant, a compris tous les hommes.

Ma grand-mère, seule juive parmi les juifs de cette époque à ne pas juger mon sang mêlé au sang du cousin ennemi, mon ascendance kabyle comme un faix de fait, et ce jour où tu as empoigné Évelyne Atlan au col, bien 93 derrière sa nuque, en te dressant sur la pointe de tes petits pieds parce qu'elle m'avait traitée de demi-juive. La baffe qui est partie sans prévenir, parce qu'elle a répondu et que, pour toi, on ne répond pas à ses aînés. Ma bouche restée ouverte alors. Mes yeux stoïques, écarquillés, écartelés, qui ne clignaient plus devant ton emportement. Margot qui ne sait pas emprunter de regard dur, Margot qui aurait démonté une pyramide devant moi pour me détourner de ma tristesse.

Madame de Maintenant

On m'a souvent reproché de vouloir trop aider les autres, de faire de l'ingérence répétée et si j'avais été diplomate ou Premier ministre, mon pays serait tout le temps en guerre. Voire déjà rayé de la carte du monde. Le problème c'est que j'ai eu sous les yeux une femme qui tendait la main aux autres, tout le temps. Margot passait son temps à apporter des gâteaux aux voisins, des vêtements aux plus démunis que nous (c'est un drame cette vie, mais il y a toujours plus pauvre que le plus pauvre des pauvres) du temps aux femmes seules dont les maris étaient morts de la poussière échappée des chaînes de montage, des inhalations de monoxydes en tous genres ou du plomb dans les peintures. Le matin, elle descendait tôt le chien Méxy et trouvait dans les cages d'escalier les quelques toxicos qui survivaient à leur overdose de la veille. Je rappelle, à toutes fins utiles, qu'à cette époque le certificat ISO 9002 n'existait pas encore pour les produits à base d'héroïne. Pas de charte qualité ni de lobby comme ceux qu'on connaît aujourd'hui dans les Caraïbes ou à Saigon. On mourait vite d'une injection et même d'un snif d'héro. La cassonade, la meumeu, la rabia, étaient pour nous des gros mots, des mots dangereux comme des formules magiques de mauvais sorciers, bien pires que ceux que vos enfants emploient pour faire « grand » ; ces petits cons de mes nouveaux quartiers qui manquent de respect à leurs mères, chuis comme les gars derrière le périph', chuis la terreur du Ranelagh.

C'était des mots interdits, et la came faisait tellement de dégâts chez les vivants, qu'on préférait ne jamais aborder le sujet. « Guédro » était alors la pire insulte qui pouvait vous tomber dessus à cette époque, à La Courneuve.

Souvent, au petit déj', quand d'autres remontaient avec le pain, ma grand-mère asseyait un toxico à notre table. Souvent des rebeus, je dois dire.

Jamais de Noirs. Une rumeur avait couru en Tunisie sur les, euh, comment dit-on déjà ?, les personnes de couleur... On disait que leur peau avait foncé parce que leur sang avait tourné comme du lait resté trop longtemps sous le soleil. Depuis, mes grands-parents regardaient cette communauté avec, comment vous dire ?, un peu de distance. Le jour où j'ai ramené un graffeur noir à la maison parce qu'il avait émis le projet de m'épouser, c'est l'œil de Margot qui a tourné.

En remontant à la maison avec son camé, Margot nous demandait de déguerpir. Elle déshabillait le pauvre gars couvert de croûtes et tremblotant, lui ordonnait la salle de bains. Puis elle lui donnait un slip propre, souvent le slip de l'un de ses fils qui ne manquait pas de faire la gueule, puis passait une bonne heure à le frictionner avec de l'eau de Cologne du Mont St Michel.

Quand je rentrais de l'école, je trouvais le type affalé sur le canapé en skaï marron, la tête dans une serviette reposant sur les genoux de ma grand-mère, et la main tiède de celle-ci sur son front. Ensemble, ils regardaient la télé et commentaient « Les chiffres et les lettres ». Mon grand-père fermait les yeux sur ce qu'il appelait son « cirque » mais, quand il rentrait des chantiers, il fallait que le malheureux ait déguerpi comme les cafards qu'on tolérait alors, mais que l'on invitait jamais à notre table.

J'en ai passé des heures à regarder les tox se gratter. Une fois, une fille, une Algérienne toute maigre qui s'appelait Luisa mais que tout le monde appelait « la folle », m'a raconté, en mimant bien hein, des fois que je ne comprenne pas, comment elle s'était piquée à la chatte parce que ses autres veines étaient toutes bouchées. Ça m'a fait passer le goût d'essayer je peux vous dire. Ma grand-mère est sortie de la cuisine à ce moment précis et elle en a fait tomber son plat de beignets tout chauds. Elle a dit : « Balalaz » (j'écris en phonétique hein...) ce qui, chez nous, est une injonction à aller « danser ailleurs ». Souvent, elle leur parlait du bled. Leur disait que ça ne servait à rien de regretter un pays qui n'était plus le leur depuis longtemps. Elle leur disait qu'il fallait se faire à la France, elle leur signifiait leur chance de vivre dans un pays que le monde entier nous enviait. Des droits de l'homme, de Jacques Cartier qui avait découvert le Canada de

Joséphine Baker, de M. Poubelle qui avait rendu bien des services hygiéniques au monde entier, et de Picasso, Chopin et Marie Curie, des émigrés qui avaient choisi la France alors qu'ils pouvaient continuer chez eux, tranquilles. Elle leur parlait de Mendès France et des vers de Lautréamont-Ducasse. Ma grand-mère, cette Tunisienne à fichu, leur parlait des *Chants de Maldoror* pour qu'ils comprennent qu'une révolte à leur âge était toujours possible. Elle disait que c'était un pire drame pour leurs parents d'avoir dû partir au moment où ils retrouvaient leur dignité, quand la France signait leur indépendance. C'était un drôle de pied de nez du destin, qu'il en fallait de l'humour pour aller bosser pour des clopinettes sur les terres de ceux qui les avaient privés de leurs libertés là-bas, sous le soleil de Camus. Elle ajoutait qu'il fallait plus trop leur charger le bourricot, qu'il fallait être de bons petits, qu'ils avaient eu leur compte. Et ça continuait comme ça jusqu'au dîner, jusqu'à ce que je prévienne, planquée dans l'escalier, de l'arrivée de Moïse (qui avait eu la bonne idée d'être claustrophobe et ne prenait donc JAMAIS l'ascenseur). Je vois bien maintenant d'où me vient mon goût pour la palabre.

Alors elle les ramenait chez eux quand leur linge était propre et les mères arabes pleuraient dans ses bras, la remerciant et lui expliquant qu'elles ne savaient plus comment faire. Je crois qu'elles comprenaient mal le danger des drogues dures qui étaient encore plus solides à l'époque, qu'aujourd'hui.

Comme la Maintenon en son temps, Margot élevait les enfants illégitimes de cette république qu'elle admirait pourtant. Elle le faisait dans l'urgence, se moquant bien du regard des autres. Et tout le monde admirait son courage mais elle ne le voyait pas, elle était trop sincère dans sa démarche pour soutenir ses frères humains, elle n'attendait pas qu'on la blâme ni qu'on la félicite. Elle disait qu'une fois qu'on a perdu un enfant, plus rien ne peut vous ébranler. Elle ne se résolvait pas à ne plus aimer pourtant, et si elle vit encore aujourd'hui, si le médecin dit qu'il n'explique pas ce cœur vaillant dans un corps si âgé, c'est parce que Dieu sait bien qu'on a encore besoin d'elle ici-bas. Elle donnait le peu qu'elle avait à ces « laissés-pour-compte », comme disent les journaux, ces victimes de la schizophrénie de leurs parents et ces vagues d'immigration voulues par la France à un moment où on avait trop besoin de bras pour faire dans la dentelle, avoir des états d'âme et des « voyez-vous comtesse ».

Moi je dis que la France n'a pas fini de payer ses conneries. On aura beau faire des lois, et des centres de la honte, des Sangatte qui ne sont que des Auschwitz en costume, fallait pas ouvrir la voie, fallait pas montrer l'exemple.

La mort mais pas dans l'âme

Le 28 août 1984 je suis à la pêche avec mon grand-père. Ma tante Jacqueline a loué une grande maison dans une station balnéaire hideuse. Le jardin donne sur l'échangeur de l'autoroute et on n'a pas intérêt à gueuler sinon on rentre tous à Paris sur-le-champ. Je crois que je préfère encore ma cité, au moins j'y ai mes repères. Avec mon grand-père on se lève tôt parce que j'ai toujours eu des habitudes de vieux, on prend les cannes à pêche d'amateurs du cinquième jeudi du mois et on s'assoit sur les gros rochers qui délimitent les portions du port. On pêche des godasses comme ça jusqu'au déjeuner, et surtout, on parle.

Ce jour-là, je ne sais pas pourquoi, j'ai envie de poser au vieux la question à dix mille :

« Pépé, pourquoi tu détestes ma mère ? ».

Mon grand-père me dit que ma mère a toujours été sa préférée. À Tunis c'était toujours elle qu'il prenait dans son atelier pour appâter les élégantes, elle était sa lumière dans la pénombre de l'endroit et ça lui donnait du courage. Il a dit : « Ta grand-mère a toujours cru qu'elle était la première dans mon cœur. Mais non... la première c'était ta mère. »

Ainsi ma mère était sa Blanche-Neige, la plus belle de son royaume. Mais il y a des choses comme l'honneur avec lesquelles on ne peut pas se permettre de rigoler. Le sens de l'honneur, du devoir et de la droiture, dont on a tous oublié l'importance aujourd'hui et qui, lorsque vous évoquez ces notions, vous fait paraître réactionnaire ou rétrograde. Mon grand-père venait de cette époque où il n'y avait pas de contrats, où les engagements se scellaient par une poignée de main, une parole prononcée. Cette époque où les femmes avaient pour trésor leur vertu et c'est à cause de toi, Moïse, à cause de toi et de ta femme si j'ai toujours eu du mal à me coucher auprès d'un garçon sans qu'il m'ait au préalable demandé cinq ou six fois en mariage. Je sais, je suis hors de mon temps, en décalage perpétuel, j'aspire aux valeurs d'avant l'épisode des soutiens-gorge brûlés et je cache mon passéisme derrière un langage de maquereau... la honte d'avoir trop lu et trop écouté les chansons de France alors je jure et il faut voir la tête de toutes ces petites bourgeoises au cul sali caché sous des frous-frous immaculés, avec en tête ma première belle-mère, une femme sans valeur, qui se targuait d'avoir été élevée en gants blancs mais qui laissa son mari mourir seul d'un cancer de la gorge tandis qu'elle se tapait des producteurs de cinéma. Cette même femme qui s'étouffa lorsque je lui appris ma grossesse alors que je devais épouser son fils six mois plus tard et qui demanda à ce dernier de me faire arriver à la synagogue avec un ventre plat.

Moi je voulais des femmes cultivées, des Simone de Beauvoir qui, malgré les idées révoltées, n'oubliait pas son rouge à lèvres le matin, ni sa laque Elnett d'ailleurs, même pour aller goûter des chattes à 5 heures, rue de Rivoli. J'aurais voulu avoir le courage de me bourrer la gueule un jour, pour voir, fumer des clopes en boîte, « mais boîte » moi je dis, si tu retires le « o », ça fait bite... et je les ai vues moi, les filles, se faire attraper comme des poissons rouges dans des bocaux de fumée, se faire dégeulasser par des mains expertes obtenant à peu près à tous les coups, ce qu'elles voulaient. Pas une fois je ne suis rentrée chez moi avec un garçon rencontré sur le bord de la route. La fête, je connais, remarquez. Mais l'atteinte aux valeurs des années cinquante, je n'ai pas pu.

Mon grand-père adorait mes cheveux tout raides parce que c'étaient les siens et la fierté c'est ça : se retrouver dans l'autre mais en mieux. Et puis le saut de la classe pour lui, c'était le saut de l'ange et j'avais beau lui dire que j'étais élève à La Courneuve que ce n'était pas Yale quand même mais lui il faisait tututut, prends une pièce de dix francs et va t'acheter des bonbons. J'achetais le magazine *Nous Deux*, pour les romans-photos italiens et les histoires d'amour qui finissaient toujours bien. Mon grand-père me piquait le *Nous Deux* qu'il lisait aux toilettes et c'était notre secret. Ça et la boutargue qu'on mangeait par ramettes entières. Ma grand-mère hurlait au gaspillage, de la confiture aux cochons, des cochons juifs mais des cochons quand même.

Ce jour-là, je suçais mon pouce (je l'ai sucé jusqu'à vingt-huit ans mon pouce) en l'écoutant me parler encore et encore du soleil de Tunisie, du sucre qui jaillissait des fruits, de la Boga noire, le Coca local qui faisait démarrer les voitures. Il était intarissable sur ses copains du café La Bellissima avec lesquels il jouait au rami et il précisait, tout ça, c'était avant Margot. Et il me disait, trouve-toi un mari qui te traite comme une reine, et pour ce faire, n'oublie pas de lui gueuler dessus tous les jours. Il faut lui donner l'impression d'être sa bataille, sa terre à conquérir, sa bande de Gaza... Ça va pépé, j'ai compris... Il me donnait dix francs encore pour que je rentre mes lèvres tandis que je suçais mon pouce. J'ai de grosses lèvres. La limande à babines de cheval. Mon grand-père qui craignait la disgrâce m'avait même montré comment faire. Il s'agissait de coincer ses lèvres entre les dents et le pouce. J'avais l'air gogol je vous dis pas... Il disait OK, OK, tu ne peux pas t'en empêcher alors s'il te plaît rentre tes lèvres afin qu'elles ne grossissent pas comme les lèvres des noiraudes.

Les Tunisiens répètent toujours les choses plusieurs fois. Les Tunisiens feraient de bons professeurs dans les écoles de brousse.

Je regardais la mer et je suis tombée sur ses pieds rouges, anormalement gonflés. J'ai su à cet instant que ça allait être du malheur ces pieds comme des ballons de chair. Il a dit, c'est un coup du soleil ça, t'inquiète et il m'a tendu une pomme avec un canif de vieux. J'ai commencé à peler la pomme, mes yeux ne pouvaient pas se détacher de ses panards et je me disais, intérieurement, c'est la merde, c'est la merde... Mon grand-père a jeté un œil mauvais à la pomme et, en attrapant les épluchures trop épaisses à son goût, il a dit : «Eh bah ! On voit bien que t'as pas fait la guerre toi ! » Toi non plus pépé... Alors il mangeait les épluchures et me laissait le cœur de la pomme, il me laissait son cœur, cette pomme et toutes celles qu'il ne m'a plus tendues après, après qu'il fut mort dans le lit d'un hôpital sordide à Saint-Denis, c'était son cœur.

Moïse n'a jamais dit qu'il m'aimait. Pas une fois. Mais il suffisait que je le regarde me regarder pour comprendre à quel point j'avais été sa honte et son plus grand bonheur, sa fierté quotidienne. J'étais mal partie dans la vie, mais s'il vous plaît, ne condamnez pas votre avenir trop tôt. Les choses deviennent ce qu'elles doivent être, ce n'est pas à vous d'en décider. Il faut juste croire. Trouver la force de l'enthousiasme quand l'enthousiasme n'est vraiment plus le sujet.

On est rentrés et il boitait un peu alors je l'ai soutenu et il m'a repoussée, disant qu'on n'allait pas commencer à inverser les rôles. Je ne vais pas me laisser emmerder par un coup du soleil il disait mon pépé tunisien. Dans la maison moche, on est allés se cacher dans la chambre du haut, je lui massais les pieds avec de la crème Biafine. Je me rappelle encore l'odeur de la crème et les pieds de mon grand-père si fins et doux et je les regrette ces pieds qui n'allaient pas avec sa personnalité. Maintenant qu'il est mort, je pense à ses extrémités délicates et je me dis qu'elles étaient la preuve de son élégance. Mon grand-père, je l'appelais Mozart. Il ne voulait pas et moi j'expliquais, je disais, tu es le chat Mozart parce que tes cheveux sont blancs et doux comme un pelage félin et que tu fais de la vie une symphonie, un opéra, un concerto...

« Quel concerto ?!!! *Shnou ? M'chilazo... égi melkéké...* » Il parlait toujours en arabe quand son cœur était atteint. Le soir, souvent, je me glissais derrière lui et je caressais ses cheveux si blancs et si doux. Il ne ronronnait pas, il me chassait comme on chasse les mouches, mais moi je sais bien que souvent il faisait semblant de dormir pour me laisser l'approcher. Alors, du bout de mes treize ans, je suçais mon pouce en entortillant doucement une mèche de ses cheveux entre l'index et le majeur, assise à ses pieds, le regard porté vers les derniers rayons du soleil de la journée, tel un tournesol en sursis. Je savourais ce que la vie nous offre de meilleur : de l'amour éclatant et tellement pudique, du soleil. J'étais comme on peut être quand on est au mieux sur la terre. Ce moment où vous avez le sentiment qu'en dépit des péripéties, des accidents sur le parcours, vous avez enfin trouvé votre place. Ma place sur la terre qui est si vaste se situe juste entre Margot et Moïse. La tête reposée sur les seins de ma grand-mère avec devant moi mon grand-père qui prépare la nikitouche (un plat tunisien à base de pâtes et de bouillon de poule).

Pendant ces vacances à Toulon, j'ai voulu lui raconter Daniel et ses coups et puis je ne parvenais pas à parler. Un jour que je massais ses pieds qui ne dégonflaient pas, j'ai quand même dit :

« Il me fait mal, il ne veut pas que je sois juive. »

Moïse a dit :

« Il touche à ton intimité ? »

J'ai répondu que non ! Alors mon grand-père m'a dit :

« C'est ton père maintenant. Mon père aussi me frappait. Ça te rendra plus forte. Tu seras juive plus tard, ça s'oublie pas ces trucs-là. »

C'était sans appel et j'ai dû serrer les dents encore quelque temps avant que Daniel ne décide d'aller se faire sucer sous d'autres latitudes. On est rentrés à La Courneuve en R12 et mon grand-père ne s'est pas plaint une seconde mais, quand on a été rendus, il a été victime d'une crise d'hémiplégie. Tout le côté gauche paralysé. Une tête de Picasso et moi je riais pour ne pas pleurer de devoir affronter son beau visage qui devenait difforme. On l'a amené à l'hôpital en septembre. Il riait tout le temps, son corps était paralysé à gauche alors il parlait avec la bouche tordue et ça le faisait rire. Il me demandait de lui apporter de la boutargue, il m'avait indiqué la cachette du fric sous les lattes du parquet de sa chambre. Il n'avait pas le droit de boire d'alcool mais je lui rapportais des mignonnettes de Boukha, l'alcool de figues cher à son palais, parce que je sentais bien que toute précaution s'avérait, à ce moment des événements, complètement inutile.

Je lui apportais aussi ses gauloises, son jeu de cartes et, le soir, je me cachais dans son cabinet de toilette alors qu'on avait dépassé l'heure des visites. Je réapparaissais un briquet à la main, lui allumais son clope, et on parlait de tout et de rien, mais surtout de rien.

Il refaisait le chemin de sa vie depuis le début, il se racontait et je voyais bien que c'était l'heure du grand inventaire, juste avant qu'on te range dans une boîte en sapin.

Ainsi, chaque soir après l'école, je rejoignais mon grand-père et il gueulait parce qu'il disait que ma place était devant un bureau à faire mes devoirs.

Ce qu'il ignorait, c'est que je me serais tuée plutôt que de me rendre à l'école sans avoir accompli mon travail. Je ne suis que ça : une personne de devoirs.

Il n'en finissait pas de ne pas me donner des conseils. Et pourtant, il disait qu'il fallait que je vive, que je me frotte à mon arbre de l'expérience et moi, je lui disais, vas-y pépé, ne fais pas ton juif, fais partager les tiennes d'expériences ! Il disait que ça ne servait à rien. Il assurait que le plus important c'était d'agir. Et de se comporter comme si la personne qu'on admirait le plus dans la vie était là, perchée sur une branche, à nous observer. Vers minuit l'aide-soignante me sortait de là, l'air agacé, mais la vérité c'est qu'elle venait me chercher juste avant que ne passe le dernier bus pour La Courneuve.

Ma grand-mère ne parlait plus.

Elle arrivait le matin à l'hôpital les bras chargés de marmites et les médecins horrifiés par l'hérésie diététique finissaient tout de même les plats, tous les plats, avec le pain des malades en plus.

Le dernier soir de la vie de Moïse, je n'étais pas là, mon beau-père m'avait interdit de me rendre à l'hôpital, on devait lui livrer ses numéros en retard du journal *L'Équipe*.

Le dernier soir, Moïse m'a fait appeler. Je n'étais pas là, c'est le regret de ma vie, ma haine éternelle pour Daniel. Alors Moïse a fait appeler ma grand-mère.

Elle est venue. Elle est restée une heure. Elle est sortie et elle n'a pas pleuré.

Elle n'a jamais voulu me dévoiler ce que mon grand-père lui avait dit ce soir-là.

Margot est la femme la plus courageuse qu'il m'a été donné de croiser.

La plus fine aussi malgré son corps de Tunisienne.

J'en ai croisé des femmes dans ma vie.

Des artistes reconnues, des femmes d'affaires flamboyantes, des Mme de Merteuil diaboliques, des femmes de pouvoir... Des femmes auxquelles tout le monde baisait les pieds (et parfois même le cul il faut bien l'avouer). Je n'ai jamais pu en admirer aucune, tant chacune d'elles n'avait pas le début du talent de ma grand-mère pour la vie. Même si cette dernière, belle salope parfois, avait tout fait pour se faire détester d'elle. Continuez à aimer quand il faudrait détester. C'est ça le secret. Oui, oui, ça a l'air stupide hein ? Très Jésus-Christ, reviens-nous. Très Véronique et Davina vous révèlent le secret du bon vivre. Riez, riez un peu puis écoutez.

On récolte toujours ce que l'on sème. Toujours.

Dans un sens, ou dans l'autre.

(Je sais, je l'ai déjà dit.)

Le soir, je rentrais me coucher à côté de Margot. J'avais obtenu la permission du Bourguignon. Je crois qu'il était trop content de voir s'effondrer le pilier de ma famille. Ma maison qui s'écroulait sur ma tête déjà bien amochée.

D'ailleurs le soir où le médecin a appelé pour annoncer une embellie, l'arrêt subit de la paralysie de Moïse, Daniel a eu cette réaction : il m'a attrapée par les cheveux et, violemment, a cogné ma tête sur le miroir de la salle de bains. C'était le 13 octobre.

Le 14, je rentre de l'école, c'est un vendredi.

Ma mère est à son travail d'esclave. Mon beau-père est avec sa maîtresse.

Je fais mes devoirs dans le calme.

Ce soir-là, c'est shabbat chez les juifs qui veulent bien que ce le soit. J'ai fini mes devoirs. Je branche le casque sur la chaîne hifi de Daniel, j'écoute « Hong Kong Star t'es pas née là où tu voulais » de France Gall et le téléphone sonne.

Malgré le vacarme dans le casque, j'entends retentir la sonnerie du téléphone gris.

Je me lève, je décroche.

Je n'aurais pas dû.

L'infirmière au bout du fil me demande si je suis ma mère. Je réponds oui et ce n'est pas un mensonge puisque c'est ce que je suis pour moi depuis tellement longtemps. Elle me dit : « Votre père est mort. » Alors moi, je ne sais pas pourquoi, je réponds : « Merci. » Je réponds merci.

Et je raccroche. Et je remets mon casque. Il y a deux filets d'eau très calmes, très beaux, deux rivières d'impressionnistes qui débitent des larmes continues et je ne chouine pas, pas un seul mot, pas un râle ne saurait sortir de ma bouche à cet instant.

Ma mère rentre la première. Je lui dis :

« Pépé est mort. » Elle me balance alors une claque de Jean-Paul Belmondo à travers la gueule. Je me dis que j'ai de la chance, il fut un temps où l'on tuait les porteurs de mauvaises nouvelles.

Après mon beau-père rentre, demande après ses journaux *L'Équipe* et je rêve ou quoi ? Il est en train de trinquer à la santé vaincue de mon grand-père. Ce con est *en train* de fêter la disparition de mon Vieux. Après, il se dispute avec ma mère et je pense que c'est toujours mieux pour moi. Pendant qu'il se bagarre avec elle, mon beau-père oublie de me cogner. Je remets mon casque. J'ai fini de pleurer tellement je suis anéantie par la perte de ma colonne vertébrale.

« *Hong Kong Star, t'es pas née là où tu voulais ais ais... t'as pas la pas la peau qu'il te faudrait, ait ! Celle du vrai pays du dollar, ar...* » Je vois ma mère en cinéma muet agiter ses bras et je me dis qu'elle va pleurer son père défunt quand même, mais non, elle continue de hurler sur son mari pourri et je sais bien que la colère est un rempart contre la tristesse mais tout de même.

Après je sors.

Je vais vers la porte, ma mère ne me voit pas sortir. Ma mère ne fait plus attention aux choses essentielles depuis bien longtemps. Je l'entends parler de chtouille, je me dis qu'il faudra que je regarde dans le dictionnaire. Puis quand elle dit blennorragie, je comprends.

Je marche dans ma cité.

Il fait encore chaud malgré le mois d'octobre et ma peine est immense. Je repense, comme ça, dans les rues, je repense aux pâtes qu'il m'avait appris à confectionner à la main, aux beignets, à la pâte à pizza de juifs, un étouffe-chrétien comme il se doit, aux jours passés dans sa chambre à jouer au rami et moi le laissant gagner tant il était mauvais perdant. Je repense à ses cheveux tout blancs et doux comme de la soie et je l'appelais le chat quand je caressais ses cheveux, et il ne voulait pas lui, comme il ne supportait pas qu'on lui réclame des câlins, il disait, tu te rends compte si je devais tous vous prendre dans mes bras ? Je n'irais même plus travailler ! Je repense à tous ces bijoux qu'il a offerts à ma grand-mère et à cette passion pour les pierres et l'or qu'il aura distillée dans mon sang, parce que mes souvenirs d'enfance sont forts de ce côté-là : le jaillissement d'un bijou aura toujours été lié à un moment de grand bonheur. Je marchais devant le mail et Lahlou était là, seul, assis sur le banc devant chez Gavelle, la boulangerie. Il pleurait.

Je me suis assise à côté de lui et j'ai relevé mes cuisses sur ma poitrine, j'ai posé mon menton sur mes genoux et j'ai attendu que ça se passe. Je lui ai juste pris la main. Il avait du sang entre le nez et la bouche et je n'ai pas demandé pourquoi. Après j'ai sorti un Kleenex propre, je l'ai mouillé de ma salive et j'ai essuyé le sang, il s'est laissé faire, il a dit merci. J'ai dit mon grand-père est mort et j'ai enfoui mon visage dans mes genoux. Il a passé son bras autour de mon cou et il m'a tapoté l'épaule un long moment avec son index et son majeur.

La violence dans les cités n'est pas un mythe. Mais elle n'est pas celle que l'on raconte aux journaux télévisés le soir pour faire peur aux Français et leur signifier que leur vie pourrait être bien pire. Pas de voitures qui brûlent ou de flics attaqués. La violence qu'on connaissait, c'était celle de la misère morale ; le malheur d'avoir dû changer de pays et de mettre au monde ses propres enfants sur une terre qui vous était hostile. La violence de la promiscuité, la laideur du paysage (je m'étais amusée à compter les arbres de ma cité : quarante-cinq pour vingt mille habitants, même sur la lune, y en avait plus), les camions-poubelles qui ne passaient jamais, les familles trop nombreuses et les mères qui étaient toutes des esclaves et les pères des esclaves aussi, avec des travails à rendre idiots tous les Einstein de la terre. On est ce que l'on fait, je crois. Lahlou avait encore pris le poing de son grand frère Majid dans la gueule qui était une mauvais racaille, parce que ce dernier avait pris celui de leur père dans les dents et c'était une chaîne de violence ininterrompue alors j'ai regardé les étoiles qui brillaient ce soir-là, et on les distinguait bien parce que les réverbères de la rue du Mail de Fontenay étaient tous défoncés, et j'ai dit à Lahlou :

« Un jour on habitera dans le VIIIe, on aura des chambres grandes comme des apparts avec des baignoires comme des piscines. »

À un moment, Lahlou s'est levé, et il a dit :

« Faut que j'y aille sinon mon père va me tuer. »

Il n'a pas dit : « Il va se faire du souci pour moi. » Il a dit : « Il va me tuer. »

Pourtant les pères arabes aimaient leurs enfants. Le problème c'est que souvent ils l'ignoraient. Ils n'avaient pas le temps d'y penser. Ils n'avaient le temps de penser à rien, ils étaient trop fatigués. J'en ai connu moi des papas rebeus collés devant la télé sur un canapé défoncé, mutiques comme des pierres, jamais atteints par la vie autour.

Les mères tremblaient pour leurs garçons et compatissaient pour leurs filles parce qu'elles étaient nées du mauvais côté de la barrière des sexes, et c'est là que j'ai grandi, là que j'ai pris mes repères comme je pouvais. Ma force, je crois, aura été de toujours remettre en question ce que l'on m'imposait, de toujours tenter d'envisager les choses autrement. De toujours douter de tout, tout le temps. De ne jamais rien recevoir comme acquis.

Mon grand-père disait que c'était cela le cadeau empoisonné de Dieu : la conscience qu'il nous donne à chacun comme un muscle que l'on peut soit travailler, soit laisser mollir. Il disait : L'éternel nous offre le monde et la conscience, c'est à nous de faire bon usage des deux. Il expliquait la Shoah comme cela. Il disait qu'Hitler n'avait pas réussi son coup tout seul. Il disait que pour six millions de victimes, il y avait eu six millions de coupables. « Au moins », ajoutait-il après une ponctuation respiratoire théâtrale.

Je me rappellerai mon grand-père comme d'un homme bon et dur. Je me souviendrai de lui comme un monstre de courage et un monstre tout court parfois.

Capable de tirer violemment sur sa ceinture et de frapper ses fils avec la boucle en fer.

Capable aussi de cumuler soixante-quinze jours de travail sans discontinuer, à raison de quatorze heures par jour parce que ses enfants voulaient partir en colonies de vacances par la mairie, et qu'il n'avait pas les moyens de les leur offrir et encore moins le cœur de le leur refuser.

Un homme capable de renier sa fille-mère mais venant en cachette dans ma chambre m'offrir des dizaines de robes de princesse et d'ajouter dans la planque à pognon de ma mère (un nounours de quatre-vingts centimètres de haut) des billets avec la tête de Pascal peinte dessus. Mon grand-père était de la race de ces hommes qu'on ne voit guère plus que dans les films de Melville, d'Antoine Blondin ou de Michel Audiard. Un homme qui me disait que la vie c'est comme la lessive Ariel, toujours un type bien valant mieux que deux barils de nés sous X; on n'échange pas l'honneur contre les honneurs. Il disait, souviens-toi de ça ; et si tu ne sais plus comment te comporter, si ta conscience s'égare, relis les *Fables* de Jean de La Fontaine. Il les connaissait toutes par cœur, c'était sa bible de Moïse, ses tables de la loi à lui, le seul testament valable d'un homme pour tous les autres hommes.

Moïse disait que si tous les humains étaient contraints de lire ce livre au moins une fois par semaine, le paradis reviendrait planter ses pommiers sur la terre. La conscience reviendrait aux hommes pour toujours, et le Mal et le Bien ne se mélangeraient plus jamais.

Il disait qu'une fille qui perd sa vertu n'a plus rien à perdre et je me disais que son enfer avait dû commencer en Mai 68. Mon grand-père m'a appris à ne jamais baisser les bras, à ne jamais suivre les modes. À suivre le vent, on finit par attraper un coup de froid. Il demandait à ses filles de montrer l'exemple, toujours. Il n'y a pas une parole qui soit plus forte qu'un acte, Lili. Avec le temps, les écrits s'envolent, les paroles, je t'en cause même pas. Les actes, eux, font pousser des souvenirs. Bons ou mauvais, ils déterminent la suite des événements.

Et moi, le lendemain de sa mort, un samedi après-midi, j'ai embrassé un garçon sur la bouche, c'était la première fois, c'était pour lui faire payer le fait de m'avoir abandonnée.

J'étais invitée à la boum, chez Farid Djema. Il ressemblait à Johnny Hallyday en arabe. Le même en marron.

Je l'ai embrassé pour me changer les idées aussi. À côté, tout à côté, chez ma grand-mère, la famille, ou ce qu'il en restait, était réunie et l'on avait décidé de taire la mort de Moïse à mon oncle Fragile. Mon oncle Fragile qui, soit dit en passant, est mort en 2006. Son cœur s'est arrêté net à cinquante ans. Il est tombé, encore un vendredi soir, encore en septembre, il n'a pas souffert et il est allé rejoindre son père, son frère et sa sœur. Moi, j'avais fait comme ces femmes qui refont un enfant très vite après le décès de leur petit. J'ai décidé d'aller du côté de la vie et j'ai dansé comme une pute du Crazy sur la table du salon de Farid Djema, les vêtements en plus. Quand je suis descendue de mon estrade d'infortune, j'ai décidé que, à partir de maintenant, mon père serait Lionel Richie.

Lionel Richie et Mme Keller

Un jour, je suis devenue une adolescente en colère parce que je comprends que la vie ça se négocie tous les jours comme des virages du Mans, et j'en ai assez de voir des cadavres à tous les tournants. Des jeunes gens de mon âge qui ont renoncé ou qui ont glissé sur une merde.

Je suis retournée vivre chez Margot depuis que Moïse est parti au ciel des juifs. Le doigt de Margot, l'annulaire gauche de Margot, s'est mis à gonfler d'un coup et c'est comme si son alliance voulait étouffer son doigt. Après deux jours de ce traitement, le doigt menacé est devenu violet et le médecin a crié à la gangrène. Il a ordonné qu'on scie le bijou. C'était toujours mieux que de devoir couper le doigt.

Alors Margot n'a pas lutté, et quelques jours après la fin des quarante jours observables de deuil dans ces conditions, un monsieur de la cité que l'on connaissait depuis la Tunisie est venu demander Margot en mariage. J'étais bien la seule à valider cette union et j'avais mis comme clause au contrat moral de Sénèque le refus suspensif de la venue d'un enfant. Margot chérie a ri très fort et a demandé à

M. Saada de retourner d'où il venait, c'est-à-dire chez lui. Sa femme était morte en couches alors qu'elle mettait au monde leur cinquième enfant et retournait tout de suite après à la terre, et depuis, il avait eu le courage de mener, seul, ses petits vers de lumineux avenirs. Il leur avait transmis le plus grand des présents qu'un parent puisse faire à son enfant. Il avait donné à ses trois filles et ses deux garçons, en cadeau de naissance, la joie de vivre. Ils la portaient autour du cou, en bandoulière, en couronne tressée dans les cheveux, sur leurs plastrons et même en appareils dentaires. Ils étaient invincibles et jamais on a vu pareils humains porter avec autant de grâce le monde des vivants. Laurent, le benjamin des fils Saada, était entré à Polytechnique et le maire avait donné pour l'occasion une fête dans la cité le jour de la Saint-Jean. Même les mères arabes étaient fières de ce fils juif, honnête et travailleur qui ne manquerait pas de plaider leur cause auprès des grands de ce monde qui n'était pas le leur.

Bizarrement, Moïse ne me manquait pas.

Je ne suis pas allée à son enterrement, je n'ai pas voulu le voir mort. Je crois que ce sont des conneries cette idée qu'il faut confronter son regard aux cadavres pour pouvoir en faire un deuil. J'avais déjà dû me résoudre à enterrer très vite un père que je n'ai jamais vu. Ni mort ni vivant. Pourtant, je savais bien qu'il *existait*.

Pour mon grand-père, ce fut différent. Je n'avais pas envie de le tuer une seconde fois. Alors je lui parlais, il venait me conseiller en rêve, me gronder encore. Je n'avais pas envie d'entamer un processus forcément dépressif, de renoncement. Il ne me manquait pas. Je le convoquais à l'envi, je décidais du moment où j'avais besoin de lui. On s'arrange comme on peut avec son sort. Même à Auschwitz, les femmes et les hommes décoraient leurs baraques de petits dessins, de fleurs fanées en bouquets... Mon beau-père, quant à lui, se barrait en couille, se barrait tout court et ma mère n'en finissait pas de s'enfoncer dans son petit pull marine tout déchiré aux coudes comme je l'ai déjà dit plus tôt.

Elle vivait une jeunesse inédite en des temps plus impropices et je la laissais faire tant je ne comprenais rien aux adultes.

Je travaillais comme une acharnée et je pensais, le travail au moins, il ne fait pas dans les sentiments. Le travail, tu lui donnes, il te rend. Avec les vivants, c'était une autre histoire.

C'est comme ça que le soir, seule dans ma chambre (j'avais repris le lit de ma tante Françoise), je me suis mise à écouter Lionel Richie. Tant qu'à écouter en boucle les mêmes paroles, autant que ce ne fût pas la logorrhée foudroyante de ma mère. Autant que les mots portés à mes oreilles soient doux ou encourageants.

Mon grand-père disait qu'il faut toujours se comporter comme si la personne que vous admirez le plus au monde était assise sur la branche juste au-dessus de votre tête. Alors j'ai décidé d'amener Lionel partout avec moi, tout le temps.

À l'école, j'obtenais souvent la meilleure note. Les premiers temps, je les montrais à ma mère qui faisait pfff... ma grand mère n'entendait pas grand-chose aux faits de l'Éducation nationale, mes oncles et mes tantes (surtout mes oncles) prônaient le devoir de désobéissance aux institutions françaises, et leur montrer que j'encourageais ce système qu'ils détestaient tous m'aurait exposée à des représailles certaines.

Alors, le soir venu et moi rentrée, je courais jusqu'à mon lit, je levais la couverture. Sur l'oreiller, confortablement installée, la pochette du 33-tours où Lionel porte un pantalon blanc et pas de chaussettes et jamais il ne puait des pieds, m'attendait. Lionel me souriait. J'approchais comme un chat à dessein, je cachais mes contrôles derrière mon dos et je lui disais : « Eh ! eh ! combien crois-tu que je te rapporte aujourd'hui ? » Il répondait : « 15 ? » Je disais : « Eh non *papa* ! » « 17 !!!! » Il disait : « Bravo ma fifille », et je mettais le disque sur le tourne-disque orange d'une autre époque. Il me chantait une chanson comme un câlin et je rêvassais allongée sur mon lit, les bras enlaçant la pochette du vinyle. J'imaginais un avenir plus tendre, plus français, comme dans les *Martine*, la fin des épreuves, les douze travaux d'Hercule derrière moi.

Je visualisais Lionel à mon mariage me tenant par le bras et m'offrant à un homme beau et intelligent ce qui était une denrée très, très rare sur le marché que je fréquentais alors. Purée, je n'étais pas au bout de mes mauvaises surprises.

Un jour, je suis en troisième au lycée Raymond-Poincaré de La Courneuve.

Le professeur d'espagnol est une femme. Elle a une voix d'homme, des yeux verts et répand en passant les effluves du parfum Tabac qu'on trouve en pharmacie. Elle porte à l'annulaire gauche une turquoise des mille et une nuits constellée d'améthystes dont j'envisage le sertissage comme s'établissant autour des années cinquante. Le cadeau d'une défunte peut-être. Mme Keller nous apprend l'espagnol avec tellement de cœur que nous sommes tous ses enfants je pense.

J'admire qu'elle ait résisté aux sirènes lumineuses et fluorescentes de la mode des années quatre-vingt. Elle s'habille en saharienne Saint Laurent, possède une touche aristocratique, période début de race et aucun garçon ne lui a jamais manqué de respect ici même, ce qui, en soi, est déjà un exploit.

Le rectorat s'étant toujours arrangé pour que nous restions entre nous, arabes, juifs et pauvres en tous genres incultes et gras, on nous gratifiait de professeurs qui n'avaient de la fonction que la fiche de paie. Mme Keller, puisque c'est ainsi qu'on l'appelait tous, avait obtenu les meilleures notes à son examen, était agrégée de philo et d'espagnol. Elle avait décidé de venir nous faire partager un peu de son intelligence. Pas par curiosité malsaine, ni parce qu'elle écrivait un essai sur les singes que nous étions tous, mais par amour de son prochain. Mme Keller était une grande dame d'un mètre soixante. Elle est morte d'une overdose d'héroïne dans les salons rouges du Palace quatre ans plus tard.

Je l'avais élue pour être ma mère. Tant elle était belle, brillante, et les enfants ont besoin de modèles pour se construire. Les enfants ont besoin de croire que les adultes sont des héros parfois. Parce qu'un adulte, c'est toujours ce que devient un enfant en grandissant. Personne n'a envie de devenir une merde. On doit parfois se rendre à l'évidence, mais, au début, on veut y croire un peu. On veut penser qu'on ne sera pas comme les autres.

Après, sans s'en apercevoir, on devient adulte, on fait des enfants et on projette sur eux nos espoirs déçus. Ainsi tourne le monde. À l'envers ou à l'endroit, tout ça n'a pas d'importance.

Tant que le soleil se lève chaque matin, l'Autorisation nous est donnée de continuer d'Espérer.

Un matin, j'arrive au cours d'espagnol avec beaucoup d'avance comme il est de coutume chez moi. Face à la fenêtre, Mme Keller pleure. Je m'approche et je sors le makhroud que ma grand-mère a glissé dans mon cartable pour la crise d'hypoglycémie de 11 heures que je ne risque pas de rencontrer tant mon petit déjeuner était déjà consistant. Je le tends à Mme Keller qui accepte.

Je lui dis que c'est un gâteau très sucré, que c'est un truc d'Orientaux et elle dit que sa vie est tellement amère que ça va, elle ne sentira rien. Après, je n'ose pas la toucher, bien que j'en aie très envie. Au passage, je me demande pourquoi c'est toujours à moi qu'incombe le devoir de réconforter les mères dépressives.

Elle se tourne vers moi et ses yeux sont devenus vert transparent, un vert céladon que je n'avais vu que dans les nuanciers de peinture de Moïse. Je ne parviens pas à formuler des mots entiers. Je dis « mais », je dis « ah », je dis « hum » alors elle parle, elle parle encore et je découvre un destin comme celui des héroïnes des auteurs réalistes du XIXe chers à mon équilibre mental.

Elle a été violée par son père, comte et industriel français qui l'a déshéritée autant que la loi le lui permettait et elle riait en me disant : Au lieu d'hériter de trois milliards, je n'en toucherai qu'un. Tu vois la punition ? elle disait.

Oui, oui, je vois bien.

Après elle dit que la fêlure ne se colmate pas. Elle dit qu'elle met du plâtre et encore du plâtre (en fait, je ne le sais pas encore mais le plâtre dont elle parle, c'est l'héroïne qu'elle s'injecte chaque nuit qui lui tombe dessus, c'est-à-dire, comme le veut la tradition du monde, tous les soirs).

Elle explique que son fils lui rappelle ce viol chaque matin.

Alors je lui parle de Claudia Cardinale. Elle aussi a dû élever et aimer le fruit du diable que fut son père et de l'ange qu'elle était, et c'est de devoir sourire aux journalistes qui l'a sauvée.

Mme Keller dit qu'on est tous, à cette époque, les enfants d'un viol tellement les femmes ne choisissaient pas leur époux et je lui réponds, là t'abuses Mme Keller...

Elle ne me laisse pas continuer, elle précise en chuchotant que porter l'enfant de son père lui a déchiré le corps pour toujours. Mme Keller objecte que le petit aime son grand-père qui est son monstre de père. Elle dit c'est trop difficile quand l'amour et la haine se superposent et elle pense à se tuer depuis la naissance du garçon.

Maintenant, elle pleure, elle vomit de l'eau par ses yeux :

« Il a le bleu arrogant des yeux de mon père et quand il me regarde je vois cette nuit où cet enculé est venu dans mon lit, cette nuit où il m'a dit qu'il avait assez attendu et que maintenant il fallait qu'il croque dans le fruit défendu, le fruit au jus de sang. »

J'ai pensé que même les nantis avaient des drames, et pas que des problèmes de riches, et ça m'a rassurée de me dire que je n'étais pas seule à patauger dans la merde.

Après, elle m'a fait signe de sortir et j'ai obéi parce que cette femme avait une autorité naturelle de déesse.

Le surlendemain, je la trouve au même endroit et je lui apporte le texte de Rudyard Kipling en précisant que « tu seras un homme mon fils » est aussi valable pour les filles. Je lui parle de Moïse et de Margot parce que c'est ce que je connais de mieux en termes de bons humains. Je lui explique qu'il faut dépasser le malheur en klaxonnant bien fort et garder ses cheveux au vent et continuer d'offrir son beau visage au soleil. Puis j'ose la requête. Je suis une fille intéressée, c'est moche.

Je lui propose de devenir sa fille et elle dit que le plus important c'est d'être une bonne fille, pas la fille d'une mauvaise femme. Elle dit qu'on est tous les enfants du bon Dieu et je comprends bien qu'elle décline mon offre alors je me mets à pleurer. Je pense : « Je l'emmerde cette pute, je ferai comme avec Lionel. » Elle sera fière de moi autant que ma mère ne l'a pas été quand il aurait fallu qu'elle le soit.

Un soir, je l'attends devant l'annexe du collège Raymond-Poincaré, un peu plus loin.

Les communistes ont de l'humour, ils ont nommé l'endroit Cicéron (quand j'ai demandé au proviseur pourquoi Cicéron, il a répondu : Cicéron c'est Poincaré).

Mme Keller passe sans me voir alors je lui propose de faire le trajet avec elle jusqu'au RER. Elle accepte et m'invite chez elle. Elle vit dans l'hôtel particulier de sa mère allemande alors je lui demande pourquoi l'espagnol ? Elle dit parce que Sancho Panza et surtout El Quijote et je vois un voile humide trahir son regard de mers du Sud et je comprends que si derrière chaque grand homme il y a une grande femme, derrière chaque femme qui pleure, il y a un homme égoïste. Je n'insiste pas. Je prends sagement les biscuits de Français qu'on me tend. Je bois le thé léger. Je me dis que si chez nous, on devait sortir autant de vaisselle quand on boit un thé, on passerait la journée les mains dans le lavabo. Je m'essuie aux commissures avec la serviette et pas avec le revers de ma manche comme c'était la règle dans ma région. Je garde les genoux bien collés, moi, danseuse patentée et passionnée, j'évite les grands écarts. Alors je demande à Mme Keller si elle veut bien me caresser les cheveux. Elle refuse. J'oublie que c'est une Allemande. Elle fume tellement que son parfum, Tabac, est aussi remarquable que le miaulement d'un chat dans une boîte de nuit. Je reste à côté d'elle et elle n'en finit pas de faire mouiller ses jolis yeux. Elle me demande si je veux réviser l'espagnol et j'accepte en même temps que je suis heureuse, parce que je distingue alors la trace de son affection. Nous sommes devant un piano décoratif qui doit faire la taille de mon salon, chez moi, à la cité et je décide de pas être impressionnée par le faste du lieu, par les rideaux de soie épaisse, les tissus moirés des sofas et le carrelage d'une autre époque qui recouvre les centaines de mètres carrés qui délimitent l'endroit. Mais quand même, ça me donne envie. Tant et tant que je suis presque en colère. Le garçon aux yeux bleus fait son entrée, planqué derrière sa grand-mère. Une femme encore jeune, avec des yeux comme des couteaux et un cul qui semble en avoir vu de toutes les couleurs. Elle s'installe face à moi et me toise comme un pauvre observerait une voiture d'occasion avant de l'échanger contre toutes ses économies. Je pense à tous ces meubles que la vieille Allemande a dû raquer avec son cul, au père de Mme Keller qui a dû très vite cessé de la toucher. L'Allemande est une belle femme en toilette. Mais soudain mon inconscient se met en branle. Alors, c'est plus fort que moi, le flot de paroles me submerge et je me mets à fredonner mécaniquement la chanson d'Aznavour :

Vous êtes chère, grande artiste,
La plus charmante des amies,
Et l'hôtesse la plus exquise
Que n'ait jamais connue Paris.
[...]

Mais les mondanités passées,
Libérée de ton enveloppe,
Tu deviens dans l'intimité,
La plus formidable salope
Qu'une mère n'ait enfantée[1].

L'enfant s'est posté devant moi. Il dit : « Continue ! », alors je m'arrête.

L'Allemande écoute incrédule. Les yeux vont quitter sa tête s'ils continuent comme ça à vouloir s'extraire de leurs orbites. L'enfant dissipe le malaise cardiaque qui guette la vieille, il me dit s'appeler Diego et je me surprends à ressentir le sentiment piquant et désagréable de la jalousie. Mme Keller est allée planquer ses larmes aux chiottes alors je sens que je me ferais mieux désirer ailleurs. Je regarde la pendule sur la cheminée qui donne l'heure du 21 janvier 1911, et je m'écrie un peu trop fort, comme sur la scène d'un théâtre de boulevard : « Oh ! Il est déjà 8 heures ! Je vais y aller. » – Mme Keller n'a pas réapparu. La vieille bique ne me retient pas, elle a encore la bouche ouverte. L'enfant me supplie de rester dormir dans sa chambre et je comprends que ce ne doit pas être mardi gras tous les jours ici.

J'ai juste le temps de lui dire que personne n'a le droit de lui faire faire ce qu'il n'a pas envie de faire

1. « Vous et tu » (1991).
Compositeur, auteur et interprète : Charles Aznavour.
Prod : EMI Music France.
Éditeur : Éditions Raoul Breton.

et que la police est au coin de la rue et veille au grain.

Il m'a souri comme sourient les enfants qui vont faire une belle bêtise, et le lendemain je me suis fait engueuler par Mme Keller parce que les flics avaient ramené Diego après qu'il eut dénoncé sa grand-mère pour harcèlement musical. Il refusait de se soumettre aux leçons quotidiennes que lui dispensait cette dernière.

Quand Mme Keller est morte, je me suis sentie orpheline pour la première fois. J'avais décidé d'enterrer mon père, le géniteur. J'avais appris par le magazine *OK!* que Lionel avait adopté une fille à qui il avait donné son nom. J'étais retournée vivre chez ma mère qui n'en finissait pas de se plaindre et de me détester. Je me sentais abandonnée encore et encore. Je me sentais si seule au milieu du troupeau familial, je ne voulais pas de ce destin de brebis. Finir avec un gros cul de poney à couscous à devoir répéter une tâche quotidienne et mécanique qui me rendrait immanquablement misanthrope et nihiliste et j'aimais tellement la vie que ce soir-là, après que j'ai eu le droit de venir étudier la langue française à Paris tant mes notes au baccalauréat étaient élevées, je me suis mise à parler arabe toute seule dans le noir de ma chambre, j'ai demandé pardon comme ma tante l'avait fait quelques années plus tôt, et je me suis suicidée.

Le plus beau jour de ma vie

Ce soir-là, c'est encore le mois de septembre, le mois des drames. Le temps du grand départ. J'aurai quinze ans dans deux heures. Cette nuit-là, je me suis suicidée en pensant en finir et c'est un commencement que j'ai trouvé en épilogue.

J'ai voulu finir ma vie là où je l'avais commencée. Mon obsession pour les dates, les heures, le ménage et le rangement aura fini par m'achever. Il faut bien que vous compreniez ceci : mettre de l'ordre là où règne le chaos c'était pour moi faire preuve d'un minimum de conscience. Je me cherchais une structure rigide et comme je n'avais pas été touchée par la chose religieuse, la grâce des juifs, je me mettais des barrières comme je pouvais. Quoi qu'il en soit, ce soir de septembre, je me suis levée de mon lit, la lune faisait son œil tout rond, genre, je le crois pas qu'elle va le faire ! Et la lumière était blanc et bleu dans la salle de bains quand j'ai saisi la bouteille d'alcool à 90° et les deux tubes de Temesta de ma mère. Cette dernière ronflait à côté et à corps perdu. J'avais du mal à lui infliger cela comme je ne voulais pas faire de mal à ma petite enveloppe toute frêle. Je me suis alors mise en mode « absence de mots » et je me forçais à ne plus penser qu'avec des images, je me suis mise à visualiser mon corps par terre, je me voulais dame aux camélias, une main sur la gorge déployée et les cheveux mousseux, faisant un tapis de soie à la sortie du bain. Mais mes cheveux étaient désespérément raides, mes seins plats et mes cuisses toutes maigrichonnes. Alors j'ai regardé vers d'autres horizons. Je me suis vue Marylou qui s'endort sous la neige, toute disloquée, un *Stan the flasher* sur l'épaule me susurrant les dernières grâces juives, me portant, la tête renversée, la chevelure balayant le sol et les yeux mi-clos, un sourire de libérée sans caution qui dansait sur mon visage lumineux. Ça m'a donné du courage. J'ai avalé les cachets et, pour faire passer, je me suis envoyé une bonne rasade d'alcool. Du moins j'ai essayé. Ç'aura été la seule fois de ma vie où j'aurais ingéré ce type de liquide. Les vapeurs me sont montées au nez si fort, que je me suis évanouie.

Je crois que c'est ce qui a réveillé ma mère. Quelques minutes ? heures ? plus tard, j'avais un pompier penché sur moi, un tuyau de machine à laver dans la main. Il tentait de me l'enfoncer dans l'estomac et moi j'entendais juste l'autre pompier dire : « Elle est mignonne mazette, elle est trop conne de se suicider avec un cul pareil. » Ces paroles, je m'en souviendrai jusqu'à ma fin. Ces paroles ont été la fin d'une ère, le début d'une vie nouvelle.

Elles m'ont donné la force de la colère et je n'avais qu'un but : me lever pour tarter le grand con de pompier prépubère qui avait prononcé ces mots malheureux. Il faut parfois peu de chose pour vous garder vivant. C'était, une fois de plus, la colère qui m'avait tenue en vie et je repense à cette nuit comme le seul vrai jour de ma naissance. C'est ma rage qui a sauvé ma vie. Des épreuves, j'en ai eu par la suite. Mais, comparées aux jours et aux nuits auprès de Daniel, au manque du Père qui ne vient pas, à l'absence de Moïse et à la tristesse contenue de Margot, c'était des épreuves de roman, des trucs avec du panache qui, si je les dépassais, me rendraient plus forte. Je les ai toutes dépassées.

C'est à ce moment, je crois, que j'ai profondément décidé que c'en était fini de la merde qui colle à mes talons dès que je fais un pas. Il est facile d'en finir avec sa vie, suffit de se défenestrer. Mais pour sa peine ? Même quand vous êtes mort, vous la léguez en cadeau à vos proches, elle est bien plus forte que la mort cette mauvaise fille. Et, comme dans la vie je n'avais jamais choisi la voie la plus simple, j'ai commencé par assassiner ma tristesse. Tant qu'à rester en vie, autant que celle-ci soit douce. Alors, tandis que dans un lit d'hôpital je me remettais doucement, j'ai décidé qu'à partir de maintenant je ferais le tour du monde, je dessinerais des bijoux pour les plus grands noms de la Place, j'aurais deux enfants comme dans une publicité pour le St Marc ménage : blonds, souriants et brillants avec le mari brun, parce que ça fait plus viril, et la maison et les meubles qui vont avec. J'ai comploté avec moi-même ce jour-là et il a été décidé que ma vie serait une publicité vivante qui durerait bien plus que trente secondes.

Tiens d'ailleurs, je ferais mieux que ça. C'est moi qui déciderais de ce qu'on verrait dans les publicités. C'est moi qui montrerais à des millions de gens ce qui serait bon pour eux et pourquoi. J'ai mis dix ans à réaliser mon rêve qui a tourné au cauchemar. J'ai beaucoup, beaucoup travaillé. À l'école d'abord parce que je n'étais pas intelligente, j'étais enragée.

Profiter de la vie me semblait être le seul remède que j'avais trouvé pour me guérir de la mort.

Le truc, c'est que je ne savais pas que migrer vers Paris mettrait à nouveau ma vie en danger, que je tomberais à vingt ans en dépression et malade d'anorexie, ce qui est un suicide lent en soi. Ce que j'ignorais aussi c'est que ce léger contretemps ne m'empêcherait pas d'atteindre ces buts stupides que je m'étais fixés.

Le jour de mes quinze ans, je l'ai passé dans un lit de l'hôpital où Moïse était parti, presque un an plus tôt. Ce jour-là, ma maman m'a apporté un millefeuille délicieux et j'ai pensé que la vie pouvait se révéler une aventure vraiment incroyable, qu'elle offrait des possibilités multiples et qu'elle valait la peine qu'on se casse le derche pour elle. J'ai tout donné pour ma vie. Comme une mère se sacrifie pour son enfant et qui, trente ans plus tard, est fière du résultat, les poings solidement posés sur les hanches, les coudes à l'extérieur, comme un enfant qui ferait la poule. Je voulais être cette mère pour moi, je voulais gagner ce sourire de fierté cachée. Être la mère qui contemple son ouvrage le nez pointant vers le ciel, appréciant le résultat de tonnes de miettes d'abnégation et de servitude, et voilà le travail ! Je demandais à la Vierge de m'aider, au Dieu des juifs, à Moïse, mon grand-père, de faire de moi celle dont je rêvais si souvent, quand j'étais seule, lâchée dans ma nuit. Je me suis battue pour mon existence qui était mon enfant à moi, et aujourd'hui, vous me voyez, souriant à ma vie pleine de bosses, fière de mon chemin, de celui que j'ai choisi et qui m'a conduite jusqu'à vous. Je haïssais mes jours, jusqu'à ce jour béni où j'ai entrevu le visage de la mort. Une figure froide et sans passion, une tête de Suédoise, les traits de la Marcelle bourguignonne et ça m'a fait passer l'envie d'en finir avec la vie qui était par endroit chaude, fleurie des rires de mes copains et sucrée par les dattes de ma grand-mère. C'en était terminé – au moins pour un temps – de mon pessimisme ambiant de fille pas assez con pour ne pas comprendre. Je n'allais pas passer ma vie à me suicider. Ce n'est pas une vie que d'y mettre tout le temps de la mort.

Quand j'ai décroché mon premier job dans une célèbre agence de publicité, j'ai eu ce qu'on appelle la « chance du débutant ». Stagiaire, on m'a apporté une annonce Wonderbra qui disait, tout à côté de la photographie d'Eva : « *Look at me in the eyes and tell me you love me.* » On m'a demandé de traduire cela dans un français correct. Alors j'ai écrit : « Regardez-moi dans les yeux, j'ai dit les yeux », et c'est ainsi que j'ai commencé une carrière. Dans le même mouvement, j'ai rencontré un homme très beau avec de grands yeux verts et juif et bourgeois et nous avons vécu comme des pachas décérébrés pendant neuf ans. Il m'a fait deux beaux enfants blonds comme il se devait, nous avons fait le tour du monde, dormi dans des palaces et dîné dans tous les trois macarons de la terre. Le *Guide Michelin* était notre *Guide du routard*, notre guide spirituel même. Nous avons vécu dans des appartements de *Elle Déco*, de *Marie-Claire Déco*, de *Maison Côté Nord*. Des maisons de Mme la Pompadour reçoit, des appartements de *La vérité si je mens*. Une vie de plaisirs où on dévorait le veau d'or tous les soirs. La chute a été brutale, mais elle m'a rendu mon identité, elle m'a rendu Lili, la petite fille à qui j'avais un peu lâché la main tandis que ma vie s'améliorait miraculeusement.

Après l'effort est venu le réconfort. Ma rencontre avec mon premier mari a été comme la première piqûre d'héro. De la douceur, de la lumière et de la force. J'avais oublié que ce genre de paradis est le sas qui mène tout droit à l'enfer.

Je m'en foutais, je n'en pouvais plus d'avoir la peau blême, des RER la nuit, la ligne B qui me ramenait chaque soir à La Courneuve, de ma mère qui gueulait TOUT LE TEMPS, des livres qui puent, des lunettes de myope qui me faisaient mal au nez. Alors j'ai acheté des lentilles, un appartement à crédit (je n'avais pas les moyens d'être locataire, pas de caution parentale...), une 205 GT volée et j'ai entamé une existence de grande récréation.

Quand la cloche a sonné et que j'ai dû retourner en classe après que le garçon auprès duquel j'avais choisi de me fabriquer un autre monde se fut révélé, ni plus ni moins, un individu sans conscience, sans limite morale et sans le moindre scrupule, après que j'ai failli mourir quand il m'a arraché mes enfants, la reprise des cours a été difficile, comme après de très grandes vacances. Mais j'avais le sentiment apaisant de rentrer chez moi. De retrouver *ma* place. Une ouvrière de l'existence qui essaie d'être l'artisan *honnête* de sa propre vie. On ne peut pas tout avoir.

Le Caire de lune

Quand le soleil se couche, les gens deviennent meilleurs, plus calmes. On se retrouve plus posé, c'est l'heure de l'apéro ou des bilans. Lorsque Daniel a quitté ma mère pour l'une de ses collègues, une Française de sûre souche, un truc à faire chanter l'Ave Maria en *ré* mineur à la Marcelle, ma mère a perdu trente-cinq kilos d'un coup d'un seul. J'ai eu beau lui dire qu'elle s'allégeait d'un poids, que cet homme était un boulet et qu'elle était encore très jeune, que l'horizon allait s'ouvrir, elle s'enfermait dans sa chambre, elle écoutait Bibi et Cookie Dingler en boucle en fumant des Peter Stuyvesant.

Ma tante, sa cadette, avait divorcé elle aussi et se retrouvait seule à devoir élever quatre filles qui avaient toutes dix mois d'écart puisque son mari était un juif rétrograde qui réduisait les femmes à un gros utérus portant un tablier.

Un jour ma tante est venue, elle a déclaré, dans un cri de guerre, le poing presque dressé : « J'en ai assez d'avoir le chignon qui sent la soupe ! » Alors, elle a coupé ses cheveux magnifiques et c'est là que les emmerdes ont commencé. Vraiment commencé pour elles, je veux dire. Moi la merde, c'était ma potion d'Obélix, j'étais tombée dedans à la naissance. Plus rien ne m'étonnait, pas grand-chose ne me faisait peur. C'était les années quatre-vingt, la grande heure du Club Med et ma tante partait, sa grande sœur sous le bras, dépenser sa pension alimentaire dans les bras d'Arabes certifiés et de Noirs encore tout retournés par tant d'audaces.

Moi je restais à La Courneuve, m'occupant comme je pouvais de mes cousines. Ma grand-mère passait, les bras chargés de marmites et c'était déjà ça, je n'avais pas à me soucier de la nourriture, et le ménage, je ne sais pas si je vous ai dit, c'était ma grande spécialité. J'avais l'impression de vivre dans une série télé tant notre quotidien était saugrenu.

Ma mère et ma tante repassaient de temps en temps puis disparaissaient. Elles laissaient leur linge sale que je lavais, ainsi qu'une petite enveloppe de cash. Les gars de la cité m'approvisionnaient en tout. L'usine Orangina/Pernod-Ricard se trouvant à proximité (quel suicide commercial tout de même !) il n'était pas rare que devant mon hall je retrouve des PALETTES ENTIÈRES de petites bouteilles de tout. Les mamans arabes se servaient et trouvaient tout naturel de faire leurs courses à ciel ouvert, sans devoir passer par la caisse.

Pour les vêtements, on allait se servir aux Galeries Lafayette. Métro Chaussée-d'Antin, une entrée souterraine reliait directement le métro au grand magasin et je ne comprends pas comment il a pu être si facile de se servir pendant trois ans au moins en jeans Chevignon, sweaters Compagnie de Californie et lingerie Petit Bateau.

Ma tante avait proposé de partager son appartement d'Aubervilliers avec ma mère, et moi je veillais sur mes cousines qui m'avaient rejointe à la cité. Nous vivions comme cela, heureuses, j'étais le chef du kibboutz et ça m'allait bien jusqu'à ce matin où la Salpêtrière m'a fait appeler au lycée. Ma mère avait fait un coma éthylique et ne se réveillait pas. Ma tante, elle, avait fui la banlieue de Paris pour celle de Cannes et c'est pas vrai que la misère est moins pénible au soleil. Enfin, pas toujours. Quand je me suis rendue à l'hôpital, trois femmes du CRIP[1] me sont tombées dessus. Je hais les assistantes sociales. Elles jouissent de pouvoir séparer les familles, ne voient même pas le manège des mères arabes qui viennent se faire payer les factures en retard en prenant soin de planquer leurs bijoux avant le rendez-vous.

J'en connais moi, des maisons du bled qui ont été construites avec le seul argent des aides de la CAF.

Je les déteste, les assistantes sociales. Elles ont autant de discernement qu'un éphémère devant une étoile.

J'ai quand même souri afin de montrer ma détermination à coopérer. J'ai compris que ma mère était irresponsable et alcoolique, qu'elle ne méritait pas une fille comme moi, à les entendre j'étais une héroïne de Zola et j'ai défendu ma mère vaille que vaille, et j'avais du mal à être vaillante et moins

1. CRIP : Cellule de recueil des informations préoccupantes.

encore, crédible, mais je poursuivais parce que j'étais un peu d'elle et je savais sa vie d'avant, Sainte-Anne et ses conséquences, je couvrais Micheline parce que j'avais ses yeux à elle sur mon visage et son groupe sanguin dans mon corps et comment vous auriez fait à ma place, hein ? Ma mère ne se réveillait pas, et elles, tout ce qui les intéressait, c'était comment enterrer cette pauvre femme avant qu'elle ait rendu son dernier souffle. Avant qu'elle ait pu dire ouf une dernière fois. Je me suis mise à pleurer parce que c'est toujours ce que font les jeunes filles pour attendrir les vieilles connes sadiques, alors elles m'ont tendu un mouchoir et servi un verre d'eau. Je n'ai jamais compris pourquoi on tend un verre d'eau, presque systématiquement, aux femmes en larmes. J'ai bu pour leur signifier qu'elles faisaient bien, puis une infirmière est venue en disant que ma mère s'était enfin réveillée. Je ne sais pas pourquoi mais, à cet instant, j'ai été certaine qu'un superhéros allait sortir de quelque part, une sorte de Dr Ross avant l'heure, que j'allais rencontrer l'homme de ma vie, un beau gosse écrivain et célèbre, ou encore que l'hôpital allait prendre feu. J'étais en plein délire théâtral, immobile et céleste, convaincue que ma vie prendrait ici un tournant décisif.

Je suis restée comme cela, immobile et sèche et je n'ai même pas vu que les assistantes sociales étaient parties, tel un essaim de putes, butiner un autre cas moral : un peu plus loin, une femme était interrogée sur le suicide raté de son fils de seize ans.

J'ai eu ces mots de Macbeth qui sont venus s'écrire sur le mur en face de moi en lettres rouges de Mercurochrome : « Quand une situation est au pire, il faut qu'elle cesse ou qu'elle se relève. » J'ai remercié Shakespeare et je suis partie prendre mon métro.

Ma mère est sortie un jeudi matin.

Elle s'est excusée d'être ma mère et je lui ai dit que sans ses conneries je ne serais pas là et elle a dit : « T'es con. »

Ma mère n'a plus jamais touché une goutte d'alcool après ça.

Et moi, je n'en connais pas le goût.

Je crois que ça m'a vaccinée pour la vie.

Les enfants n'écoutent pas les conseils, ils suivent les exemples. Je sais, je me répète. Mais il doit bien y avoir une raison *essentielle* à cela. J'avais trouvé assez d'argent en économisant sur les enveloppes de cash que ma tante nous laissait pour vivre. Alors j'ai réservé deux places sur Égyptair et ma mère a gueulé. Moi, je n'avais pas le courage de lui dire que son boulot l'avait virée pour non-présentation à son poste tellement elle n'avait pas d'amies pour la prévenir de sa chute. Autant partir faire un tour ailleurs. Je voulais lui montrer les pyramides, lui dire que parfois il faut des vies de sacrifice pour laisser une trace impérissable alors elle a dit qu'elle était une mauvaise mère et je lui ai dit que toutes les femmes n'étaient pas faites pour être des mères. Et elles auraient fait quoi d'un gosse la statue de la Liberté, la Joconde ou Mère Teresa ? Alors ma mère a ri et je vous jure, je vous jure oui, qu'il m'aura fallu attendre seize ans pour avoir des seins et voir rire ma maman.

Ce soir-là, nous étions attablées place Tahrir devant un café épais comme du goudron, ma mère n'en finissait pas de s'excuser de tout, des coups de Daniel et de ses absences. Elle ne comprenait pas comment je pouvais être aussi bonne élève et tellement... chi... sérieuse et je ne savais pas mais je voyais bien que la dépravation ne donnait rien de bon alors j'essayais d'être autrement. Et puis la nature de l'homme n'est-elle pas de tout asservir ? Alors moi, je n'étais pas là pour asservir mon prochain, ni l'homme ni l'amour d'un autre, je voulais asservir mon destin, décider pour moi de ce qui serait bon pour moi. Et puis j'avais lu tellement de livres, je n'avais aucun mérite.

Le soleil tombait doucement et la lune est montée prendre sa place d'ouvrière nocturne, elle brillait, blanche et fière, comme la fille bien née d'une opale et d'un diamant aux proportions remarquables, et moi, j'avais le sentiment que les choses étaient à leur place pour une fois. Je ne parvenais toujours pas à embrasser Micheline, mon corps s'y refusait et pourtant j'aurais tué pour elle.

Je regardais la lune et je pensais qu'elle avait plus de mérite que le soleil.

Elle parvenait à briller même dans le noir alors qu'il suffisait au soleil de refléter l'ambiance alentour. Et c'était là sa force, sa beauté, et toute la littérature qui l'avait couronnée en était bien la preuve.

Ma mère s'est endormie dans la chambre de la pension Isis et je l'ai regardée, décharnée et ses yeux qui étaient devenus encore plus grands, et j'ai pensé à ses racines, ses origines de soleil et peut-être que c'est pour ça qu'elle s'endormait comme le bébé qu'elle était des années plus tôt, parce qu'elle retrouvait l'ambiance de sa terre arabe. Elle dormait du sommeil de l'injuste qui retrouve un peu de justice, le temps d'un café avec sa fille qu'elle n'a jamais comprise, qui lui est tombée dessus comme la foudre vient déchirer un ciel turquoise, et moi je sais bien que je n'y suis pas pour grand-chose, même si par chez moi, on dit que ce sont les enfants qui choisissent leurs parents. Si j'avais pu, j'aurais choisi plus calme comme milieu, vous pouvez me croire. On était coincées là, toutes les deux, on devait faire l'une avec l'autre, deux compagnons de cellule, deux âmes qui, a priori, ne se sont pas choisies. C'était comme les amitiés de guerre, à la vie à la mort, mais, dans le civil, plus personne ne se revoit, parce que le choix est offert de ne pas le faire, vous comprenez ?

Je n'avais pas pour ma mère le dévouement d'un Albert Cohen, je n'avais pas de lien juif à cette femme que j'admirais si peu qui, pourtant, se sera levée chaque matin depuis ses dix-huit ans, pour aller ramener la graine et j'ai eu une poussée de haine quand on lui a remis la médaille du travail. J'ai honte pour ces représentants de l'État qui organisent ce type de simulacre de remise d'honneurs. Honte de cet alliage de cuivre, de zinc et d'acier qu'ils proposent, là-bas, en haut lieu, à ces gens qui ont donné leur vie à l'entreprise, et ça me fait rougir de honte pour eux, les instances du travail de France et parfois je me demande s'il s'agit vraiment d'une grande nation. Le matin, ma mère a voulu aller se baigner dans le Nil et je lui ai dit que ce n'était pas une bonne idée qu'elle retire comme cela son haut de maillot de bain. Elle s'en foutait, quelque chose s'était brisé en elle depuis longtemps, elle n'avait plus conscience de la valeur de son corps et attendait qu'on la punisse, tout le temps, tellement elle avait appris avec le temps et les expériences, à se détester.

L'inconscience, voilà.

C'était la seule façon que Micheline avait trouvée pour se protéger des émotions causées par la vie. Je voyais bien que c'était une gentille femme, un peu idiote, très maladroite et, pourtant, toute la cité l'adorait. Micheline avait le cœur sur la main, elle ne savait RIEN faire correctement, pas une omelette, elle ne savait pas remplir une feuille de soin, un balai ? Qu'est-ce donc ? Et pourtant, tout le monde est venu lui apporter un petit quelque chose quand elle a fait sa dépression carabinée. Ma mère ne m'a jamais protégée de rien.

Pour moi, ce fut difficile à admettre. Je me souviens du jour où j'ai eu une fille. J'ai été submergée par un instinct venu du fond des temps. Attention, hein, je ne parle pas de l'instinct maternel qui, selon moi, est une invention judéo-chrétienne, je veux parler de l'instinct de protection de ses petits et ça ne m'a jamais quittée. Alors quand je me souviens de ma mère, debout, fumant à cinq centimètres de moi, à terre, Daniel m'enfonçant ses chaussettes dans la gorge ou me pendant par les pieds, m'enfonçant (– encore ! – c'était une manie chez lui...) mes devoirs de math dans la bouche, ça me fait mal, ça me fait mal comme une fracture au bassin. Ma mère était là, au bord de l'eau, un tee-shirt mouillé (je l'avais convaincue de le garder afin d'éviter la brûlure du soleil), ses tétons comme des doigts d'enfant dressés, ses longs cheveux noirs qui venaient mourir dans le creux de ses reins qui passaient le relais à sa raie du cul, alors je me suis demandé s'il n'aurait pas mieux valu qu'elle quittât son soutien-gorge... J'ai trouvé ma mère très belle ce jour-là.

Je crois, objectivement, que c'est la première fois que je lui trouvais quelque chose de bien.

On est rentrées à La Courneuve un dimanche matin, à l'aube. J'ai failli crever de trouille dans le charter du retour. J'étais épuisée et ma mère est allée se coucher tandis que je défaisais notre bagage, lançais les machines et lui préparais un crème bien blanc.

Le médecin de la Salpêtrière lui avait ordonné des pilules de Vol au-dessus d'un nid de coucous, que j'ai transformées en Vol au-dessus d'un nid de couscous : j'ai remplacé les cachets blancs par des pilules contraceptives et j'avais demandé à ma grand-mère d'apporter chaque jour des gâteaux au miel, qu'on appelait aussi chez moi des gâteaux de dépressive. Ma mère avait toujours la nausée, alors je lui demandais de manger et de dormir. Elle a vite repris quelques kilos et sa logorrhée d'insultes et c'est à ce moment que j'ai compris qu'elle allait mieux.

Elle ne quittait pas son lit pourtant. Sept longues semaines à lui tendre un saladier où elle faisait ses besoins, à la laver, la nourrir, la coiffer et un jour j'en ai eu assez, j'ai dit je me casse chez mémé, j'étais trop jeune et trop occupée à construire mon avenir pour veiller sur une gosse ingrate de trente-quatre ans, braillarde et qui chiait au lit. Je lui ai dit de se démerder et c'est ce qu'elle a fait. Je hais au plus haut point le manque de reconnaissance. Je sais, je sais, l'absence du père, pas reconnue à la naissance, etc. En tout cas, je peux dire de cette histoire un truc net : cinq jours plus tard, ma mère était sur pied. Elle est venue à la maison, chez mes grands-parents, dans cette maison qu'on lui refusait. Elle, qui n'avait plus d'autre refuge que ses mains pour cacher son visage quand ça devenait trop dur, nous annonça qu'elle avait trouvé un travail.

J'ai été bluffée. C'était la seconde fois que je trouvais quelque chose de bien à ma mère.

Ma grand-mère a sorti une assiette. C'est toujours ce que font les Tunisiens en situation de tension. Ils sortent la bouffe. Et je rêve d'une scène, à Gaza, où des mères viendraient avec leurs couscoussières ordonner une trêve à leurs fils juifs et musulmans et chacun apprécierait le mets de l'autre et on en oublierait presque de se foutre sur la gueule.

Parfois il faut savoir lâcher la corde sur laquelle on tire. Il faut trouver la force de se retirer et regarder sa vie du balcon. Je dis ça hein, je fais la maligne, mais j'en suis bien incapable et j'aspire à cela, un moment où je ne répondrais plus sans réfléchir, où je prendrais le temps d'*écouter* mon interlocuteur.

Robert Mardoch

Dois-je vous parler de Robert ? Mon âme sœur, mon presque jumeau, vingt ans durant, veillant sur moi, me tenant par le bras dans les allées sans voitures de ma cité. Robert est le dernier des Mohicans, un homme qui raccompagne les filles en voiture, tient les portes et passe devant au restaurant, derrière dans l'escalier. Un Tunisien, juif de loin si on se place du point de vue d'une synagogue, mais juif fervent si l'on remarque les courses qu'il met dans son frigo, la façon dont il s'adresse à sa maman, le respect qu'il a pour ses six frères et ses cinq sœurs. Robert me tuerait s'il voyait ces lignes. Dernier d'une famille de douze enfants, il a toujours été le préféré de Fortunée sa mère. Il avait la force tranquille de ceux qui se savent aimés quoi qu'il arrive, sa vie était calme et tiède comme la Méditerranée un après-midi de juillet. Son père était très proche de Moïse et l'on raconte qu'à notre naissance, espacée très exactement d'un mois et un jour, les deux hommes nous ont promis l'un à l'autre.

J'ai revu Robert dernièrement, je l'ai croisé dans un restaurant casher dans le XVIIe alors que je dînais avec mon second mari. Il avait le même aspect qu'à ses vingt ans, le même Levi's et les mêmes baskets. Sa casquette toujours vissée sur la tête ne cachait aucune calvitie. J'ai demandé d'emblée s'il était marié et on aurait cru au tableau peint par Aznavour, quand il raconte que, non, il n'a rien oublié. Il m'a répondu « non » et j'ai dit que moi, tu vois, j'en suis au deuxième mari juif et il a conclu que deux maris en dix ans c'était comme n'en avoir eu aucun. J'ai fait tsstss pour meubler mais je retrouvais bien là son bon sens d'ancien pauvre qui doit prendre rapidement les bonnes décisions s'il veut survivre. Il m'a demandé si j'avais porté des enfants, j'ai dit « oui », j'en ai porté quatre, il m'en reste deux. J'ai avorté une fois et Dieu, pour me punir, m'a fait faire une fausse couche. La loi du talion peut-être ou alors je n'ai rien compris. C'est bizarre, mais j'ai tout de suite su qu'il n'y avait aucune drague de sa part, encore moins de la mienne, j'étais folle amoureuse de mon second mari et c'est une pure folie cette histoire, mais ce n'est présentement pas le sujet. On était comme un frère et une sœur qui ont été séparés par la vie, un continent ou un océan, qui oublient de s'écrire aux anniversaires, qui ne fêtent rien ensemble puis que la vie rapproche de façon fortuite et accidentelle. On s'est revus un soir et il m'a demandé comment allait ma cuisse. En 1990 il ne faisait pas bon être jeune en France. Mais si en plus vous étiez jeune et juive et vivant dans une cité à dominante musulmane, alors c'est que vraiment vous cherchiez la merde. Un soir de cette année pourrie, donc, nous sommes assis sur un banc, en bas, dans la cité, Robert, quelques garçons et moi. On rit un peu, on joue aux fléchettes et je dis que je dois remonter faire mes devoirs. Tout le monde connaît ma vie à Paris et, régulièrement, les gars me demandent de leur ramener de la parisienne, et ce n'est pas faux que mes petites amies bourgeoises fantasment pas mal sur quelques délectations orientales volées à leur régime cul blanc-pain sec et souvent elles me demandent s'il est vrai ce qu'on dit des Arabes : ils auraient des sexes épais. On a tous besoin de se forger des rumeurs d'Orléans pour rêver un peu, s'échapper un instant de son tracas quotidien, de sa vie qui tourne en rond. S'il ne faisait pas bon être juive à La Courneuve, je peux vous dire qu'il était bien plus grave d'y être une vraie Française. Allez savoir pourquoi, la Française était rangée au rayon des putes dans les banlieues nord. Et je me souviens de Nathalie Chevallier (Le Chevallier ?) dans une cave. Nous avions, huit ans, neuf ans, nous jouions sur de vieux matelas et quelques mecs ont demandé à Nathalie de baiser le mur. Il fallait qu'elle se mette nue et frotte son corps et son entrejambe sur un mur de briques dégueulasse. Je ne comprenais pas bien pourquoi on lui demandait cela. J'ai dit à Farid T., une petite frappe qui doit être mort aujourd'hui tant il détestait déjà la vie à huit ans, d'arrêter et il m'a craché un gros mollard sur la bouche et le nez. Je me suis tue, j'ai dit à Nathalie de rentrer chez elle et je me suis tue, parce que j'avais peur. J'ai été lâche comme ça m'est parfois arrivé là-bas. Farid T. a dit :

« Nathalie, si tu baises le mur, on te donnera une Barbie. »

Je me suis enfuie et je crois que c'est comme ça qu'a commencé ce que les médias ont appelé les « tournantes ». Des filles, pas assez vicelardes, tenues par leur peur et qui embrassaient à pleines dents le syndrome de Stockholm : elles recevaient chez elles quand les parents étaient absents, des grappes de gredins complètement privés d'éducation et enragés comme c'est pas possible. Ils voyaient leurs bites comme des glaives de bataille qui vengeraient leurs parents de la barbarie colonialiste de la France. On humiliait leurs pères ? Ils achèveraient les femmes françaises en leur volant leur vertu. Et elles se laissaient faire d'abord, les pauvres petites qui ne comprenaient pas bien ce qui leur arrivait, elles pleuraient en cachette, puis revenaient chercher ces petits enculés la tête haute pour leur laisser entendre que c'était elles qui décidaient, une façon comme une autre de sauver leur honneur. Ça commençait toujours dans les caves, et ça continuait dans leurs salons. Elles croyaient ainsi garder la face et moi ça me désolait et c'est toujours sur les Françaises que ça tombait : elles n'avaient pas de grands frères ou alors ils n'avaient pas appris à défendre leurs sœurs, et les pères étaient trop souvent alcooliques ou joueurs (ou les deux).

On était donc là avec Robert ce soir de 1990 et un Noir prénommé Mustapha est arrivé sur un vélo. Il portait un blouson de cuir noir épais et il disait qu'il traînait seul à Paris, il disait qu'il y avait de la maille à se faire dans les apparts aux grandes fenêtres et que c'était un truc de ouf, de la rue on voyait l'intérieur des demeures cossues, on distinguait même les Picasso. Il est certain que ce n'est pas dans nos immeubles qu'on pouvait apercevoir quoi que ce soit des fenêtres : elles étaient ridiculement minuscules et c'est comme si les architectes maléfiques s'étaient donné le mot : il ne fallait surtout pas qu'on voie la lumière, des fois que ça nous aurait ouvert des perspectives, suscité des envies d'ailleurs. J'ai dit à Mustapha que ce n'était pas une solution de voler les autres, et il a dit :

« Et vous les juifs, vous faites quoi en Palestine ? Vous volez pas la terre des autres peut-être ? »

Je n'ai pas eu temps de répondre. Il a sorti une arme grosse et noire et un instant j'ai cru qu'il sortait son sexe de derrière son blouson de cuir noir, je ne sais pas pourquoi, son arme m'est apparue comme un sexe africain. Puis il s'est mis à tirer partout. Robert s'est alors jeté sur moi, ramenant vers lui mes deux jambes que j'avais alors légèrement écartées (la faute à la danse qui me laissait de mauvaises habitudes), puis m'a couverte avec son corps, faisant de sa chair mon armure ou presque. J'ai eu très mal. Une douleur blanche. La jambe paralysée et le corps raide.

Mustapha s'en allait en riant sur son vélo, sans se demander si quelqu'un avait été touché. Il a tiré comme cela, cinq, six balles, et il est parti. Les autres se sont précipités sur moi. Il y avait une éraflure blanche sur la partie extérieure de ma cuisse, mais pas la moindre trace de sang. J'avais pourtant très mal. Mes copains m'ont fait un siège en croisant leurs bras, puis m'ont déposée chez moi. Je suis rentrée sans faire un bruit pour ne pas réveiller ma mère, je me suis couchée et, le lendemain matin, les draps étaient maculés de sang rouge clair.

J'ai dit à Micheline que c'étaient mes règles qui revenaient, par charité chrétienne et parce qu'elle avait déjà assez à s'occuper d'elle-même et de ses névroses qu'elle évitait et qui lui remontaient quotidiennement à la gueule.

Je me suis rendue au centre de santé Salvador-Allende où j'ai expliqué que j'avais joué la veille avec une carabine à plombs à une fête foraine. Le médecin est revenu, après que je l'ai attendu une heure et demie (mais l'attente en ces lieux municipaux était chose courante), une grande radio de ma jambe à la main et flanqué de deux policiers. Je n'ai rien lâché aux flics. J'avais peur que Mustapha revienne pour nous tuer ma mère et moi. Le Dr Brémaud m'a expliqué que la balle faisait 9 mm. Qu'elle s'était logée dans le muscle, qu'on ne l'enlèverait pas au risque de provoquer une cicatrice de dix centimètres sur ma cuisse. Il m'a expliqué que des chasseurs vivaient avec ce genre de détritus dans le corps et que ça ne s'infectait pas. Il m'a dit aussi que j'avais eu le bon reflexe : celui de me tourner dans le bon sens. L'artère fémorale se trouvait à quelques centimètres et je serais morte sur le coup si j'avais bougé mon corps vers la gauche. J'ai pensé : « Robert m'a sauvé la vie. » Robert m'a attrapé les jambes, il s'est jeté sur moi alors qu'il n'était même pas amoureux de moi, il m'aimait bien alors il m'a protégée. J'ai compris alors pourquoi l'on dit

« tomber » amoureux au sujet du cœur qui vacille et « aimer bien » pour la chose gratuite, dépourvue de miroir. Pour comprendre les choses, il suffit de regarder ses mots. La noblesse des sentiments est souvent contenue dans leur définition.

J'étais seule dans ce centre de santé, un garrot mal ficelé, découpé dans une serviette-éponge et je me suis vue passer tout près de la mort. J'ai pensé : « Je dois d'être en vie au geste de ce garçon. » Alors m'est revenue en mémoire cette nuit passée en Normandie, cinq ans plus tôt, avec Robert. La mairie avait toujours un programme pour nous. Pour trente francs en moyenne, par semaine, nous partions camper près des plages du débarquement ou près de la base de Ouistreham où nous apprenions à voler à bord de planeurs. Les plus belles vacances de ma vie. Des expériences humaines enivrantes. Un sentiment aigu d'être en vie, de faire des choses qui me resteraient jusqu'à la fin. Je repense à la boîte de thon à la catalane Saupiquet que nous partagions et à la volupté du goût de ces sandwichs qu'un Alain Passard ou un Bernard Pacaud n'atteindront pas. Nous crevions de faim et chaque portion de nourriture nous apparaissait alors comme un festin de roi. Je me souviens de cette nuit, quand nous décidâmes de concert et sans appel de faire le mur, de ne pas dormir, de sécher nos tentes et nos duvets et d'aller plus loin dans une clairière que nous avions repérée en cherchant un endroit pour faire caca, et de passer la nuit à coucher avec les étoiles. J'avais mis ma petite radiocassette dans ma couette et Robert avait volé des piles Ucar pour qu'on puisse écouter de la musique, tranquilles. Quand il a entendu les premiers morceaux qui s'égosillaient en sortant des petits haut-parleurs, il a dit : «Putain, j'aurais dû péta (voler) des boules Quiès en même temps que les piles... Et qu'est-ce que ça veut dire d'abord "la mer qu'on voit danser et genre c'est une bergère d'usure ????".» J'ai rectifié, j'ai dit bergère d'azur, et lui ai répondu que c'était kiff kiff bourricot dans le n'importe quoi alors j'ai mis Claude François parce que je pensais que ça parlait à tout le monde Claude François et il a dit : «Oh putain... c'est pas vrai... tu veux pas nous mettre du Maceo Parker plutôt que ta musique de cé-fran là ? Purée Sylvie, t'es Sylvie Vartan ou quoi ? Arrête, tu vas finir par te faire enfermer hein... j'te l'aurais dit...» Alors j'ai dit qu'on n'enfermait pas les gens pour de la musique et il a dit : «Demande à Mozart de te parler de ses embrouilles avec les francs-maçons...» J'étais sur le cul. Comment Robert avait-il pu avoir une telle référence et cette connaissance. Vingt ans après, cela reste un mystère pour moi.

On a regardé le ciel et il y a eu une étoile filante dans le ciel de Fécamp. Je croyais que des événements comme ceux-là n'arrivaient que sous des cieux inspirés, genre les tropiques ou le Japon. Je lui ai demandé de faire un vœu et il a dit : «Pas la peine, j'ai tout ce que je veux.»

Je savais que les filles avaient du mal à ne pas rire quand elles s'adressaient à lui parce qu'il avait un petit cheveu sur la langue, un poil, et ce sont souvent les souris qui abattent des montagnes. Alors je lui ai demandé s'il ne voulait pas avoir une meuf vers qui se réfugier quand le vent soufflerait trop fort (ou même pour jouir un peu de la douce chaleur du soleil) et il a dit : « J'ai pas besoin de meuf. De toute façon j'ai pas les moyens, ça te coûte trop. » Après il a parlé de sa chambre qui était son nid depuis que les deux frères qui la partageaient avec lui s'en étaient allés se marier ailleurs, alors j'ai reniflé pour ne pas pleurer et j'ai eu des pensées comme à chaque fois, j'ai pensé à mon père que je ne pouvais pas appeler pour lui raconter mes diplômes mentionnés et c'est pas vrai qu'on s'habitue au manque. On fait avec et parfois ça nous rend agressive.

Un refuge c'est toujours quelqu'un, faut pas croire qu'une maison fera l'affaire, un refuge c'est quelqu'un et si par malheur votre manche est vide, si, comme les magiciens, vous n'avez pas ce truc planqué, vous êtes condamné à avoir froid tout le temps à attendre des trains que vous ne voyez même pas arriver tellement vous êtes déjà occupé à attendre le suivant. Le vide, toujours le vide, que vous tentez de remplir tellement la nature a horreur des précipices. Trouvez-vous quelqu'un à admirer, un homme, une femme, un chien ou un livre, ça vous donnera une direction. Moi j'avais Margot même si je savais que je n'étais pas de ses entrailles, j'étais son fruit défendu tellement elle avait déjà des enfants. Et Robert a compris que ça se bousculait en dedans de moi et il m'a dit : « T'as fait quoi comme vœu ? »

J'ai répondu que j'avais tellement de demandes essentielles que je préférais ne pas en favoriser une en particulier. Les autres risqueraient de se retrouver aux oubliettes et je resterais coincée là avec mes doléances légitimes. Alors Robert a dit que je pouvais toujours me mettre à chercher la lampe d'Aladin, que je pourrais ainsi formuler trois souhaits et j'ai dit : « Même trois c'est pas assez. » Alors il a conclu, satisfait de lui-même : « Tu vois, c'est toujours pareil avec les meufs. Tu leur offres une fleur, elles attendent déjà le diamant. »

On a regardé les étoiles qu'on ne voyait jamais chez nous à la cité tant les réverbères restaient allumés toute la nuit et on a convenu que l'immensité était vraiment grande. Ma cassette envoyait le son du chanteur malheureux de Cloclo et Robert a dit : « Je t'en supplie, éteins ça, le son va pas du tout avec l'image. »

J'ai trouvé que les étoiles étaient vraiment ce qu'on avait fait de mieux, même le mot est beau dans toutes les langues et, même en allemand, ça ne sonne pas comme un claquement de bottes. En arabe, je vous dis pas. J'aimais les étoiles pour la pudeur de leur lumière, leur façon de venir de loin et de ne pas la ramener, j'aimais le fait que les hommes ne soient pas pour grand-chose dans cette beauté, qu'elle arrivait d'un endroit dont on n'attendait rien. J'ai alors pensé à Dieu et je lui ai dit merci parce que je n'avais que ce mot à la bouche : on ne m'avait pas appris à être une bonne juive et j'avais fui en courant et malgré tout mon amour pour sa maman Marie, les enseignements de Jésus (lequel soit dit en passant ne m'inspirait pas la sagesse dont on le gratifiait depuis deux mille ans, un gars pas doux du tout, pas clément mais plutôt revanchard et despotique). Je m'adressais à Dieu comme on parle à un père qui en a vu d'autres et dont on attend l'enseignement.

Cette nuit-là, j'ai pensé que c'était la seconde fois où je me voyais vraiment heureuse et c'était, une fois encore, un moment où j'étais allongée sur la terre à contempler le ciel.

Je trouvais l'instant tellement beau que j'ai commencé à poétiser et peut-être que je n'aurais pas dû. J'ai dit à Robert :

« Tu vois, c'est pas pour rien que les chacals sont sur la terre et les petits oiseaux chantant dans le ciel. »

Alors Robert a dit :

« Ouais et les vautours ? Et les petits agneaux ? »

N'empêche, entre la beauté du ciel et les merveilles de la terre, il y a un enfer qu'on appelle les hommes et toutes les fresques de Delacroix ou de Marc Chagall n'y changeront rien... J'ai dit pfff tu me contredis tout le temps et il était content, je voyais bien, il était content de m'avoir pour amie et c'est la plus grande gratification qui soit au monde, quand quelqu'un vous fait sentir que sa vie est plus sympa avec, que sans vous. On est restés comme ça toute la nuit sans dormir et j'ai pensé que, pour enfanter une aurore, le jour avait besoin de la nuit et c'est comme ça que j'ai compris qu'on n'accomplit rien de grand ou de beau tout seul.

J'ai bien tâché de m'en souvenir lors de mes expériences adultes mais parfois mon orgueil étouffe ma raison et c'est comme ça que je me suis retrouvée, bien souvent, à devoir digérer seule, pour le coup, ma déception.

Le forgeron du caractère

Avec mes tribuns de La Courneuve on allait souvent emmerder les bourgeois parisiens. On se plaçait devant la sortie du lycée Janson-de-Sailly à Paris XVIe comme il se doit, et on attendait que les blondes aux cheveux filasse sortent avec leurs vêtements de marque et leur arrogance volcanique. Je prenais le métro avec Robert, Sosso, Mounir et parfois il y avait Karima S., qui voulait devenir avocate pour défendre le droit des grosses Maghrébines à manger ce qu'elles veulent. Elle haïssait au plus haut point cardinal les Françaises de souche et pétées de la thune de leurs parents toujours absents et qui compensaient en laissant des enveloppes de cash avant de partir en week-end. Karima voulait tout le temps qu'on leur arrache leurs vêtements. Je disais : « Mais qu'est-ce que t'en ferais toi de leurs vêtements aux bourges ? Tu rentres même pas dedans ? » Alors tout le monde rigolait et Karima se mettait à traiter ma mère pour la forme, pour ne pas perdre la face quoi. Je lui rappelais qu'elle adorait ma mère, qu'ensemble elles passaient des soirées entières une grosse boîte de halva calée sur leurs cuisses moelleuses à regarder *L'Amour du risque*. Elle se taisait, et l'on reprenait nos diatribes sanguines contre les bourgeois et moi je tentais de calmer (un peu) mes codétenus de la cité en leur disant que faut pas croire, la vérité c'est qu'on aimerait bien être à leur place et que la bourgeoisie c'est toujours chez les autres que ça se passe, personne n'assumait jamais ce statut et vous en connaissez vous des gens qui se revendiquent comme tels ? Bah non... donc je leur expliquais que c'était une vie pas facile pour eux non plus, qu'ils n'avaient tellement pas de problèmes qu'ils s'en inventaient des gigantesques parce qu'il fallait toujours que tout soit plus grand que chez le voisin et que l'herbe n'est pas plus verte ailleurs. Mounir disait que l'herbe chez nous y en avait même pas et il reluquait le perfecto Schott de l'un de ces fils de nantis et le suivait jusque dans les impasses célèbres du XVIe arrondissement de Paris. Je ne cautionnais pas mais il faut bien reconnaître que j'encourageais le commerce. Surtout quand j'ai commencé à être scolarisée à Paris avec des filles, je vous dis même pas comment leur avenir était assuré et c'en était effrayant même, des filles qui avaient un style très défini et, dans ces conditions il ne faisait pas bon être différente. Je me fondais donc dans le décor et j'ai commencé à faire des mèches blondes à cette époque avec de l'eau oxygénée qui sentait la pisse, parce que ma mère ne voulait pas dépenser soixante francs chez L'Oréal Paris. Ma blondeur m'abandonnait et ma tête francaoui c'était tout ce qui me sauvait avec le nom de Daniel qui m'avait reconnue alors qu'on ne s'était jamais vus avant.

J'essayais d'adopter des postures de bourgeoise mais je n'y parvenais pas. J'étais trop en colère et parfois mon accent banlieusard remontait brusquement comme un sac d'air qu'on a tenté d'enfoncer au fond de la mer. Mounir était très beau avec ses yeux noisette. Il n'avait aucun mal à lier connaissance avec les filles bourgeoises qui leur ouvraient la porte de leurs maisons du même nom. On ne se méfie jamais assez de la beauté. On devrait parfois, parce que, souvent, les mêmes maisons étaient cambriolées quelques jours ou semaines plus tard. Et moi j'ai toujours refusé de racheter, même pour dix francs, des rubis somptueux, des diamants de fiançailles. J'avais trop de respect pour les pierres, mais ça, c'est une autre histoire de ma vie.

Un jour, Sosso, qui était devenu à quinze ans champion de France Junior de kick boxing, a ramené une fille pas de chez nous dans nos quartiers. Il avait quinze ans et roulait à bord d'une BMW noire coupé et tout le monde, à commencer par les forces de l'ordre qu'on appelait chez nous les faibles de l'ordre ou les forces du désordre ou les fils de putes de condé de sa race, c'était selon l'humeur, tout le monde trouvait ça normal. La blonde, parce que vous remarquerez que les bourges sont souvent blondes avec des cheveux raides et, à cet égard, je pouvais me fondre dans la masse, arrivait et voyait nos immeubles qui n'en finissaient pas d'être des immeubles et elle a dit : « Quelle prouesse architecturale !!! »

La pute était au zoo et moi j'avais envie de lui dire de venir passer une semaine ici entre les murs de papier, les odeurs de poubelles et l'ennui à perte de vue. Je repensais à Flaubert qui disait que « la haine du bourgeois est le commencement de la vertu » et je la voyais, cette catin, devenir Mme Bovary sans le panache de la fin et jamais cette connasse aurait eu le courage de se supprimer pour leur montrer à tous que ce n'est pas un destin d'être assise dans une vie qu'on a décidée pour vous.

Je pensais à Victor Hugo aussi, souvent, le bourgeois qui avait réussi la prouesse de ne pas s'être laissé endormir par le ronron des belles maisons, l'apparence de ses enfants bien mis (le pauvre, il les a presque tous perdus ses bambins, tu vois Margot, même les riches ont des souffrances) et le cossu de ses demeures. Il mangeait de bonnes choses dans des assiettes en porcelaine délicatement composées et cela n'affalait pas sa conscience. Quand je lisais Victor Hugo, cachée dans le hall de la rue Renoir, je réalisais que jamais un pauvre n'aurait pu écrire *Les Misérables* et je trouvais du bon à la condition supérieure parfois. Parce que rien n'est jamais ni noir ni blanc.

La blonde qui s'appelait Sophie en avait après le sexe des Arabes et voulait se faire des émotions contrôlées. Comme quand on monte dans le serpent de la mort à la foire du Trône mais qu'on n'oublie jamais de s'harnacher convenablement. Après tu peux sortir en titubant, vomir si tu veux en riant, le danger est maîtrisé, envisagé et jamais tu ne prends de risque. Je peux vous dire que Sosso l'a bien sautée. Quand il a voulu faire « croquer » ses copains, comme on dit ici, elle s'est renfrognée, s'est indignée même. Puis Sosso lui a dit qu'il l'aimait et elle a pleuré tellement c'était la catastrophe le manque d'amour dans le XVIe, et elle a cédé parce que les femmes, c'est comme les lapins, disait Moïse, on les attrape par les oreilles.

Elle couvrait Sosso de cadeaux, et nous on l'appelait le maquereau du XVIe et ça le faisait hurler. Il nous traitait de gros jaloux et j'ai presque cru, un moment, qu'il pensait sérieusement que la bourge allait le sortir de sa merde, le présenter à ses parents. Sosso avait eu un accident de naissance, il avait le cou tordu et on l'appelait le cerveau en référence au long métrage avec David Niven. On lui disait quoi ? Tu crois que la bourge va te présenter à sa mère que tu finiras bien par niquer aussi ? Alors on riait à gorge déployée, on le conspuait généreusement et lui s'en allait au volant de sa BM volée et s'en retournait punir sa belle au bois de Boulogne. Un jour il nous a expliqué comment c'en était trop, qu'elle l'avait invité à passer un après-midi au Racing-Club de France et que la direction avait refusé tout net de le laisser entrer. Sophie avait fait une grosse colère et c'est toujours ce que font les bourgeoises à qui on n'obéit pas dans l'instant et papa s'était déplacé pour régler l'incident. Ensuite, elle s'est éloignée de Sosso parce qu'elle craignait pour ses privilèges et moi je lui chantais « Pauvre petite fille riche » de Cloclo et c'était tout ce que je pouvais faire pour lui.

Après, Sophie a été cambriolée et Sosso m'a offert la montre Reverso de Jaeger LeCoultre que j'ai refusée malgré l'esthétique irréprochable et il l'a jetée dans le canal de l'Ourq, Porte de la Villette et j'ai dit, t'es con, elle aurait pu servir à quelqu'un.

Un soir, on était tous là sur le banc et sous l'arbre parce que, des arbres, y en avait moins que des voitures de luxe chez moi, et moi je chantais : « Auprès de mon arbre, je vivais heureux », et les autres se sont encore foutus de moi, ils ont voulu étouffer mon génie symphonique (bon OK, je chantais très mal, mais ce n'est pas une raison, il y a les paroles de Georges Brassens, n'est-ce pas suffisant ?) alors je me suis levée et je suis allée débiter ma tirade musicale plus loin. Comme je n'avais plus de public même pour me jeter des tomates je me suis arrêtée en diminuant. Je regardais mes potes comme on est au spectacle et je voyais leurs yeux et j'ai tout de suite fait des plans sur la comète, du genre, quand on sera adultes, on apprendra à vivre à tous ces malotrus bien nés et la vie m'a montré ensuite qu'on a tous les mêmes ennuis dans le fond. La chiasse est la même pour tout le monde que tu te torches avec des orties ou avec des nuages.

Sosso était très en colère contre Sophie, faut pas croire, il avait un cœur des fois. Et la colère c'est toujours derrière quoi on s'abrite quand on se refuse à pleurer. Les gars pensaient encore que si tu chiales c'est que t'es un pédé et j'ai eu beau dire que Michou riait tout le temps, que ce n'était pas prouvé cette affaire, y avait rien à faire. Les préjugés ont la dent dure que voulez-vous.

Et il en faut des voyages dans le monde, des aventures et des épreuves pour cesser de se laisser guider par nos préconçus et c'est ce à quoi la mairie de La

Courneuve s'efforçait : nous montrer le monde. Des communistes, soit. Des gens avec un point de vue et une certaine noblesse dans cette façon qu'ils avaient d'y croire, les disciples de Lénine plutôt que les soldats du goulag. On brandissait une carte du Parti pour la forme, parce que c'est toujours rassurant d'avoir une église où se réfugier quand la raison vous quitte, mais je dois dire que ces gens ne la ramenaient pas. Ils faisaient. Et je dois aux communistes de ma ville d'être montée à cheval pendant six ans, d'avoir dansé aux côtés d'un très grand professeur, passionné et éclairé, en la personne de Nadiège Guitteau. Je dois à ces gens les voyages autour du monde, les leçons de ski, les vêtements gratuits qu'on nous offrait à chaque rentrée scolaire (je ne vais pas vous mentir, ça nous foutait bien la honte de tous nous retrouver le premier mardi de septembre avec aux pieds la même paire de godillots marron), les colis pour les vieux et les fêtes, toujours les fêtes, les locaux mis à notre disposition pour nos boums parce que, chez nous, il était techniquement INTERDIT de recevoir. Trop de gens déjà dans trop peu de mètres carrés. Et puis la honte de montrer aux autres la laideur des meubles en Formica abîmé, le ménage pas toujours correctement fait.

J'ai connu les deux rives. J'ai connu La Courneuve avant la haine gratuite. Notre misère était bien plus grande que celle que je vois aujourd'hui quand il m'arrive de rendre visite à ma mère et à ma grand-mère qui vivent toujours à la cité. Mais nous, on s'entraidait. Il n'y avait pas ce racisme antijuif, la propagande médiatique n'ayant pas encore mené campagne. On avait des points de rencontre, même si je ne vais pas ennoblir le tableau. Bien sûr que les gars traînaient dans les halls d'immeubles, bien sûr qu'il y avait de la magouille à outrance et bien sûr que cette enfance a fait de moi une personne toujours prête à mener combat, toujours sur la défensive. Mais on avait des lieux à nous et le maire venait souvent nous voir, nous ouvrait les portes de la mairie et nous lâchait un peu d'oseille quand, en petit groupe, on cherchait à se rendre à Londres, une semaine ou deux. Il y avait de la *compassion* et c'est cela qui faisait agir James Marson et son conseil. Je crois qu'il faut une certaine grandeur d'âme pour faire preuve de solidarité sans avoir été confronté *quotidiennement* à la misère. Monsieur le Maire de Paris, qui a eu ses souffrances, et on devine bien lesquelles, celles d'une autre forme d'exclusion, venez, venez donc passer un mois chez ma mère, vous serez bien reçu, on vous remplumera; Margot vous fera manger et vous verrez, vous verrez ce qu'il y a derrière les grandes tablées de réunions qui n'en finissent pas, quand on prend des décisions aussi graves que la largeur des couloirs de bus ou l'emplacement des Vélibs. Je ne vais pas donner de leçons, j'en suis trop capable pour qu'elles portent en elles une quelconque vérité. Mais je constate une chose : nous avons tout sous les yeux, toutes les réponses que nous nous obstinons à ne pas voir. La vie pourrait être beaucoup plus simple. Il suffirait de regarder les choses comme elles sont au lieu de vouloir y mettre sans cesse de l'interprétation, de rattacher les événements perçus aux « schèmes cognitifs existants », comme disent les savants de la tête. Il faudrait pouvoir se laver chaque matin dans une eau qui nous purifierait de nos expériences. On renaîtrait alors et l'on vivrait chaque jour comme une nouvelle aventure.

Les gens qui devisent sur la banlieue, là-bas, de l'autre côté du périph' ne savent pas de quoi ils parlent.

Le problème n'est pas le chômage ou les cages d'escaliers dégradées. Le sujet c'est le respect. Tous ces jeunes ont vu leurs parents asservis pour quoi au juste ? Pour enrichir de bons Français qui les traitaient comme des esclaves. Alors ils ont peur. Ils ont peur et ils hurlent, ils hurlent parce qu'on ne les entend pas. Hurler c'est toujours pratique quand on est dans le noir, on se sent moins seul. Et puis ça permet de ne pas entendre craquer le bois. La seule chose qu'attendent les personnes de banlieue c'est de la considération, une forme pudique d'amour si vous voulez. Quand M. Sarkozy (dont j'ai été secrètement amoureuse quand il tenait l'Intérieur, je sais ça fait très Capulet et Montaigu cette histoire, mais que voulez-vous, l'amour n'est pas sage...) a parlé de Kärcher, ce n'est pas de l'eau qu'il a diffusée à haute pression, c'est du gaz sur le feu. Et je sais moi, je sais que les gars de banlieue et M. Sarkozy c'est la même chose : des hommes énervés d'avoir été délaissés. Nicolas, parle-nous de ton papa un peu pour voir. Parle-nous de ce jour où ta mère a demandé une révision de la pension alimentaire. Parle-nous des humiliations subies par Dadu. De son courage qui t'a tenu debout, qui t'a donné la rage et tes frères qu'il fallait dépasser, c'étaient tes premiers Chirac, tes Balladur. Un jour j'écrirai un livre sur Nicolas Sarkozy, sur Pal le chaud de la bite, que j'ai très bien connu un jour, un seul, cet homme qui déteste sa particule élémentaire. Nicolas et les gars de banlieue c'est pareil je vous dis. Une revanche à prendre, un orgueil à arroser, à voir refleurir, et sa dignité à reconquérir. Nicolas et M'hamed c'est pareil. Pareil. Un jour j'écrirai un livre sur toi, Nicolas, sur ton enfance, ta véritable enfance et ce qui t'animait, ce sentiment d'être tombé dans une marmite d'injustice qui fait que ta colère ne s'est jamais éteinte. Nicolas et Sylvie c'est pareil. Moi aussi j'ai eu ma Cécilia, ma Carla. Et ma Rolex comme il se doit. Les gens s'arrêtent à la surface. Qu'y a-t-il, Nicolas, derrière la montre *reconnue* ? Un nom, il y a un nom dont on peut être fier. Un jour Nicolas, tu viendras passer un mois à La Courneuve, chez ma mère. Toi aussi on te remplumera. On te montrera ce que c'est que vivre là où la vie a déserté mais où s'accomplissent encore des miracles. Viens chez nous juste un moment Nicolas, je crois que tu boucleras ta boucle. Je te raconterai, je te montrerai ce que c'est qu'attendre des jours meilleurs, comment on fait de l'avenir une promesse et comment l'espoir permet de tenir. Comment l'on s'abîme quand on a cessé de croire. Je te montrerai que, dans le fond, on est tous pareils. On a tous notre portion d'amour à conquérir et que ça fait des fous ces bâillons d'humiliations qu'on s'évertue à nous coller sur la bouche là-bas, du haut des ministères. Je connais ton cynisme. C'est la détresse de ceux qui ont tout compris trop tôt. Nicolas, dis-toi que parfois il suffit de regarder les choses autrement, de réviser sa copie et l'on se met à découvrir du sucre chez les autres comme on trouverait de l'or sous le bitume d'une grande ville. Tout est encore possible.

Et puis Sylvia Plath

En 1991 un chanteur canadien nous informait que c'était l'heure des communications. J'ai décidé, par esprit purement français de contradiction, de n'avoir plus aucune amie, plus aucun contact avec l'autre. C'était trop dur à gérer, trop aléatoire, les relations humaines. Ça prenait trop de temps et je me disais, pour me donner du courage, que les amitiés, c'est toujours ce qui meurt en premier chez l'homme. Les amitiés régulières je veux dire, pas les trucs où l'on se dit « amis pour la vie » quand on se retrouve pour un déjeuner trois fois l'an. L'amitié m'était devenue pesante, j'avais le sentiment de toujours devoir me justifier. Les filles de La Courneuve me pesaient, je les trouvais bêtes, arrêtées. Elles attendaient leur sort et je me disais que la guillotine était toujours moins dure à passer que rester des années dans le couloir de la mort à manger des pistaches en regardant *Santa Barbara*.

Alors je m'étais mise à les mépriser, à me sentir supérieure. J'étais le lièvre de La Fontaine, je courais après quoi ? Je ne sais pas, mais pendant que je galopais, j'évitais de réfléchir, de prendre un tant soit peu de recul et j'étais bien ridicule à gigoter comme ça entre mes deux rives alors je faisais la morte quand Karima venait sonner à la porte ou quand Sonia venait traîner sous mes fenêtres.

Les filles de Paris, je n'y arrivais pas. Je faisais mal semblant et je m'éloignais de moi. On n'avait pas le même cerveau. Décidément pas le même univers. Déjà qu'on n'a jamais pu déceler la moindre trace d'humour dans mon caractère, là je m'étais mise à faire « genre je suis elles » tout le temps, sans rien comprendre à leurs rituels. En classe, je souriais, j'essayais d'être aimable et tout ça, je ne prenais pas trop la parole et puis un jour, le prof de lettres classiques décide de nous amener au musée. Je ne suis jamais entrée dans un musée en vingt ans. Ou alors c'était il y a longtemps, avec le centre de loisirs, mais je n'en suis pas sûre. Et là, devant une toile du Greco, je dis que je ne comprends pas l'émotion dont tout le monde cause depuis un quart d'heure. Je m'approche un peu du tableau et frotte la peinture avec mon index et mon majeur. Alors un frémissement choqué avec un écho pas commun s'élève et vient heurter les autres toiles. Les personnages peints, d'habitude si calmes et reposés, me font les gros yeux et Florence, une bourgeoise du XVIe pur jus concentré, dit, parce que c'est de loin la plus grande, la plus blonde et la plus hautaine de fait, Florence dit : « Mais c'est pas vrai celle-là ! »

Florence c'est la Vénus de Botticelli en plus gracieuse. Elle a suivi des cours de danse classique pendant douze ans, a appris la poésie comme il se doit, fait du vent avec ses cils quand elle passe dans les couloirs et baisse la tête pour vous répondre. Même assise, on la croit debout. Elle est belle comme une poupée, ses yeux n'ont pas rapetissé avec le temps, ils sont restés aussi grands que les yeux des enfants qui s'élargissent par gourmandise de la vie. Elle ne déteste personne, elle n'aime personne, même pas ses parents ni son frère, elle n'a pas choisi de vivre mais comprend qu'il faut rester élégante en toutes circonstances. Florence est déjà passée à autre chose quand moi je me suis effondrée à l'intérieur, quand les autres ont regardé avec défaut de commisération et tout le tralala qui va du dédain au dégoût en ma direction et même de petits pff ont fusé et ils étaient déjà devant Velázquez que moi je ne pensais plus qu'à devenir une petite crotte de nez bien cachée dans un mouchoir au fond d'une poubelle.

Ça me reprenait les pensées morbides et le prof, qui aurait dû diriger la France tellement il avait tout compris des hommes bien avant tout le monde, a senti mon chaos intérieur. Il est venu me trouver et m'a conduite jusqu'à la cafetéria du musée. Les autres étaient choqués que cet homme cultivé comme le jardin fruitier d'un kibboutz attache de l'importance aux émois d'une boursière banlieusarde dont l'avenir était tout tracé et qui finirait inexorablement dans le fond d'une benne de béton.

Je peinais à respirer alors M. Fourrat, que j'appelais Moonsieur parce qu'il avait une face de lune toute blanche et toute ronde et lumineuse, a pris le temps de me parler de la vie, des différences qu'il ne sert à rien de vouloir effacer sinon on devient comme tout le monde et ce serait bien le pire qui pouvait arriver à quelqu'un comme moi, de devenir comme les autres. Il n'avait pas de boule de cristal, juste son cœur et ses yeux qui voyaient derrière les murs et il s'est amusé à me décrire le futur de chaque personne du cours. Si je parle de M. Fourrat aujourd'hui c'est parce qu'il ne s'est pas trompé. Il a vu juste et on n'a jamais tort quand on regarde les autres de bon cœur. Il m'a dit : « C'est ça que tu envies ? C'est ça que tu veux ? Avoir une vie toute tracée que tu n'as pas choisie ? Si c'était le cas, tu serais restée, ces cinquante prochaines années, dans ta banlieue à surveiller ta voiture de la fenêtre de ta cuisine. Tu es faite pour vivre des aventures. » Il m'a parlé longtemps de Rousseau et sa moustache dansait, faisait des vagues sur sa lèvre tellement il était enthousiaste. Les autres avaient fini la visite, elles attendaient les bras croisés à l'entrée de la cafétéria, une jambe légèrement repliée et l'autre définitivement raide, genre, on y va là ?! Il a regardé dans leur direction puis il a sorti un livre de son cartable de cuir qu'il m'a tendu. Il m'a dit : « Lis ça, tu comprendras que les périodes d'incertitudes sont les plus riches de la vie. Quand les choses sont en mouvement elles accouchent d'un nouveau monde. »

Les filles du cours étaient grises. Leurs bouches se pinçaient malgré elles, et leurs yeux roulaient tout seuls dans leurs orbites.

Quand on a pris le métro pour rentrer à Saint-Michel, Florence est venue s'asseoir à côté de moi, en prenant soin de bien se faire voir par M. Fourrat. Elle m'a tout de suite demandé : « C'est quoi ce que le prof t'a donné ? » « Un livre », j'ai répondu. Elle était déjà agacée alors elle m'a invitée à un rallye le samedi suivant. C'est toujours pareil avec les bourgeoises ; elles sont capables de vous lécher jusqu'à l'os pour obtenir de vous ce qu'elles veulent. On ne leur a pas refusé grand-chose alors elles sont conditionnées à obtenir ce qu'elles désirent, *coûte que coûte*. Elle m'a donné l'adresse dans le bois de Boulogne et je suis arrivée avec le casque de moto de Mounir, le cuir de mon oncle et des pantalons de cuir aussi que Mounir et Sosso étaient allés me voler chez Japa Le Cuir, boulevard Bonne-Nouvelle.

Cette conne avait oublié de me dire ce que c'était qu'un rallye dans leur langage du XVI, et je me suis retrouvée bien bête, bien gouine dans mon cuir et sans maquillage avec mes cheveux plaqués.

Elle a ri puis m'a indiqué le vestiaire. Après elle est allée vers son monde et a ri en levant le menton vers le ciel. Le monde lui appartenait et moi j'étais toute petite.

Une pute qui passait par là avait retiré ses talons. Elle gisait sur la moquette, plus imbibée qu'un baba au rhum de chez Lasserre. J'ai retiré mon cuir, retiré mon pull, je portais un marcel blanc et j'avais la peau dorée comme toujours parce que je suis une Méditerranéenne blonde, et j'ai piqué ses escarpins à la fille en déchéance et lâché mes cheveux. Je me suis avancée sur la piste et j'ai dansé comme on peut danser quand on n'a plus rien à perdre. Florence est revenue vers moi, tout le monde me regardait et elle voulait peut-être récolter un peu des miettes de ces regards alors elle m'a parlé de mon style, je n'entendais pas trop, je souriais béatement puis elle a voulu me faire boire et je l'ai vue se transformer en Nelly Olson, la petite peste blonde de *La Petite Maison dans la prairie*, alors j'ai ri d'un rire de diable.

À 1 heure du matin j'ai dit qu'il fallait que je rentre au garçon avec un « che » dans les dents et il a proposé de me raccompagner. J'avais ma 205 GTI grise alors j'ai décliné, il puait tellement l'alcool que les mouches qui dansaient autour de lui étaient rendues à treize grammes d'éthanol pur par litre de sang. Florence est arrivée en trottant sur ses talons trop fins pour soutenir son grand corps gracieux, elle portait à l'épaule une sorte de tapis en mousseline de soie et je ne comprenais pas comment on pouvait s'enlaidir autant quand la nature vous avait si grassement pourvue.

Elle m'a demandé si je m'étais amusée un peu, j'ai dit pourquoi un peu ? Je me suis éclatée et elle a dit, bon c'est bien, au fait, c'est quoi le livre que Fourrat t'a donné l'autre jour au musée ? J'ai dit je ne sais plus, je te dirai lundi même si lire ces pages avait été pour moi comme rouvrir la boîte de Pandore, que je ne pensais qu'à cela du matin au soir et même la nuit, ça me réveillait.

Dans ma voiture qui me menait de l'Ouest parisien à ma banlieue nord, j'ai repensé à toutes ces filles à l'air si outrageusement gai qu'elles devaient bien cacher une grande tristesse. On parle souvent de nous, là-haut, dans nos cages même pas déguisées, de notre seuil de pauvreté mais je me disais que, pour elles, leur seuil de richesse était un bien lourd fardeau en vérité. Il leur fallait s'acquitter d'une sévère dette : celle de ne pas remettre en cause l'équilibre économique de leurs familles, de préserver leur confort matériel et souvent, pour cela elles n'avaient que leurs atours, pour ne pas dire leurs culs et la promesse de porter la progéniture de leurs semblables mâles pris dans le même piège. Je suis arrivée à la cité et Lahlou était là, sur le banc. Il avait découvert la colle à rustine en CM2 et, depuis, il ne décollait pas. Enfin, si... il était toujours perché quoi. Il m'a dit :

« T'étais encore chez les rupins ?

– Bah oui, où voulais-tu que je sois ?

– Chais pas, moi, chez ta grand-mère... pourquoi tu passes plus la voir ? Je la vois souvent, toute seule sur un banc en bas aux 4 keusses (c'était le petit nom des 4000, même les horreurs ont leur *nick name*). Elle s'ennuie toute la journée... tu pourrais passer la voir quand même, ça se fait ape (« pas » en verlan, qui était toujours usité à cette époque), Sylvie, la vérité.

– J'ai pas de leçon à recevoir d'un toxico, Lahlou...

– T'as changé Sylvie, c'est pas bien, t'essaies de faire la meuf style t'es rangée et tout mais ça se voit trop sur ta gueule que t'es pas de chez eux, lâche l'affaire, reviens, on va aller traîner aux Halles comme avant, on va ril-go grave, allez... »

Et il partait dans un éclat de rire qui ressemblait au chant du cygne juste avant le dénouement de sa vie, une dernière flèche lancée en l'air comme une bouteille à la mer dans laquelle on aurait glissé ses plus beaux arguments. Ce rire, il était adressé à Dieu, ce cri comme un chant joyeux désespérément pathétique c'était les derniers mots, les paroles des autres à leur dernière minute là-bas, nus sous la douche, avant le gaz et ces mots c'étaient : « Dieu, pourquoi m'as-tu abandonné ? »

Et moi je suis montée chez moi en larmes à force de ne plus savoir qui j'étais et c'est là que j'ai ouvert le livre qui devait changer ma vie pour toujours. J'ai pris le livre que M. Fourrat m'avait tendu comme on tend sa main à quelqu'un tombé à l'eau pour le sauver de la noyade, j'ai ouvert le livre de Sylvia Plath qui s'appelle *La Cloche de détresse* et j'ai compris pourquoi parfois j'avais du mal à respirer, pourquoi je ne ressentais plus les choses, les gens. J'étais dans un bain d'eau tiède mais cette eau ne me mouillait pas, le soleil ne chauffait pas ma peau. Je n'avais qu'une colère diffuse en moi que je ne m'expliquais pas, j'avais cessé d'aimer les autres, de chercher chez eux la bonne facette comme mes grands-parents m'avaient appris à le faire. Je ne parlais plus, ne sortais plus, j'étais sous la cloche de verre, des envies de mort subite qui volaient autour de moi comme des mouches à merde bruyantes et ça bourdonnait tout le temps dans ma tête, ces idées suicidaires.

J'ai lu le livre en deux nuits. Le troisième matin en prenant le RER à 7 heures pour me rendre à l'école, j'ai été prise de crampes monstrueuses au ventre. À la station Gare du Nord, j'ai des gaz à condamner à mort toute la rame du RER. L'attentat du RER B, le vrai je veux dire, c'est le jour où je les ai tous gazés avec mon cul. À la station Châtelet-les-Halles je sens s'échapper de mon anus une pâte liquide que je n'attribue pas encore à une diarrhée aiguë. À la station Saint-Michel je me chie dessus.

Je vous passe les détails du nettoyage et de la façon dont je suis rentrée chez moi, mais même Gaspard Noé n'aurait pu imaginer plus dramatique situation.

Je rentre me coucher et c'est la première fois de ma vie que je loupe l'école. J'en vomis. Partout, sur la moquette, dans mon lit, sur mon chien. Je comprends pourquoi les autodafés. Un film encore, vous êtes plusieurs à le faire, une chanson, vous vous devez d'être concis. Mais un livre ? Tout le monde peut écrire un livre. Les pauvres, les riches et même les illettrés. Il suffit d'avoir quelqu'un à qui dicter. Les livres m'auront ainsi sauvée de la dérive et poussée à me tuer.

Ne sous-estimez jamais le pouvoir d'un livre. Quelque part dans les rayonnages d'une bibliothèque, sachez qu'un livre est là, bien droit, qui vous attend. Un livre qui changera votre vie dans un sens ou dans l'autre parce qu'il changera votre vision du monde, ou bien parce qu'il vous donnera le sentiment d'avoir été écrit pour vous.

Le cinquième jour je vais trouver M. Fourrat à la fin du cours. Florence me toise et je fais comme si elle n'existait pas. Je sais qu'elle parle de moi aux autres comme le petit prodige des banlieues en ricanant doucement. Ça me donne envie de la tuer. Je me dis que je pourrais mettre le feu à la salle de classe, qu'on en crèverait tous et qu'ainsi j'éviterais de dire à ma mère que je me suis tuée, mais je n'ai jamais eu beaucoup de courage pour les choses romantiques. Je dis à M. Fourrat :

« Pourquoi ? Pourquoi me donner ce livre ? Vous êtes dingue ou bien ?

– Je veux que tu comprennes que la différence, tu n'es pas la première à la connaître et que c'est ta richesse, quelque chose que tu dois transformer en énergie positive. Écris ! Écris de la poésie !

– Mais ça va pas mieux, monsieur Fourrat. Sauf votre respect, que j'ai pour vous immense (voilà que je me mets à parler le mauvais Corneille maintenant) je ne sais pas écrire ! Je sais lire, je peux comprendre, mais je ne sais pas écrire !

– Pffffuiittt, il fait en balayant le mauvais air devant son visage, sur dix écrivains proclamés, à peine la moitié savent aligner deux phrases, qu'est-ce que tu crois ? Tu sais, Victor Hugo a commencé par rédiger des lignes pour soigner sa colère... Et François Villon ? Ses premiers poèmes ? Je te le dis tout droit, de la MERDE ! François Villon a commencé par écrire de la merde !

– Je vous crois pas... de toute façon, j'écrirai pas... faut que vous insistiez...

– Hein ?

– Euh... Faut *pas* que vous insistiez, monsieur Fourrat... N'empêche, faut pas donner un livre comme ça à une fille fragile, c'est de l'assassinat prémédité votre truc !

– Je te l'accorde, Sylvia Plath s'est suicidée... mais, pour elle, c'était écrit si je puis dire... et puis, regarde, elle continue de vivre par ses livres.

– Vous inquiétez pas monsieur, je vous enverrai une photo de moi...

– Moi je crois que t'as plein de choses à dire. C'est bête, tu prives tes copines, là, d'un certain éclairage...

– Je les emmerde ! Elles lisent parce qu'il *faut*... ça leur fait faire la conversation. Jamais j'écrirai pour des connes pareilles.

– Tu sais, a dit M. Fourrat, elles ne sont pas très éloignées de toi. Tout le monde recherche une forme de reconnaissance. Si elles sont là c'est pour montrer aux autres de leur caste qu'elles en ont sous leurs beaux cheveux soyeux. Elles attendent que leurs pères leur accordent le bénéfice du doute quant à la présence dans leur caboche d'un cerveau pas trop mal formé.

– Vous dites n'importe quoi, monsieur Fourrat. Vous divaguez...

– Et toi, mon petit, pourquoi es-tu là ?

– Parce que j'aime les livres ! j'ai dit sans réfléchir.

– Les livres, tu peux les aimer de chez toi...

– Parce que c'est la conseillère d'orientation qui m'a dit de faire des lettres pour faire des slogans publicitaires.

– Malheur ! a-t-il éructé.

– Là vous êtes vieux jeu, monsieur Fourrat. N'empêche, vous n'auriez pas dû me refiler ce livre. Maintenant je vais faire comme elle !

– Ah ! ! ! Tu vas écrire !

Il semblait satisfait comme un Raimu dans un film de Pagnol.

– Non, je vais me suicider doucement. »

Je ne sais pas pourquoi mais il m'a prise au sérieux. Et moi j'ai pris ça comme un encouragement de sa part. Il était tellement respectable qu'on avait envie qu'il ait raison tout le temps. Me dire

« ne fais pas ça » c'était admettre que j'allais commettre ce geste. Il a encore parlé un peu pour la forme, il a dit que mon prénom portait en lui la vie et j'ai dit que Sylvia Plath se prénommait comme moi et qu'elle s'était suicidée quand même. Quand il a été à court d'arguments il a sorti une cigarette et moi je lui ai rendu le livre parce qu'il me l'a demandé, puis j'ai couru à la Librairie de Paris le racheter. Je relisais les lignes de Sylvia Plath, j'étais subjuguée par son corps qui était le mien, son point de vue sur les autres tellement désabusé, ses cheveux blonds que j'ai vus des années plus tard sur une photo alors qu'on traduisait en français les poèmes de son mari Ted Hughes. On s'appelait pareil elle et moi et sa mère lui pesait comme les pierres au fond des poches de Virginia Woolf. Son écriture était limpide et remplie d'images qui n'avaient aucune visée littéraire, qui servaient juste à nous faire comprendre ce qu'elle ressentait.

C'est à ce moment-là, donc, que j'ai décidé de ne plus voir personne. Mes livres étaient mes amis, je parlais le soir à leurs auteurs. Seule ma chienne Agathe avait le droit de converser avec nous. Ma mère m'entendait parler à voix haute, seule dans ma chambre, alors elle a voulu appeler le médecin. Elle a encore voulu me faire enfermer, c'était une manie chez elle de vouloir m'envoyer là où elle avait connu l'enfer parce que c'est toujours à ceux qu'on aime le plus que l'on fait le plus de mal.

J'ai dû lui expliquer que je répétais le rôle principal d'une pièce du répertoire classique et elle a été rassurée.

Je ne parlais plus en classe et M. Fourrat a cru que je faisais une dépression alors il m'a donné les coordonnées d'un psychiatre en précisant que les consultations seraient remboursées par la Sécurité sociale. J'ai pris le papier et je l'ai jeté entre les grilles de la première bouche d'égout que j'ai croisée.

Le pire cadeau que la vie puisse vous faire c'est de vous pourvoir d'une trop grande intelligence. Sylvia Plath n'y a pas résisté. Elle est morte de sa trop grande clairvoyance et le pire, le pire dans tout ça c'est que, suicidé ou pas, on finit tous par y passer un jour.

Mutisme et anorexie

J'avais une vie d'ascète à ceci près que je ne pouvais m'empêcher d'acheter de beaux vêtements. Je travaillais tout le temps, je ne gardais rien de côté, persuadée que je mourrai jeune. Ma grand-mère voyant bien mon tracas me disait : « Demain, il fera jour », et je n'osais pas lui répondre qu'il était très possible que je ne voie jamais le jour d'après ce jour. Je m'étais documentée sur le sujet du suicide, j'étais passée à l'acte, une nuit de mes quinze ans, parce que je voulais retrouver mon grand-père, je connaissais toutes les statistiques et je sais bien que ça ne faisait pas un sujet de conversation puisque les gens détestent parler des choses désagréables qui vont inévitablement leur arriver. Je restais seule, des heures durant, dans une bibliothèque, à Beaubourg ou à la Cité des sciences. Je portais des colliers Chanel à l'époque où ce n'était vraiment pas le sujet d'en porter, je me déguisais en vieille bourgeoise du XVIe et j'adorais ça. J'avais toujours une grande parka de nylon pliée dans mon cartable et je rentrais à la cité le soir, camouflée comme un moudjahidin en mission, vraiment décidée à ne donner aucun indice sur ma vie à Paris (qui se cantonnait au resto U, à la fac et à la bibliothèque en vérité).

Je ne prononçais plus que quelques mots par jour : « merci » à la dame de la cantine universitaire, « de rien » quand je retenais la porte du métro pour quelqu'un ou « c'est pas grave » lorsque quelqu'un me passait devant dans un couloir. J'étais devenue invisible malgré un accoutrement de clown aristocrate et une chevelure de plus en plus épaisse. J'étais tellement sous contrôle que j'ai décidé, un matin qu'il pleuvait, que c'était dimanche et qu'Albert Cohen m'expliquait la vie, de compter mes calories. Je venais d'arrêter la danse et la natation depuis quelques mois et mon corps ne me répondait plus. Mon corps désobéissait et il me punissait de ne plus lui donner d'homme à goûter. Il a dit puisque c'est comme ça, tu vas voir, je vais te faire grossir, comme ta mère tiens ! Comme toutes ces filles que tu fustiges, dont tu dis qu'elles n'ont aucune volonté. Tu vas voir, tu vas voir ! Il me disait mon corps, et ça m'empêchait de dormir. Je n'avais vraiment pas fière allure à cette époque. J'avais photocopié dans des ouvrages très fournis les tableaux des calories, les cas cliniques de filles privées de nourriture qui ne s'en sortaient pas, qui finissaient avec 7 de tension puis dans une boîte en bois. C'était pour moi un véritable acte d'art contemporain, l'anorexie. Et puis sont venues les périodes où, à l'aide de rasades d'eau bien chaude, je me faisais vomir. J'ingurgitais cinq tablettes de chocolat aux éclats de noisettes Leader Price, c'était très jouissif de pouvoir se dire qu'elles ne subiraient pas leur sort de tablettes de chocolat dévorées, qu'elles ne suivraient pas le chemin intestinal que la destinée avait tracé pour elles. Je les rejetais ainsi dans les chiottes, je me purifiais à l'aide de jus de citrons que je mélangeais à de l'eau tiède et je me sentais vierge, pure et presque divine. Bien entendu, j'ai commencé à maigrir et ma mère ne s'est pas inquiétée puisqu'elle ne m'a jamais vraiment observée. Je disparaissais à vue d'œil, je ne m'exprimais plus que par onomatopées. Je finissais souvent allongée sur les tapis de la RATP, sur le pavé parisien et c'est comme ça qu'un jour je suis tombée dans la cour de la Sorbonne devant la statue de Newton qui tenait une pomme et c'était un signe cette pomme qu'il me tendait, il m'invitait à me nourrir à nouveau et moi j'ai fait la sourde oreille même si allongée comme ça sur le pavé glacé, dans le bleu gris de la nuit qui mourait doucement, je ne voyais qu'elle. M. Fourrat est arrivé en courant et, de mon point de vue horizontal, je n'ai d'abord vu que les feuilles de cours qui volaient puis se posaient sur moi comme des feuilles mortes, couverture d'infortune qui me réchauffait le corps comme dans une chanson de Georges Brassens. Puis vinrent ses souliers et je n'imaginais pas que M. Fourrat puisse porter des Weston alors ça m'a tenu un peu éveillée. Margot dit que pour connaître vraiment quelqu'un, il faut commencer par regarder ses chaussures. Surtout leur état. M. Fourrat portait des chaussures plus toutes jeunes mais sérieusement entretenues et j'ai pensé qu'il devait être un homme fidèle. M. Fourrat devait avoir soixante ans et c'est pour cela que son visage a mis un temps qui m'a paru une année à rejoindre le mien. J'avais mal au poignet, terriblement mal, des aiguilles me sortaient de la chair, et M. Fourrat est allé chercher le gardien de l'école et c'est comme ça que je me suis retrouvée dans un camion de pompiers, un poignet cassé et mon cartable oublié dans la cour (c'est ce qui me causait le plus de soucis en vérité). M. Fourrat m'avait accompagnée et je lui disais non, non, vous n'allez pas louper vos cours à cause de moi, il ne répondait pas, il me rassurait sur mon cartable, m'assurant que le gardien avait fait le nécessaire et je sais bien qu'il mentait, ça me le rendait encore plus sympathique, mais je ne pouvais pas m'arrêter de pleurer à cause de mon cartable et de tout ce travail qu'il contenait, tout ce travail que j'abattais quotidiennement et qui gisait quelque part dans le Ve arrondissement de Paris.

Le médecin de l'hôpital parisien était très courtois, il a parlé de double fracture au poignet puis il a dit à M. Fourrat que les croûtes sur mes phalanges ainsi que mon poids très alarmant étaient les preuves flagrantes d'une anorexie avancée. J'ai nié de loin, pas très convaincante parce qu'en vérité j'étais heureuse que l'on s'occupe de moi. M. Fourrat a dit, ce n'est pas possible, pas elle, elle est tellement intelligente, promise à un brillant avenir et le docteur a eu un rictus de professionnel du rictus médical, le médecin dont j'ai oublié le nom aujourd'hui mais qui était un homme comme la Bible n'ose même pas en rêver tant il était la bonté incarnée a dit : « Elles sont *toutes* très intelligentes, c'est ce qui rend le processus de guérison compliqué. » Puis il a indiqué une clinique à M. Fourrat qui a appelé un taxi pour me reconduire chez moi, à La Courneuve.

Je n'ai pas résisté, j'ai donné l'adresse et le chauffeur a demandé qu'on lui donne cent francs de caution, et tandis que M. Fourrat s'exécutait, il a dit qu'il n'irait pas à La Courneuve, que c'était trop dangereux. J'ai mollement protesté parce que les hôpitaux de Paris m'avaient chargé la mule en antitout, et je devais revenir deux jours plus tard pour me faire opérer alors j'ai parlé au chauffeur des risques du métier qui sont le sel de la vie et il a dit : « Du sel mon cul ! J'ai trois gosses et une femme dépressive... je ne peux pas faire n'importe quoi. » Je me suis dit, encore un qui s'est emprisonné tout seul et nous sommes descendus du taxi et c'est comme ça que je me suis encore évanouie.

Cette fois les médecins ont décidé de me garder malgré la grève et le manque de lits et j'ai pensé merde ! On est en France, si même la France ne peut plus soigner ses citoyens c'est vraiment que le monde est en train de partir en couilles.

Allongée sur le lit de l'hôpital, j'étais bien. On me prenait en charge, tout le monde était très gentil, on me nourrissait sans contrôler si je m'alimentais bien, on me lavait, je dormais à 20 heures, me réveillais à 6, c'étaient mes premières vraies vacances depuis très, très longtemps. Je repensais à M. Fourrat, j'imaginais sa vie au milieu de ses livres et de sa gentillesse et je m'interrogeais. Il n'avait pas d'alliance, donc il n'était pas marié, il devait vivre seul au milieu des morts illustres et je ne comprenais pas bien pourquoi il demandait à ses étudiants d'écrire alors qu'il aurait fait lui-même un très grand écrivain.

Techniquement, il m'était très difficile, voire carrément impossible de me livrer à mes crises de boulimie. Ma mère refusait de m'apporter les gâteaux que je lui demandais parce que pour une fois dans sa vie elle avait décidé d'obéir à l'autorité du docteur qui, sans parler de mes *problèmes*, lui avait interdit d'apporter la moindre nourriture. C'est à cette période que j'ai pu voir que les proverbes qu'on dit idiots, qu'on n'écoute plus d'ailleurs, renferment les plus grandes vérité. Ainsi, couchée là sur mon lit depuis dix jours (j'ai un problème de tension qui fait qu'on me gardait une semaine de plus en observation) j'ai compris qu'à toute chose malheur est bon puisqu'en sortant j'en avais fini de mes crises de boulimie. Je crois que ça m'est venu avec la morphine. Quand ils m'ont endormie j'ai vu Isaac Newton qui me préparait une tarte aux pommes juteuse et fumante au fond de la salle d'opération, mon père lui passait le beurre et il parlait kabyle et c'est à cela que j'ai compris que mon père était là. Puis Moïse est descendu de la lampe, grosse comme une lune, et ses cheveux argent, en contrejour ça faisait des couteaux, les mèches de ses cheveux brillants et métalliques mettaient l'assistance en joug et tout le staff des médecins faisait des « oh ! » des « ah ! » et Moïse a gueulé un bon coup, il a sorti un tuyau de sa poche, il m'a intubée et un liquide vert passait de sa poche à ma gorge et les infirmières faisaient des « aaarrrgghhh !!!! C'est HO-RRRIBLE ! » Mais ce n'était que de la m'lhouria, sorte de pâte d'épinards diluée dans de l'huile qu'on appelait en Tunisie le «plat des pauvres» parce qu'il ne finissait jamais et qu'il fallait deux baguettes de pain pour venir à bout d'une petite assiette. Un rapport calories-prix vraiment imbattable.

Je me suis réveillée et j'ai vomi et l'infirmière a dit que c'était le produit anesthésiant et j'ai pensé que c'était une sensation agréable de vomir sans avoir à se forcer, de laisser remonter les choses sans avoir à aller les chercher. C'est toujours la même chose avec la vie; les événements les plus gratifiants, ceux qui vous emplissent d'une sagesse nouvelle sont toujours ceux qu'on n'attendait plus. C'est rassurant parfois de se dire que la vie fait bien les choses. C'est comme dans les films américains. Le héros passe par toutes sortes d'épreuves alors qu'il menait jusque-là une vie paisible et monotone, qu'il n'avait rien demandé et que la félicité se foutait alors ouvertement de sa gueule. Les épreuves passées, le héros retrouve une vie qu'il ne connaissait pas, d'autres personnes et de nouveaux sentiments, des réponses à des questions qu'il ne se serait jamais posées si la couille ne lui était pas tombée sur la nuque un jour de grand soleil. Le héros apprend, se découvre par-delà l'image qu'il souhaite transmettre de lui-même et tout cela s'achève dans un sentiment de relative harmonie.

M. Fourrat avait raison. Les périodes de doute et d'incertitude sont les plus riches de la vie. Elles vous conduisent inexorablement ailleurs, elles vous font avancer sur ce chemin qui n'appartient qu'à vous. Il faut avoir connu la tempête pour apprécier le calme, sans cela on se fait chier et on finit sa vie avant même de s'apercevoir qu'on est devenu vieux. Il faut vivre les choses dont vous pensez qu'elles ne sont pas faites pour vous.

La campagne de M. Fourrat

Quand je suis sortie de l'hôpital, il faisait beau, c'était le mois de juin, j'avais réussi mes examens et M. Fourrat m'attendait dehors avec un bouquet de roses. On aurait dit le gars à la fin de *Flashdance* qui guette Jennifer Beals devant son cours de danse, quand il vient lui dire qu'il l'aime, qu'il la veut et il lui offre un chien avec un gros nœud rouge autour du cou. Sauf que M. Fourrat était vieux, moche, et très, très intelligent. Je faillis m'évanouir parce que j'ai toujours eu la phobie des fleurs coupées et j'évite de le lui dire pour ne pas le froisser. Alors M. Fourrat me dit :

« Tu n'aimes pas les bouquets de fleurs ?

– Euh pas trop en fait... je les vois comme des masses de cadavres. C'est tellement beau, les fleurs dans un jardin...

– Tu sais, j'en ai plein mon jardin des fleurs, tu pourrais venir te reposer un peu, qu'en penses-tu ? »

Je l'ai regardé avec mon regard en coin d'Arnold et Willy, genre, tu serais pas en train de me tendre un piège de vieux pervers toi ? Et il a ri, sa moustache c'était carrément devenu les grandes marées. Il a ri et c'était tellement sincère que ça a désamorcé ma peur. Ma mère n'a pas cillé quand je lui ai dit que je partais pendant quelques semaines à la campagne travailler au calme mon sujet de DEA. Il fallait que je prépare ma thèse, la nomenclature des troisièmes cycles longs ayant sérieusement évolué cette année-là. Je suis partie en RER le matin du 7 juin, j'ai retrouvé M. Fourrat devant le McDo de la station Saint-Michel, une valise chargée de livres et de culottes. Mon grand-père disait souvent que le plus important dans la vie, c'était d'avoir le cul propre. Je m'attendais à faire la route à bord d'une vieille Volvo défoncée mais j'ai été surprise de le voir au volant d'un cabriolet noir Mercedes flambant neuf, brillant comme de l'onyx. M. Fourrat n'a pas parlé de tout le trajet, alors je me suis endormie. Ou le contraire. C'était l'homme le plus délicat que j'aie croisé dans ma vie. Ce n'est pas vrai qu'on ressemble à ce qu'on est à l'intérieur. M. Fourrat avait des manières de prince russe et un physique de paysan gascon.

La maison se trouvait dans la région des Alpilles, en Provence surtout pas Côte d'Azur.

Il y avait une piscine au milieu d'un grand jardin dont les cyprès au garde-à-vous semblaient contrôler l'accès. La maison était grande et elle datait du XVIe siècle m'expliqua M. Fourrat, en me montrant la cheminée qui faisait foi. J'ai eu envie de me baigner mais je n'avais pas de maillot de bain. M. Fourrat a appelé : « Éliette ! Éliette ! ? Ééééélieeetttte !!! » Une femme est apparue au bas d'un escalier et elle disait : Ne crie pas comme ça ! Et j'ai vu cette femme avec des yeux très bleus qui avaient dû voir pas mal de belles choses, et pendant longtemps pour être aussi grands et aussi clairs.

Je suis restée raide un moment alors M. Fourrat m'a présenté Éliette, sa femme. Elle avait un numéro à 5 chiffres tatoué sur l'avant-bras gauche et je ne comprenais pas bien où j'étais tombée.

Éliette m'a invitée à monter à l'étage. Je suis entrée dans une chambre vaste comme la générosité de M. Fourrat et il y avait une table et une bougie posée dessus, prête à se faire allumer, alors j'ai demandé s'il y avait l'électricité et Éliette a souri. Oui, bien entendu il y avait l'électricité, mais pas la clim'. La bougie c'est pour le soir, quand tu écriras, il ne faut jamais rester plus longtemps que la bougie à sa table de travail au risque de radoter, m'expliqua M. Fourrat qui avait surgi derrière moi. Je n'ai pas eu le courage de lui dire que jamais je n'écrirais alors j'ai souri un peu comme pour m'excuser.

Les murs étaient beaux. Ils n'étaient pas décorés, et je trouvai cela reposant. De la fenêtre je voyais la plaine dont l'horizon butait sur une rangée de dents pointues et ces monts au bout de l'étendue verte me donnaient l'impression de reposer au milieu d'une grande bouche et c'était confortable. Confortable et rassurant.

Le lit donnait envie de ne plus le quitter c'était un appel à la fidélité ce lit, et Éliette a demandé à son mari de bien vouloir quitter les lieux, on allait essayer les maillots de bain.

Ces gens étaient vraiment très étranges. D'abord un vieux prof poussiéreux et passionnant qui ne vivait que pour les lettres classiques qui se révélait bon vivant, un peu bling sur les bords avec sa maison de Brad Pitt et sa voiture de mec du Sentier, puis sa femme, un chignon austère et des yeux comme un ciel de juillet en Crète, qui sortait d'une armoire centenaire des pochettes Eres pleines de maillots de bain qui auraient payé le loyer de ma mère. Je me suis déshabillée et je ne savais pas que j'étais maigre. Je me voyais presque grosse aux cuisses et Éliette a pâli quand elle m'a vue, je crois que ça lui a rappelé son enfance au camp de Dachau. Elle était vraiment blanche et presque verte et j'ai demandé si elle voulait un verre d'eau alors elle s'est assise sur le lit et elle s'est excusée. Elle a pris mon poignet plâtré, l'a tenu entre ses mains osseuses et elle a dit : « Il faut que tu manges. Il faut que tu t'alimentes normalement, sinon tu ne tiendras pas la distance... » J'ai essayé de lui dire que pff c'était fini ces histoires, alors elle a passé la main au-dessus de ma poitrine, entre le cou et le plexus solaire et c'est vrai qu'on voyait mes os, une cage thoracique dont on avait jeté la clé et qui me rappelait tous les jours combien ce grillage m'empêchait de respirer. Avec son index, elle a descendu l'escalier que faisaient mes os sous ma peau, puis elle s'est reprise et a dit qu'elle allait s'occuper de moi.

J'ai demandé, idiote comme pas deux, ce que signifiait ce tatouage sur son bras et elle a dit que c'était le passé maintenant, qu'elle avait un nom bien français et qu'ils pouvaient toujours lui baisser le pantalon, ils n'auraient pas de preuves. Mme Fourrat était une femme que la vie n'a pas épargnée, alors elle s'était retranchée dans le coin de cette France qui l'avait dénoncée, elle, ses deux frères et ses parents et ils étaient tous morts, même après, même quand son frère Joseph est rentré et ils étaient les deux seuls encore vivants, même quand ils ont repris des forces pendant des semaines logés au Lutetia. Passer d'une baraque en bois sous la neige aux dorures chauffées d'un cinq étoiles, c'était des trucs à devenir fou qu'il disait le Joseph.

Ils avaient cessé de vivre parce que les Allemands c'était trop cette pulsion de mort qu'ils répandaient partout et Joseph s'était suicidé en 1970 en se jetant d'un train corail et Éliette avait mis au monde des enfants morts, des fœtus, et même une petite fille de sept mois qui avait des cheveux épais alors qu'elle n'était pas finie, et elle avait demandé à la voir avant qu'on la mette en bière. Elle n'avait pas voulu de tombe juive, elle craignait les profanations. Éliette me racontait tout ça d'un ton monotone et elle me parlait encore de la santé qui est la chose la plus précieuse et qu'on se doit de préserver coûte que coûte, elle disait que la vie doit être profitable autant que possible, alors tu comprends, tes trucs de rien bouffer, tu n'as qu'à trouver une façon plus directe de t'en aller si tu ne supportes plus la vie et j'ai dit mais je mange, je mange ! J'ai protesté comme un mauvais acteur sur une mauvaise scène et Éliette a dit pour la seconde fois : « On va s'occuper de toi. »

Éliette m'a demandé si j'avais encore mes règles et j'ai répondu que non, alors elle a dit que les menstrues c'est ce qu'il y a de plus important chez la femme, c'était son attribut de féminité, le métronome qui règle sa vie, qu'une femme sans son rendez-vous mensuel c'était comme un bateau sans ancre ni gouvernail et j'ai dit que les règles je m'en passais très bien et Éliette m'a dit, ne crois pas ça, toute chose qui persiste a une très bonne raison d'être.

Au bord de la piscine, j'étais un peu comme une tache de Javel sur la toile d'un Manet. Tout était vert et rose et blanc nacré et moi je restais là, la fesse sur le bord du transat, les épaules en dedans, mon plâtre qui me grattait et les pieds plats tout cabossés. J'étais devenue blanc et gris et je vous jure, pour une Tunisienne, ce n'était pas normal tout ce blanc sur ma peau. Éliette était très gentille et M. Fourrat ne réapparaissait que pour le déjeuner et le dîner. Il passait le plus clair de son temps dans sa chambre ou à son bureau, je ne sais pas, puisque la porte restait fermée comme celle d'un cachot et que les volets avaient décidé depuis longtemps de baisser le rideau.

Éliette m'apportait des citronnades et des gâteaux aux amandes et je picorais doucement mais ça me donnait envie de vomir. J'avais tout le temps la nausée de Sartre avec ses yeux pas pareils et les objets s'animaient, les gâteaux de Mme Fourrat me suppliaient de les manger un peu pour faire honneur à la dame et les pierres chaudes de la dalle de terrasse me regardaient en coin, me narguaient sachant que je savais qu'elles me survivraient. Puis un accoudoir de fauteuil s'est penché vers moi, il m'a regardée de ses vis qui me jugeaient et il a dit : « Au juste, qu'est-ce que tu fais pour les autres ? Tu ne sais que te plaindre. Regarde cette pauvre femme qui trouve encore la force de s'occuper de toi. Et elle, qui lui a tenu la main quand il aurait fallu ? Qui lui demande si ça va quand il faudrait être aveugle ou égoïste pour ignorer son chagrin ? Allez, arrête de te regarder le nombril. Tu n'es pas *différente* des autres... Cesse un peu de faire ton intéressante, Sylvie, ou alors fais-le pour un motif valable... » J'ai dit ta gueule l'accoudoir, un accoudoir ça ne cause pas et Éliette, elle a son mari d'abord. Puis j'ai soupiré parce que j'étais fatiguée d'être déphasée. Je voyais le monde comme un film en 3D avant qu'on ait chaussé les lunettes rouge et bleu. Après ça je ne pensais plus qu'à me suicider. Sauf, peut-être quand le soleil me caressait doucement le front le matin. Quand Éliette déposait sur la table en bois de la terrasse des fruits frais réduits en jus et que les fleurs du jardin s'étiraient doucement, les yeux encore humides de cette rosée au parfum tellement, tellement délicat.

Éliette n'insistait pas pour la bouffe et M. Fourrat disait, la bonne bouffe c'est comme le vélo, ça ne s'oublie pas. Et je repensais à Margot, je lui faisais des infidélités et je n'étais pas fière de moi. Je m'attachais à ce couple peu commun, qui n'entrait dans aucune case française. Des gens intellos et consommateurs de jolies choses. M. Fourrat avait lu plus de livres que n'importe qui et c'est pour ça, je crois, qu'il savait de quoi il parlait quand il évoquait la vie et ses surprises. Il disait ne te suicide jamais, tu ne sais jamais ce que tu louperais. J'avais beau répondre que, la fin, tout le monde la connaissait, ce à quoi il m'a répondu et l'histoire du *Titanic* ? Tu connaissais déjà la fin non ? Pourtant tu es allée voir le film et il repartait avec son truc des paysages sur le chemin qui sont bien plus intéressants à regarder que le point d'arrivée et moi je disais j'en ai déjà trop vu alors il disait fais comme tu veux après tout c'est ta mort... puis il sortait l'argument des désespérés, celui que j'ai entendu une fois devant un client qui ne voulait pas acheter ma campagne ; le commercial, à bout de nerfs, a dit, comme un enfant, il a dit :

« Si c'était mon argent, j'achèterais cette campagne. »

M. Fourrat m'a dit ce soir-là :

« Si j'étais toi, je ne me suiciderais pas. »

J'ai eu envie de le serrer contre moi, de l'appeler papa et de finir ma vie ici, dans ce mas provençal, même si je ne voulais pas que Mme Fourrat me retrouve morte au milieu de son paysage magnifique, c'était lui faire trop d'outrage que de salir son monde, de crever cette bulle qu'elle avait mis quarante ans à maintenir bien ronde, et pleine de cet oxygène vivifiant qui lui faisait oublier le gaz et la poussière grise, poussière d'âmes de ses compagnons juifs, à Dachau.

Un soir, j'étais en train de classer les premiers résultats des entretiens que j'avais menés pour mon mémoire de DEA et M. Fourrat est entré dans la pièce, il a frappé un grand coup dans ses mains longues et soyeuses, des mains d'intellectuel pianiste, et j'ai sursauté. Il a dit, l'air de rien, allez ! On se lève ! Ce soir c'est l'Oustau de Baumanière pour tout le monde ! Je ne comprenais pas ce qu'il entendait par l'Oustau de Baumanière alors j'ai souri comme sourient les idiots qui n'ont rien à dire. Éliette est arrivée en contrejour et on aurait dit Dark Vador avec son fichu qui lui faisait une tête de pyramide dont on aurait scié le sommet. Elle soufflait à cause des marches et on aurait encore plus dit Dark Vador avec le son.

Elle s'est assise sur mon lit, elle a essuyé son front, il faisait très chaud mais je ne ressentais pas la chaleur parce que j'avais toujours froid. Elle disait que c'était pas une vie cette chaleur et qu'il fallait qu'on répare la couche d'ozone et M. Fourrat a dit ça va bien les discussions, tout le monde en voiture Simone et on l'a regardé un coup, étonnées comme ça avec sa femme, et je ne savais pas où ils m'emmenaient mais j'avais décidé de me laisser faire et croyez-moi, c'est toujours plus facile à supporter les autres quand on décide de leur accorder sa confiance.

L'Oustau en question c'était un restaurant. Un restaurant comme une caricature de restaurant. Avec son jardin, ses fontaines, ses nappes si blanches. On aurait dit que personne n'avait jamais mangé ici, ça ne sentait rien, même les fleurs se faisaient discrètes. Il y avait des bouteilles de vin chères comme des caprices d'Onassis et du personnel bien plus en nombre que les clients. Moi je dis que pour gagner sa vie, le patron de la tôle devait forcément vous arnaquer. Éliette était bien d'accord avec moi mais M. Fourrat a demandé qu'on cesse immédiatement de compter, il a dit on est ici pour s'amuser, profiter des joliesses de la vie et celle-ci en était une, à coup sûr. J'ai protesté un peu, je leur ai dit, si vous cherchez la bonne bouffe, venez plutôt chez Margot, ma grand-mère, elle vous montrera ce que c'est que bien manger. Les gars ont d'abord apporté un truc minuscule, très compliqué et moi je ne pouvais plus rien avaler après ça mais je me suis forcée parce que M. Fourrat avait déployé son intelligence pour me nourrir et je ne pouvais pas le décevoir, c'est important de rendre l'amour que l'on vous donne.

Quand je suis rentrée à la maison, j'ai vomi tout ce que j'avais avalé. Mon estomac avait rétréci avec le temps et, de toute façon, que je le veuille ou pas, mon corps n'avait pas la capacité de stocker une telle masse de nourriture.

Éliette est venue le lendemain matin avec un citron tiède et je n'étais pas fière de moi, j'avais un peu déçu M. Fourrat.

Je ne vais pas vous raconter en détail les six semaines que j'ai passées chez Éliette et Jonas Altmann. Tout ce que je peux vous dire c'est que M. Fourrat était un juif des camps lui aussi, un juif revenu parce qu'à seize ans on est toujours plus fort pour embrasser le malheur sur la bouche. La France lui avait proposé de changer son nom et j'ai compris tardivement pourquoi il portait toujours ses manches longues. Même en Provence, au mois de juillet, par trente-cinq degrés, M. Fourrat gardait couvert son bras marqué. Il avait connu Éliette au Lutetia, elle n'avait pas dix ans, elle semblait perdue et il s'est rapproché d'elle comme on cherche à se rapprocher de la rive quand on se croit perdu en mer et il s'était accroché à la petite fille, à ses yeux magnifiques et ils avaient besoin l'un de l'autre pour se rappeler que la vie est possible après la mort et ils ne parlaient jamais de cela, c'est moi qui ai forcé Éliette à avouer un soir que je ne la lâchais pas et je crois qu'elle m'aimait bien, Éliette, je crois qu'elle rêvait le jour en secret que j'étais sa petite fille juive et moi je ne suis même pas allée à son enterrement quand elle est morte, tranquille dans sa maison des Alpilles, son paradis de Provence qu'elle avait construit jour après jour et où elle s'était réfugiée pour toujours, j'ai pris de cette femme ce que j'avais à prendre et j'ai un peu honte de moi quand même de ne pas avoir appelé M. Fourrat qui m'a poussée des années durant, qui a cru en moi lorsque les autres me méprisaient. M. Fourrat qui m'a appris à manger normalement, à n'être pas ingrate avec la vie que je voulais brève alors qu'« il te reste tellement de monde à voir, de livres à vivre », M. Fourrat qui ne m'a rien demandé quand nous sommes rentrés à Paris, alors que Micheline disait, quoi ? Six semaines, logée, nourrie, blanchie ? Tu crois que c'est pour rien ? Rien n'est jamais gratuit ma fille. Bah, si, maman, parfois, c'est gratuit, c'est cadeau, cadeau de la vie, cadeau d'une rencontre. Il y a des gens qui vous font penser qu'il est encore permis d'espérer.

M. Fourrat, né Altmann faisait partie de ceux-là. M. Fourrat et Éliette m'ont appris que quand on n'a plus rien on a encore quelque chose. Quand on n'a plus rien, on a encore quelque chose.

Le 14 septembre 1998 – le 7 juin 2001

Mon CV amoureux tiendrait sur un ticket de métro. Que voulez-vous, je n'ai pas de facilités pour lever les mecs. Je n'ai de facilités pour rien d'ailleurs. Chez moi, tout est un travail. Aucun panache et pas plus d'aisance. Quand j'ai rencontré mon premier mari, je sortais d'une histoire de roman avec un peintre de rue. Jonone était un des premiers gars à avoir importé le graffiti en France. Je l'ai rencontré alors que je déclamais des vers sur la scène d'un bar à Pigalle. J'ai eu un coup de foudre monstrueux. Lui ne songeait qu'à me posséder parce qu'à l'époque, j'avais encore un joli visage et un corps d'escort girl. Une passion dévorante, un truc qu'on a déjà lu mille fois et je me sentais, à cette époque mi-Virginia Woolf, mi-Sylvia Plath, pressée comme elles d'en finir à tous les coins de rue. Mon mal de vivre ne me quittait pas, John me rendait malheureuse alors je le trompais avec Senz qui était un autre mec du graff, beau comme un dieu et new-yorkais comme John. Puis, comme disait Lio qui en connaît un rayon question mauvaises rencontres, en amour il y en a toujours un qui joue, l'autre tend l'autre joue. Je sais, c'est moche. Mais c'est vrai. C'était ma vérité amoureuse. J'étais rendue à cet état pathétique de fille mal aimée quand à une soirée j'ai rencontré Mickaël. J'écoutais Lucienne Boyer sur mon baladeur, j'étais mélancolique comme toujours avant l'été.

J'allais avoir vingt-sept ans et je me faisais chier humainement. Je bossais dans une agence de publicité renommée, je faisais le tour du monde et réalisais des films drôlissimes pour une grande marque de voitures et j'avais un salaire, pas énorme, mais qui me permettait de rembourser les traites d'un joli nid douillet perché sur les hauteurs de Montmartre. J'ai su après, bien longtemps après, que ça a été le quartier de mon père pendant trente ans. La rue dans laquelle j'ai été conçue se trouve à vingt mètres de l'endroit où j'ai moi-même fait mes enfants. Un jour, il faudra que je me penche sérieusement sur la question des actes manqués et de l'inconscient qui décide toujours pour nous.

Je fréquentais des gens d'un autre monde, des gens des *middle class* de l'Essonne et je me faisais la réflexion qu'il valait mieux venir du sommet ou du trou mais pas du milieu. Quand vous venez du milieu, vous êtes condamné à y rester. Question d'équilibre. Il n'y a guère que ceux qui viennent de tout en haut ou du plus bas qui peuvent encore basculer. Quand votre vie est *suffisamment acceptable* vous n'avez aucune raison de vouloir en changer radicalement. Pas d'urgence et pas plus de drame. On suit son bonhomme de chemin, on va clopin-clopant jusqu'à la tombe, on a fait le tour du paysage tranquillement calé dans son autobus à toit ouvert, on prend quelques photos pour se rappeler que ces moments ont existé, on mange grassement alors on se croit riche puis on rentre se coucher pour l'éternité. On avale la phrase : « Estimez-vous heureux » comme des pilules régulatrices d'émotions et ça vous plâtre les ambitions pour le restant de vos jours.

J'en étais à ce genre de réflexions intérieures nihilistes et débiles quand j'ai rencontré Mickaël. J'avais le corps tout tracassé par mes opinions sur l'amour et les hommes, mais je me trouvais aussi dans l'impossibilité de me résoudre à vivre sans. Autant vous dire que je n'étais pas disposée à me laisser étourdir par un clown riche. Sauf que j'avais sous-estimé l'instinct de vie qui sommeille en chacun d'entre nous. Je pensais régulièrement à me suicider. Je passais mon temps entre mon travail, mes livres et mon lit. Je donnais le change à l'agence, pensez-vous, je travaillais dans le milieu, encore plein de paillettes dans les cheveux à l'époque, de la publicité. Il aurait été malvenu de tirer la gueule ou de parler littérature. Et la nuit je me repassais *The Mission* en boucle et en pleurant. J'écoutais la musique, je regardais le film et je l'ai bien vu deux cents fois (cent quatre-vingt-seize fois exactement, je fais les comptes de tout je vous rappelle).

Le seul plaisir de jeune fille de mon âge que je ne pouvais manquer était le bal de l'Élysée-Montmartre du vendredi soir. La chanson française connaissait enfin son quart d'heure de gloire, son moment de reconnaissance, et je me baladais entre les premiers bobos qui n'en revenaient pas de me voir fredonner toutes, absolument toutes les chansons par cœur jusqu'à 7 heures du matin.

Mickaël m'a remarquée une nuit que je dansais sur les tables, parfaitement sobre et complètement déchaînée. Mes copines rentraient toutes avant l'heure se faire visiter l'intérieur par des mecs croisés là et moi, cendrillon caca, je rentrais à l'aube me coucher seule et désabusée. J'étais morose, j'étais agressive envers les pauvres garçons qui osaient m'approcher. Quand ils voyaient mon amertume, quand ils constataient que l'alcool ne me désinhibait pas puisque je ne buvais que de l'eau, ils s'en allaient placer leurs filets plus loin.

Un soir Mickaël m'a donné son numéro de téléphone. Il m'a conviée à une fête qu'il organisait et nous sommes sortis ensemble après qu'il m'a promis la lune (qu'il a décrochée un peu, je dois bien l'avouer). J'ai pas voulu me souvenir de ce que j'avais toujours su : un prince trop charmant c'est juste un crapaud qui a réussi.

Le soir du 14 septembre 1998, je décide de le présenter à ma mère.

Rendez-vous est pris à Paris, dans une brasserie bien française. Je veux lui montrer qu'elle peut être fière de ma conquête, que ça va aller, mes enfants ne subiront pas mon sort. J'accomplis ma vie comme on fait son devoir. Le choix de Mickaël aura d'abord été un choix de raison, pas d'amour. L'amour est venu après, quand il a été gentil et attentionné, quand il m'a regardée comme on voit un miracle advenir sous ses yeux et qu'on n'y croit pas. Ça aide à faire pousser l'amour ces conneries narcissiques.

Je dois, avant de dire la suite, vous expliquer que Mickaël vient d'une famille bourgeoise juive. Il évolue entre Neuilly-sur-Seine et Suresnes où il a vécu entouré de bonnes portugaises, d'un chauffeur et de deux jardiniers. D'une mère aussi, qui m'a répété à l'envi qu'enfant, elle portait des gants blancs du matin au soir. Je n'ai pas rencontré femme plus amorale et dépourvue de la moindre trace d'intelligence avec ça. Une personne nocive, brandissant son éducation de surface comme un certificat de bonne conduite et cachant son slip sale sous des tenues à dix mille. Une femme, qui, malgré l'argent, le désœuvrement, les mètres carrés et les discours, laisse mourir ses parents dans un hospice en arguant pour sa défense que c'est un endroit à « quatre mille euros par mois ! ». C'est une mère, une fille, une femme toxique. Elle a d'ailleurs échappé à trois cancers. Se voir vieillir me paraît la plus grande punition que le sort pourrait lui infliger.

Amanda fut belle, très belle. Aujourd'hui, elle ressemble à un poulet cru déplumé. Dorian Gray en gonzesse peut-être, épisode « je viens de déchirer la toile ». La beauté est un cadeau empoisonné pour celles qui sont condamnées à ne pas mourir à un âge décent. Et moi, je m'apprêtais à lier ma vie au produit de ce ventre-là. Je n'avais pas envie d'avoir la puce à l'oreille, pas envie de me souvenir qu'on reconnaît l'arbre et ses fruits, donc le fruit à l'arbre.

Mickaël est un garçon poli, de grands sourires qui cachent une absence flagrante de réflexion. Il fait bonne figure. C'est une grande qualité bourgeoise de ne jamais gêner l'autre avec son âme. Mickaël ne réfléchit pas, il fait. Il kiffe la vie, il consomme des vêtements, des filles, des grands hôtels et des grands restaurants. Il va m'offrir une vie de *Paris Match*. Quand ma mère a demandé du feu à Mickaël pour allumer son clope, je ne me suis pas doutée un instant de ce qu'elle allait raconter. Elle a dit, Micheline qui n'aurait jamais dû sortir de Sainte-Anne :

« Ah ! Ce briquet... ce briquet me rappelle l'époque où on faisait des lance-flammes avec nos culs, quand j'avais vingt ans... »

J'ai avalé mes dents. Je me suis aspirée pour disparaître en tirant sur la paille de mon Coca, j'ai aspiré tout mon corps avec ma bouche et je suis morte étouffée dans le verre. Micheline a continué :

« Tu vois Mickaël, on allumait le briquet devant notre trou de balle, on pétait et c'était à celui qui ferait la plus grosse flamme avec son cul ! Tu veux que je te montre ? Attends, faut que je boive un truc avec des bulles avant, ça me fait péter... »

Mickaël a souri poliment, a décliné l'offre et a proposé qu'on commande les plats.

Mickaël, fort de son éducation bourgeoise, qui consiste à ne pas fâcher, a vite enquillé sur autre chose et voilà qu'il la questionne sur mon enfance à La Courneuve. Il voulait savoir comment on pouvait posséder autant de livres en sortant d'un trou pareil (il avait vu des images à la télé des barres de la cité), il la questionnait encore sur la balle de 9mm que j'avais dans la cuisse et dont je lui avait montré la radiographie alors qu'il était sceptique. Puis ma mère se défendait, disait que j'étais gâtée par les grands-parents, les oncles et tantes. Je ne disais rien tant l'épisode du lance-flammes m'avait tuée alors elle s'est tournée vers moi et a dit :

« Tu n'as manqué de rien... comment t'aurais fait pour ramener ces notes sans ça ? »

Comment lui dire qu'on manque de tout quand on n'a pas son père, quand votre mère vous fait payer le fait d'être venue insidieusement vous loger dans ses chairs comme une tumeur qui grossit alors qu'elle ne vous attendait pas, alors qu'on n'attend jamais une maladie comme celle-là ? Comment lui dire qu'elle niait l'épisode Daniel et le pire qui a suivi quand j'ai eu vingt et un ans et que son nouvel amoureux, un ferrailleur du Bourget, a tenté de l'assassiner avec un flingue et que j'ai mis mon corps entre elle et l'arme ? Comment lui dire que c'est encore Kamel B. qui m'a sauvé la vie ce jour-là alors que le ferrailleur me poursuivait dans l'appartement, pistolet au poing, pour me tuer et que la peur l'avait tétanisée, elle, clouée sur place dans son salon ?

Je ne disais rien. Nous étions trop éloignées. Le recours au déni l'aidait à survivre et je la laissais se repaître de cette chimère comme preuve de ma charité. Elle justifiait les coups de Daniel de façon plus ou moins laconique en citant le fait qu'il était *légalement* mon père et que tous les pères corrigent leurs filles.

J'ai rabattu un kilim flamboyant sur ma merde et je me suis laissé guider par Mickaël. Il ne lisait pas, regardait des films que son cerveau parvenait très mal à analyser. Ses parents lui avaient payé une boîte à bac pour qu'il s'offre un diplôme qu'il n'a jamais eu. Puis il a fait une école de cinéma très coûteuse elle aussi, où le baccalauréat n'était pas requis, et depuis je suis sceptique quant aux institutions d'éducation qui font payer leurs services.

Son père et Moïse étaient enterrés à vingt mètres l'un de l'autre, à Pantin, au cimetière juif. J'ai pris ça pour un signe, une bénédiction. Faut pas trop se la raconter des fois, ça fait prendre des vessies pour des lanternes et on se retrouve vite dans le noir.

Nous sommes tombés très amoureux. Lui d'abord, moi ensuite. Il était beau et gentil. Il était prévenant, et, si j'avais du mal à louer son intelligence, j'admirais le fiancé qu'il était. Avec lui, c'était, je dépense donc je suis. Pretty Woman tous les samedis, sans que j'aie eu à me prostituer parce que je l'aimais. Il m'offrait ma vie dans la publicité et la mise en abyme avec mon quotidien professionnel ne me posait aucun problème. Ça me changeait de mes livres que je n'ouvrais plus d'ailleurs. Avec lui, je vivais au lieu de comprendre. Je voyageais dans un sens puis dans l'autre, je découvrais la haute gastronomie, des appartements comme des pièces du château de Versailles, des manières d'un autre monde, et j'aurais dû me douter que c'était le paradis pour enfants pas sages du chef-d'œuvre de Carlo Collardi, *Pinocchio*. Je vivais dans le monde sucré et merveilleux d'Hansel et Gretel, sans imaginer une seule seconde que la sorcière puisse être tapie dans l'ombre de la forêt. Elle attendait son heure, qui est venue pour mon plus grand malheur.

Je me suis enfoncée dans cette vie-là. J'avais mis tous mes beaux principes de côté, sauf celui de payer mes factures rubis sur l'ongle et ça m'a été bien utile quand il a demandé à un juge mon expulsion en mesure d'urgence de notre appartement commun après qu'il m'eut trompée et que je l'eus mis dehors pour cela. J'avais alors deux enfants en bas âge sur les bras, qu'il a tenté de me prendre, aussi, en employant des méthodes même pas cinématographiques.

Huit ans avant cette fin de drame, il m'a demandée en mariage dans des conditions à faire s'agenouiller en prière les plus caricaturales des Américaines, m'offrant un diamant aussi pur que lui était sale à l'intérieur.

Puis il m'a trompée.

Puis je l'ai découvert.

Puis je l'ai largué.

Ça m'a pris à peu près deux minutes de le sortir de mon cœur, d'anéantir l'estime que j'avais pour lui jusque-là. Il n'a pas supporté. Il a voulu m'achever.

Il a demandé le divorce en premier, se fiant à l'adage qui veut que la meilleure défense commence par des attaques.

Je ne lui en veux pas, comment le pourrais-je ? La conscience est la plus belle fille de l'intelligence, le plus beau cadeau que la vie vous fait en naissant. Il a eu, en présent de bienvenue au monde, un service de couverts en argent dans sa bouche trop petite, du cachemire pour torcher son cul, mais pas l'essentiel, pas ce qu'il aurait fallu pour mériter de s'appeler un Homme.

En découvrant ses adultères, j'ai cassé son image et révélé au monde ce qu'il était. Fini le père idéal, le mari scintillant, les attentions qui n'étaient en vérité qu'une forme de rachat. C'est alors qu'il a entrepris de me démolir. J'ai été confrontée, ces jours-là, à la vraie injustice. Quand on a beaucoup d'argent et des relations, on s'offre les avocats qui vont broder une vérité et tant pis si vous vous suicidez. Tant pis si des enfants de vingt mois et cinq ans se retrouvent arrachés à leur mère.

Oubliée l'année passée en Belgique à se taper une blondasse en prétextant des déplacements professionnels, laissant de côté ses petits et sa femme.

Oubliées les félicitations de l'obstétricien après que vous avez sauvé la vie de votre fils en poussant si fort pour expulser le petit, quitte à avoir l'utérus en morceaux après ça.

Et les travaux de l'appartement gérés seule, avec un bébé sur les bras, une fillette de trois ans, un travail à reprendre, une boîte de bijoux à faire tourner.

Ainsi, selon sa défense, ses avocats, il assurait que :

Je buvais,

Traumatisais nos enfants,

Volais des hommes mariés à leur foyer,

Gagnais trop d'argent pour m'occuper convenablement de mes petits.

Mettais mes enfants en grand danger psychologique (comment ? Il ne l'a pas précisé...).

Il m'a même demandé une pension alimentaire...

Bref, il s'est agi pour lui de faire dire EXACTEMENT le contraire de la vérité. Il se disait certainement qu'une petite trace de merde persisterait bien dans la mémoire du juge. Ça a marché dis donc. Le juge a conclu que je travaillais trop pour m'occuper correctement de deux petits enfants et c'est ainsi que mon fils de vingt mois s'est retrouvé flanqué d'une garde alternée. Mickaël s'était déclaré oisif et donc *disponible* et croyez-moi ou pas, ce sont toujours les rentiers qui ont le dernier mot. L'argent achète tout. C'est ça la force des gars comme Mickaël. Ils osent tout. Ils n'ont peur de rien et c'est ce qui les rend dangereux.

La seule fois où j'ai entendu Margot maudire un être humain c'était pour me parler de Mickaël. Margot a dit : « Ton mari c'est un pantin, pas un homme, et c'est le diable qui tire ses ficelles. Tu aurais pu voir quand même que c'était un imbécile !!!! Qu'est-ce que tu veux prendre d'un imbécile à part de la bêtise hein ?! » Ma grand-mère, alors que j'avais plongé dans la nuit, me rassurait comme elle pouvait. Elle disait : « Ses enfants lui feront payer, ne fais plus rien, accepte. » Parce que la grande leçon de Moïse et Margot c'était de penser : « On est toujours puni par là où on a péché. » Mon fils a dit à son père, récemment, qu'il me préférait à lui. Ça ne m'a pas réjouie. Ça m'a fait de la peine.

Margot et Micheline remplissaient mon frigo, quand préparer le dîner pour les enfants devenait trop dur pour moi. Ma mère qu'on appelait « OOSHOP » parce qu'elle débarquait tous les soirs les bras chargés de sacs Carrefour, de cadeaux pour mes bébés. Micheline encore, qui insistait pour que je prenne ses tickets Resto quand je gagnais assez pour dîner au Costes tous les midis et tous les soirs.

J'ai failli mourir encore une fois, mais sans l'avoir cherché cette fois. La vie devient plus dure à mesure qu'elle rétrécit. J'avais traversé Ahmed, son absence,

Daniel et ses coups, la mort de Moïse et la dépression de Micheline, les assiettes cassées quand cette dernière pétait les plombs, les trajets trop longs en RER, la schizophrénie entre Paris et La Courneuve, mais devoir affronter les lits vides de mes enfants six jours d'affilée était au-dessus de mes moyens. J'étais trop fatiguée pour aller dormir, trop triste pour pleurer, trop en colère pour crier.

J'ai trouvé mon salut dans le travail. D'ailleurs, je n'ai jamais cessé de travailler quand Mickaël me l'a demandé après que je lui ai fait deux beaux enfants et entendez cela mesdames : ne cédez pas à la facilité, même quand cela deviendra vraiment tentant. Quand ils vous auront fait des enfants, vos hommes voudront vous mettre sous cloche, accrocher votre tête dans leur salon au milieu des cous de biches et des portraits de cerfs au-dessous desquels ils fumeront la pipe le moment venu, satisfaits de vous avoir achevées.

Le prince charmant avait donc une âme absente et sa grandeur aura consisté à allonger devant moi (et devant public) des étoffes somptueuses, des bijoux de Bianca Castafiore. J'étais devenue son projet, et me traiter en princesse consistait à dire à sa mère : regarde la famille idéale que je t'offre là, tu vois bien que je ne suis pas totalement un raté (ah oui, j'ai omis de vous dire que Mickaël avait un frère jumeau : Tronche. Centrale à dix-huit ans, millionnaire à vingt-cinq, grand et blanc, *healthy* comme disent les Anglo-Saxons, quand l'autre était petit et brun et malade depuis l'enfance).

C'est le 7 juin 2001, à la synagogue que j'ai compris pourquoi j'épousais cet homme.

Sous la houpa (l'autel des juifs si vous préférez), je ne pensais qu'à toi, Moïse. Je pensais à la douleur que ma naissance t'avait alors causée. J'étais là pour réparer. J'ai pris son micro au rabbin qui racontait n'importe quoi, je me suis tournée vers les deux cents personnes toutes en larmes après ça. Mes oncles, leur descendance, La Courneuve et Neuilly réunis étaient muets, le bec ceint par le clou de l'émotion, et j'ai dit :

« Je voudrais parler de mon grand-père Moïse, mais je ne sais pas quoi dire. Je veux le rassurer, lui dire que Daniel n'a pas réussi à m'empêcher d'être juive. Je suis là, j'ai dans mon ventre une fille qui portera un nom juif, celui dont on m'a privé à l'âge de sept ans. L'âge de raison. Voilà. Je porte une fille et j'assure la lignée juive. »

J'ai rendu son micro au rabbin et j'ai regardé mon bouquet de marguerites parce que alors je ne pouvais pas soutenir le regard d'eau de Margot qui s'appelle comme ces fleurs en vérité, et c'est pour lui rendre hommage que j'avais consenti à dépasser ma phobie des fleurs coupées, que j'avais daigné prendre entre mes mains cet amas organique gisant sous mes doigts. Je n'entendais pas, ne voyais pas le rituel juif auquel on se livrait devant moi. Je pensais, voilà, j'ai réparé les conneries de ma mère et je ne parvenais pas à me dire que je faisais tout cela pour Margot aussi. Je ne parvenais pas à me dire : « Voilà, Margot. Maintenant tu peux aller en paix, je suis *reconnue* comme juive par la communauté », parce qu'il est trop douloureux pour moi d'envisager qu'un jour, peut être, je ne pourrais plus aller me mettre sur ses seins, là-bas à La Courneuve. Quand ça devient trop dur, quand le seul air qui me reste ce sont ses doigts qui massent mon crâne et ses paroles rassurantes et tellement, tellement intelligentes, tellement utiles à l'humanité tout entière. Son parfum d'eau de Cologne du Mont St Michel (la rouge) et son accent comme une douceur, la douceur de sa peau aussi que le temps ne se résout pas à froisser. C'est un vertige ingérable de devoir penser qu'un jour viendra où vous n'aurez plus de filet, qu'il vous faudra dormir dans la rue, nue sur le pavé, offerte à tous et défendue par personne. Qu'un jour, il ne vous restera plus rien, pas même vos enfants, que la vie s'échappera de vous et que votre souffle s'arrêtera avec le sien.

Élie, le juif

Élie est mon second mari. Le contraire exact de Mickaël. Tant qu'à s'être trompé une fois, autant essayer de ne pas recommencer les mêmes erreurs. Élie est né au Maroc à Rabat, la rabat-joie. Un jour, les événements poussent sa famille à quitter leur terre de soleil pour une province française. Le père d'Élie est rabbin, et on lui confie la responsabilité du troupeau de juifs éparpillés dans la région de Pau. C'est un homme intègre, un homme qui ne s'est pas enrichi sur le dos de sa communauté. Il refusait les enveloppes de cash que les parents, tout à leur fierté, glissaient entre deux prières lors des bar-mitsvas ou des fêtes qui sont le lot presque quotidien des juifs pratiquants. Il a élevé ses enfants dans le respect de la religion. Élie a eu pour modèle et pour se construire une identité d'homme une personne qui force le respect. Toujours prêt à vous apprendre quelque chose, veillant sur chacun, sa propre progéniture n'étant que quelques-uns parmi les autres âmes pour lesquelles il avait de la compassion et une bonne dose d'altruisme. Comme mon papa. Comme Daniel. Non, je blague. J'essaie d'alléger mon envie d'avoir eu le père d'Élie pour papa. Élie, l'aîné, ne l'est pas resté très longtemps et ça a été son drame, je crois, de devoir partager les bras de sa mère qui, comme le veut la tradition humaine, n'est pas Shiva. Pourquoi j'ai épousé ce garçon après que j'ai renié si longtemps la religion des juifs ? Pourquoi j'ai passé ma vie à caresser le pied de la statue de la Vierge Marie et après, pffuuit, je me retrouve à lier ma vie à un gars encore plus religieux que les religieux dans les films d'Amos Gitaï ? Un homme qui reste droit dans la tempête et qui n'envisage pas une seule seconde de partager son repas et sa couche avec une goy. Un homme qui m'a choisie pour femme alors que j'ai vu la Vierge une matinée de juillet. Et pourquoi moi, diantre, une enfant des cités un père bougnoule et un beau-père fou du poisson du vendredi me suis-je amourachée d'un juif qui ne rigole pas avec le Talmud ?

Parce que son enfance et parce que la mienne peut-être. Un garçon qu'on humilie un matin de février 1973 alors qu'il rejoint pour la première fois l'école de son quartier à Pau. Ce fameux matin où on lui fait faire des tests de niveau pour vérifier que l'enseignement dans les anciennes colonies est bien à la hauteur de la grandeur de la France.

Lui aussi avait un accent d'ailleurs, lui aussi était un excellent élève, là-bas dans son désert de pierres blanches. Parce que lui un père trop grand, un homme trop beau pour être vrai et moi mon daron que l'absence rend immense. Parce que ce matin-là à Pau il a eu froid à l'intérieur de lui, il a eu peur de décevoir sa maman et la hantise de devenir la honte des siens quand le professeur l'a enfermé pendant cinq jours afin de tester le niveau de ses connaissances. Lui aussi, sa francité à gagner, donner les preuves de son droit à être là en classe avec les enfants de son âge. Il est resté droit comme toujours après dans l'adversité, quand il a dû fournir les preuves de sa capacité à être un petit garçon de sixième. L'épreuve de sa vie.

Lui aussi est passé du soleil à la nuit, comme ce jour où j'ai quitté ma maison de couscous pour aller vivre avec Daniel et ma mère, dans le froid du manque d'amour et des silences de français. Je le vois comme si c'était moi, ses cheveux encore trop noirs et trop frisés, venir autour des heures de cours dans le froid des petits matins de février, lui qu'on a humilié en lui demandant de passer l'équivalent du bac à dix ans, des questions forcément trop dures et lui encore, se levant plus tôt et ses souliers ouverts, pas préparés à affronter l'eau de l'hiver sur le chemin de l'école, l'eau qui coulait de la montagne paloise et c'est Dieu qui pleurait sur son sort en vérité. Lui, le juif qui assumait sa différence physique, sociale et religieuse auprès des petits Français qui n'avaient jamais quitté leur région. Élie, son prénom de patriarche et son corps tout freluquet qui a dû ruser pour ne pas se cogner aux rugbymen qui, définitivement, n'aimaient pas beaucoup la différence.

Je me souviens de ce premier jour où nous nous sommes réveillés ensemble.

Il s'est levé et s'est livré au rituel des téfilines, un truc très sophistiqué auquel se soumettent les juifs religieux pour se rappeler qu'ils sont sous Son autorité. C'est idiot, mais j'ai pensé en le voyant recouvrir son corps d'un long châle bleu et blanc, j'ai pensé : « Voilà, j'y suis. » Je n'ai pas tout de suite pensé à Moïse, à son judaïsme détendu et entier et à tout ce que j'avais à rattraper, moi, dont l'identité constituée de deux entités antinomiques me déchirait le corps. J'approchais la quarantaine et j'avais besoin d'unité, je crois. Les rencontres qui deviennent des moments qui durent révèlent vos aspirations profondes.

Élie avait ceci de commun avec moi qu'on lui demandait tout le temps de justifier son existence. Sa raison d'être. Élevé dans une famille qui comportait dix membres, il lui a fallu déployer bien des charmes pour attirer les regards de sa maman, toujours un tajine à préparer, toujours une couche à laver. Sa colère aussi de n'être pas assez aimé, de n'être pas l'unique... Et moi enfant seule, rêvant d'un grand frère pour me défendre quand mes oncles faisaient l'autruche parce que le monstre avait épousé leur sœur... Nous, un jour, qui nous sommes reconnus, lui cherchant une femme dure – tu es une femme dure dit Margot en parlant de moi – pour conjurer son sort d'enfant né du ventre d'une femme dont le caractère bien trempé lui a permis de mener chacun de ses enfants vers des vies structurées et harmonieuses. Aller se frotter à sa douleur fondatrice pour mieux l'assimiler, une sorte de syndrome de Stockholm doublé d'un complexe d'Œdipe jamais digéré. Les gens dans les boutiques qui nous demandent si nous sommes frère et sœur et ma fierté quand je dis à Margot, je vais épouser un religieux

Yama. Le sentiment d'être rentrée chez moi après un long voyage quand à la mairie on me délivra un document mentionnant mon nouveau nom. Un nom juif, et voilà, arracher le nom du Bourguignon sur ma blouse Chanel.

Je regardais vers le haut, ce jour de novembre, le ciel était dégagé et je cherchais les yeux de mon grand-père derrière le soleil immense et je pleurais un peu, alors mon nouveau mari, Élie le Juif, me dit : « Eh bah ça fait plaisir... » Et moi je ne pensais qu'à Moïse, à mon fils qui aurait sous les yeux un rappel quasi quotidien de ce que c'est qu'être un juif, et, une fois encore, le sentiment de rattraper les conneries de ma mère, la petite tête de linotte gentille et dangereuse du fait de son inconséquence.

Le nom du mari quand celui du père demeure une impossibilité. Le nom du mari et, tant qu'à y aller, de la juiverie carabinée pour rattraper les années d'égarement et choisir enfin un camp. Élie et son enfance blessée, Élie et son choix d'être un bon humain à défaut d'être un bon vivant et cette admiration que j'ai pour lui, le sentiment de faire revivre un peu Moïse et je sais que ce n'est pas lui mais quand même ça fait du bien d'avoir à nouveau sous son toit un homme qui vous protège et qui sait prendre ses responsabilités quand le sujet n'est vraiment plus la rigolade et la douceur de vivre des nantis d'Europe parvenus jusque dans les grands appartements bourgeois du VIIIe arrondissement de la plus belle ville du monde.

Élie qui m'a épousée quand même alors que son ex-femme, une bourgeoise du XVIe hystérique et capricieuse, pompe à fric du fruit de son travail, l'a dénoncé aux autorités religieuses pour avoir eu, avec moi, des relations sexuelles hors mariage.

Lui sachant très vite la merde que ça charrierait nous deux, et qui ne recula pas tant son amour le poussait dans le dos, lui conscient qu'en baisant la rose, il épouserait l'épine.

Élie qui achète des diamants pour me faire sourire, lui qui n'a jamais su faire un cadeau de sa vie.

Élie qui tente de protéger ses enfants de leur mère toute-puissante, cette femme qui prend son fils pour un mouchoir, sa fille pour un doudou. Lui qui n'a jamais eu un mot déplacé à son sujet. Leur mère qui couche avec mon ex-mari et la terre entière se met à aimer des Arabes mariés et banlieusards comme Sophie avec Sosso, en croyant qu'elle sera sincèrement appréciée là où en vérité elle est archiméprisée, spoliée et abusée. Un Arabe juste pour emmerder Élie (ah les bourges du XVIe, je vous jure...) et la peur grandissante de mon mari de voir sa petite fille devenir imprudente et sans vertu. Lui qui me dit : « Heureusement qu'elle t'a pour autre modèle. » Les bronchites de sa fille, fatiguée d'avoir pour maman un poids sur sa poitrine menue. La petite qui me réclame le soir pour un câlin et l'exploit que ça représente quand on sait tout le mal que sa propre mère lui dit de moi.

Mickaël, le premier mari, son jumeau social, qui me raconte comment il l'a bien baisée et enculée aussi et je regarde la petite et je prie pour que ses bronchites et aussi ses otites cessent ; son cœur et ses oreilles endommagés. Elsa, petite princesse, tu es une force de la nature, la méchanceté de ta maman t'aura donné le goût de la gentillesse.

Élie et ses yeux d'enfant, ses longs cils qui n'ont pas rapetissé avec le temps et il dit : « Tu m'aimes pour ma queue » là où je voudrais lui dire que ce sont ses yeux baissés un jour de septembre qui m'ont fait l'aimer tendrement. Élie qui me hurle dessus comme ma mère criait pour un oui, pour un non, parce qu'il a tellement peur que je ne l'aime plus, il craint tellement que je le trouve faible, lui le petit garçon rachitique comme sa fille aujourd'hui et je ne parviens pas à lui dire que pour moi c'est une montagne de bienveillance et de maladresses, un concentré de courage, je ne suis pas ta mère, je ne suis pas les femmes de pouvoir avec lesquelles tu as tellement de mal, Élie, je ne vais pas te *juger*. On voit le monde à la hauteur de l'enfant qu'on a été, même après être devenu grand, même après que le sort a cessé de faire de vous ce que vous détestiez. Même quand vous avez détourné le fleuve de votre destinée, il reste un petit garçon qui gémit et qui réclame son passé.

Ce jour de novembre où tu m'as épousée, deux témoins et c'est tout. Margot et Micheline, leur bonheur non feint. Les mots de ma grand-mère après ça : « Voilà, lui, c'est un homme. Pépé serait content. » Ma mère qui donne ses maigres économies pour nous offrir un « bel hôtel » là où tu avais déjà réservé la suite du Sacher à Vienne.

Les mots gravés dans nos alliances, ces mots de toi.

C'en était fini de cette vie de Sentier, terminée la vie de patachon, à faire n'importe quoi. Élie qui m'a rendu ma place dans ce monde alors que je m'égarais. Terminées les apnées du sommeil quand je vivais avec Mickaël, quand je jouais le rôle de la femme épanouie à qui tout réussit. Le calme qui ne vient pas mais l'amour qui me tient, le respect et l'admiration immense que je ressens enfin pour un autre homme que Moïse.

Élie c'est juste l'opposé de mon père, cet homme qui n'a pas voulu me connaître, l'opposé de Daniel et de sa moustache et parfois mon mari, pour me faire rire, en se rasant, laisse, un instant, la mousse blanche encore un peu autour. La moustache de Daniel. Ça me fait pleurer en cachette, ça me rappelle cette enfance entre Dieu et le Diable, Daniel à qui mon père m'a laissée, jouet entre ses griffes trempées dans l'acide et on se demande pourquoi je refusais ses câlins, pourquoi l'appeler papa était pour moi une torture.

Élie, ta fille a bien de la chance de t'avoir pour papa. Parfois, quand je vois la tendresse dans ses yeux qui te regardent, le soleil qui s'allume et ce sentiment de confiance qui déborde d'elle quand elle se cache sous ton bras, j'aimerais avoir six ans et que tu sois mon père.

Comme quoi, tout est possible

Mon penchant pour le suicide venait certainement d'une forme d'orgueil mal assumé. Je voulais contrôler mon départ comme je contrôlais mes calories, mes notes, mon débit de paroles quotidien, etc. Aucune acrimonie, attention hein ! J'étais bien loin des jeunes femmes aigries de mon entourage parisien, ces filles qui avaient tout mais qui en voulaient encore plus, ces connes que rien n'arrivait jamais à satisfaire vraiment. Je voulais choisir ma mort, entourée de textes profanes, vêtue comme je le désirais, je voulais quitter le monde après des lettres écrites toute la nuit, réaliser le monde et, après avoir compris, me supprimer. Bref, je ne voulais pas mourir idiote.

Et puis un jour, ça m'a passé. Un jour, après que j'ai tenté le coup, après que je me suis laissée mourir de faim, j'ai vu la mort et j'ai renoncé (bon je ne dis pas que ça n'est jamais revenu me chatouiller la nuit, mais je ne me suis plus jamais suicidée). Parfois, on passe sa vie à vouloir quelque chose très fort, à courir derrière un truc, puis le jour où on se retrouve avec la queue du Mickey dans les pognes, on se sent tout con.

C'est Dino Buzzati qui m'a appris la vie. C'est Dino Buzzati et Jean de La Fontaine qui m'ont montré comment ça marche, le monde. J'ai du mal avec les gens qui ne lisent que des journaux et des essais politiques. Il faut lire.

La vie est parfois salope quand j'y pense. C'est après que j'ai renoncé à mourir que je suis tombée malade. Mais je ne me suis pas laissé faire, vous savez. Je me suis battue et j'ai guéri d'un mal même pas glamour, pas la dame aux camélias, pas la peste du XIXe non plus... On parla de moi dans leur *Journal du médecin* comme du cas qui remet en cause toutes leurs certitudes d'Hippocrate (d'hypocrites oui, je suis pour l'euthanasie, mais pas pour la mienne, hein). Je ne veux pas entrer plus en avant dans le détail, mais sachez que je vais bien aujourd'hui. Maman, quand tu liras ces lignes, apprends que j'ai été malade, je ne t'ai rien dit, et j'ai guéri, seule dans mon coin avec mon second mari pour soutien et le regard de mes enfants si petits qui ignoraient tout.

Un matin que je prenais mon petit déjeuner dans la chambre de l'hôpital où j'étais en train d'aller mieux, un vieil homme avec un regard jeune est venu me trouver. Il avait des cheveux blonds et gris et j'ai cru que Pierre Richard m'était envoyé par l'Association des petits princes, vous savez, ces gens qui envoient à votre chevet la personnalité qui vous fait rêver pour vous redonner le sourire un quart d'heure avant la chute. Une sorte de cigarette du condamné, mais pour enfant. Ah oui, je n'étais plus une enfant. Ce n'était donc pas ça. Ce n'était pas Pierre Richard non plus. C'était un homme qui se présentait comme Ahmed Hamoudi. J'ai dit oui, mais encore. Il m'a raconté le soir de la Noël 69 (ça s'invente pas...), des galipettes avec ma mère et il a dit qu'elle pensait tomber enceinte rien qu'en l'embrassant. Il m'a raconté tous les détails, et j'ai compris que ce n'était pas un père. On ne narre pas ses exploits sexuels à son enfant. Sauf si on n'a pas de cervelle. Sauf si on est un bon Français.

Il avait l'air très intelligent, une registre lexical vaste pour un blédard, et moi je ne demandais rien, je l'écoutais s'excuser pour les trente-huit ans d'absence, mais je ne te demande rien, je vois bien que la vie t'a fait payer, ta peau porte les traces de ces additions. Il a dit j'ai essayé de t'approcher quand tu avais huit ans, il a dit que mes oncles l'avaient massacré devant l'école Henri-Wallon des 4000. Je me souviens vaguement d'une rixe un jour à 16 h 30, de la main de mon oncle Philou me cachant les yeux et de son autre main qui me tirait le bras pour m'amener plus loin... Je lui ai dit, juste pour savoir où j'en étais de ma famille, et sinon, des frères ? Des sœurs ? Il a baissé la tête sur son pantalon de Tergal beige (c'était un Arabe après tout). J'ai dit c'est pas grave hein... dites-moi... je m'en fous d'abord. Il a redressé son visage et ses yeux étaient encore plus bleus. Bleus et mouillés, bleu et rose. On aurait dit un ciel d'été à Paris, un crépuscule de juillet et, j'avoue, je l'ai trouvé beau mon père. Il venait de passer ces vingt-cinq dernières années en prison, entrecoupées de quelques sorties d'un ou deux mois. Il recommençait ses conneries une fois dehors parce qu'il se sentait plus aimé en prison que dans le vaste monde qui était trop grand pour lui. Il disait ma prison c'est la liberté, je me sens plus à l'abri dedans que dehors, un peu comme beaucoup de gens j'ai dit et il a ri un peu mais faux. J'ai demandé s'il avait tué des gens, j'avais peur du caractère héréditaire des mauvaises manières, et il a dit : Non ! Et je voyais bien qu'il disait vrai alors j'ai été soulagée. J'ai pensé à mon fils, à ses cheveux du même blond que ce vieux Kabyle et à l'expression commune de leurs regards. Puis il a confessé dans un sourire de petit garçon qu'on a surpris la main entière dans le pot de confiture : « J'aime un peu trop les bijoux... »

J'ai répondu que moi aussi et la pièce est redevenue silencieuse. On ne pouvait pas bien se parler ni se toucher à cause de l'hygiène et ça m'a soulagée. Je n'aurais pas supporté qu'il m'embrasse. Il a dit : « Tu vas guérir », et j'ai dit que pour lui mon absence ne ferait aucune différence puis je lui ai demandé de ne pas approcher mes enfants, je leur avais expliqué que mon papa était au ciel et comme mon garçon avait peur des fantômes... J'étais déjà hors de danger, mais je voulais qu'il culpabilise un peu. Je suis juive après tout. Je n'avais pas envie qu'il revienne. Il a dit pour détendre l'air de métal qui me transperçait les poumons à chaque respiration, il a dit : « Il est comme tous les enfants. » Ah non... il n'est pas comme tous les enfants, pas lui, pas mon garçon qui s'est accroché à mon ventre qui ne le retenait pas, je vous en prie jeune homme, on ne vous retient pas, par ici la sortie. Une grossesse difficile, un accouchement de film gore et toujours mon garçon qui s'accroche à la vie quand il n'a pas respiré et c'est moi qui ai cru mourir ce jour-là. Mon fils n'est pas comme les autres enfants, il est beaucoup trop intelligent pour son âge et, parfois, ça me fait peur toute cette perspicacité.

Mon père a croisé ses doigts sur ses genoux croisés aussi, puis il a regardé autour, il a remarqué : «C'est propre», et je n'ai pas dit, c'est la moindre des choses dans un hôpital et vu les circonstances... Il a parlé de ma mère un petit peu, m'a dit qu'il l'avait revue un an après ma naissance et qu'elle était tombée enceinte de nouveau et que ma grand-mère, une femme de livre épique a-t-il précisé, l'a envoyée en Angleterre se faire avorter. Je comprenais mieux pourquoi la chanson de Maxime Le Forestier a traîné dans ma tête toute mon enfance (vous savez, celle où il parle du frère qu'il n'a jamais eu et des paires de gants et des paires de claques qu'ils auraient partagées...). Il m'a montré des photos volées de moi, mal cadrées. Je sors de la danse, je monte dans le car de la colo, je regarde les résultats du bac... je me suis sentie un peu violée et ça m'a dégoûtée. J'ai eu peur qu'il me parle d'amour, mais il était kabyle et, dans la langue de mon père, «je t'aime» n'existe pas.

Après il a dit bon bah je vais y aller. J'ai dit oui, oui, je ne ressentais rien. Il a dit : «Tu m'as manqué toutes ces années.»

J'ai dit :

«Ça ne s'est pas beaucoup vu...»

Ce n'était pas un reproche, juste un constat froid.

Je regardais la porte comme pour lui indiquer le chemin. Il a dit :

« Ça te dirait que je revienne ? »

J'ai dit oui, mais la vérité c'est que je n'en avais rien à foutre. J'avais attendu mon père toute ma vie et maintenant qu'il était là devant moi, tassé sur son siège et penaud comme un enfant coupable, je me disais que la vie était quand même une fieffée connasse. Il aura fallu qu'il me croie mourante pour que mon père réapparaisse. Ça m'a fait penser à l'anesthésiste, le jour où j'ai donné la vie à ma petite fille. Le gars s'était pointé avec sa seringue, alors que la petite était déjà en pyjama. Il s'excusait, sa voiture s'était brusquement arrêtée sur le périphérique, causant un accident. Je n'avais rien dit, qu'aurais-je pu dire de constructif à ce moment-là d'ailleurs ? La douleur était passée, il n'y avait plus rien à demander. Avec mon père, c'était pareil. J'avais vu. J'avais vu sa tête, compris les ressemblances, j'avais vérifié qu'un frère ou une sœur ne se manifesteraient pas auprès de mes petits quand je ne serais plus. La nuit Moïse est venu et il a dit : « Ce n'est pas la vie la salope, ce sont les gens qui manquent de conscience. »

Moi je lui ai répondu qu'on avait toujours le choix. Faire les choses en conscience, du mieux qu'on peut ou fuir la vie, les responsabilités qu'elle nous impose, parfois. Et que Nietzsche ferme sa gueule, l'amour ou la haine n'expliquent pas les actes salauds justifiés par un accès de romantisme aigu. La morale nous rappelle qu'on n'est pas des bêtes. J'attendais que mon père fasse une crise d'émotion comme le père du petit Momo de *La Vie devant soi*, qu'il crève là sous mes yeux pour que je puisse enfin faire le deuil de ce père qui m'a tellement manqué enfant quand Daniel me tapait dessus, quand la directrice de l'école Henri-Wallon de La Courneuve me remettait le énième tableau d'honneur et que ma mère disait : « Encore heureux... »

Mon père était un Kabyle sans envergure et sans morale, qui a passé la moitié de sa vie en prison pour des vols pourris qui ne l'ont même pas enrichi. Mon père n'était rien qu'un homme sans valeurs, sans destin, ayant connu une vie de parasite. Il n'avait servi à rien et à personne. Mon père était un homme qui, me croyant agonisante, avait été pris d'un lointain sentiment de culpabilité et il s'était pointé là comme pour recevoir mon absolution. Le monde à l'envers. Il était un Kabyle qui ne parlait pas, comme souvent les Kabyles. Vous saviez que dans leur langue les mots « je t'aime » n'existent pas ? Ah oui, vous savez, je viens de vous le dire, mais je le répète parce que tout de même, c'est pas commun. Et mon père restait, il restait là à compter les petits carrés du carrelage de mon hôpital, ma maison sans loyer, nourrie logée, blanchie et ça fait un drôle d'effet quand même pour moi qui étais une personne organisée et volontaire. À un moment, le soleil est descendu si bas que j'en ai profité pour dire à mon père qu'il se faisait tard. Il a relevé la tête et j'ai vu qu'il pleurait encore. Il pleurait des larmes rentrées, sans bruit et sans le menton qui tremble, des larmes de Kabyle quoi. Je n'ai rien dit parce que je n'avais pas envie de compatir. J'avais juste envie de rester là avec Firmine, mon infirmière chérie, une mère pour tous ceux qui sont sur la dernière portion de leur route, juste avant la sortie, les derniers kilomètres avant le paysage. Firmine est, en ce bas monde, une des raisons de croire en l'humanité. Une preuve tangible que les choses vont finir par s'arranger. Mais Firmine ne venait pas, elle attendait un miracle, planquée derrière la porte (je voyais l'ombre de ses sabots blancs). Elle croyait en Jésus et elle voulait que je pardonne à celui qui m'avait offensée. Je n'avais pas de colère, pas de rancune. Je voulais juste que mon père quitte la pièce et retourne dans le néant d'où il était sorti à un moment où on ne l'attendait plus. Il me donnait l'impression d'être cette fille qui arrive déguisée en Bunny, une trompette entre les dents et un pompon dans le cul, à la veillée funéraire d'un enfant. Sa présence à mon chevet était un tantinet déplacée. Je n'avais rien à lui reprocher et c'est cela qui l'a atteint, enfin je crois. Je n'avais plus besoin de lui, je pouvais aller me coucher pour toujours et ça lui a donné des regrets peut-être je ne sais pas. Vous savez, ce moment qu'on a tous connu : quand une occasion se présente de faire les choses autrement, de changer sa vie parfois et que l'on reste là, immobile et pas fier de soi. On est tous venus d'un homme et d'une femme, on est censés avoir de la gratitude pour ceux qui nous ont conçus. Moi je ne parvenais pas à ressentir un sentiment noble ou avouable en regardant mon père, le Géniteur. Rien n'excuse une absence de plusieurs années. Sauf la mort, et encore, mon grand-père me donne régulièrement des nouvelles. On ne parle jamais de la présence des gens. On crève du manque causé par leur absence, mais jamais on ne se félicite d'avoir à son côté la personne qu'on a pourtant choisie. C'est ça la vie des hommes pour lesquels trouver de la nourriture ou un toit n'est plus un sujet puisqu'ils ont un travail qui les endort et les nourrit : tendre vers le pire, se faire peur avec le malheur des autres à la télé. Regarder les arbres par la racine. La pire des punitions pour un homme, c'est de ne pas savoir apprécier son bonheur quand il vient se poser sur ses genoux. Il faut être capable d'apprécier son mari quand il est encore là (même accroché à une bière et beuglant devant le PSG), prendre le temps de dialoguer avec ses enfants avant qu'ils atteignent l'âge où leur mèche de cheveux leur cachera la vue et la bouche, vous verrez, cette période où ils communiqueront par onomatopées, quand ils deviennent silencieux et nihilistes. Il faut prendre le temps d'en donner à ses amis, se construire des amitiés fiables et c'est une sécurité dans la vie un ami, un ami c'est la plus belle des assurances-vie.

Mon père a fini par quitter la pièce alors que le soir était déjà bien là. Je n'ai pas voulu le regarder disparaître derrière la porte alors j'ai fermé les yeux. J'ai fait semblant de m'endormir et je l'ai entendu se lever. J'ai entendu sa savate traîner et s'agripper au carrelage, elle semblait dire non, non je veux rester là, s'il te plaît Ahmed... et mon père a marmonné un truc dans sa langue dure de Kabyle, sa langue faite d'un mélange d'allemand et d'arabe et j'ai presque cru qu'il m'insultait.

J'allais oublier

L'ennui avec la vérité, c'est qu'elle existe déjà. Il n'y a que le mensonge qui vous incite à inventer. Mais il se trouve que parfois la réalité dépasse largement l'invention.

Je n'ai aucun mérite à avoir écrit ces lignes en si peu de temps. Ma mémoire a ordonné et ma main a exécuté. Je devais ranger les choses avant de quitter la pièce, comme je fais toujours. Je ne repasserai plus par là. Je n'ai plus trop envie de m'étendre.

J'ai ordonné, autant que j'ai pu. J'ai évité les épisodes trop romanesques, trop cinématographiques. Ils étaient trop moches pour être faux.

Mon mari m'a dit l'autre jour, alors que nous prenions le métro pour Brooklyn, « L'histoire de la tombe en forme de voiture, si tu la vois pas, jamais tu y crois ».

La tombe de Françoise est située allée 9, rang 2, au cimetière juif de Pantin.

Remerciements

Je veux remercier Marie Ève Schoettl qui m'a dit « c'est bien, vas-y ».

Ingrid Janowski, Magali Sinigo et Géraldine Goldwaser qui sont mes sœurs.

Sylvie Veyrhède qui est ma sœur pour d'autres raisons.

Merci à Pierre Riess pour son soutien et son intelligence.

Merci à Gabriel Gaultier pour tout ce qu'il m'a donné, pour son intégrité et des fulgurances sans cesse renouvelées.

Pardon à Johanna Scher de lui avoir un peu piqué son père, Gilbert.

Merci à Jacques Séguéla et Alain Dominique Perrin qui m'ont ouvert les portes de la place Vendôme. Vous avez fait de mon rêve une possibilité.

Merci à J.A.R. pour les étincelles dans mes yeux.

Merci à Michel Denisot d'être Michel Denisot.

Et merci à Élie Ohayon de m'aimer si fort.

Table

La photocomposition de cet ouvrage
a été réalisée par
GRAPHIC HAINAUT
59163 Condé-sur-l'Escaut

Cet ouvrage a été imprimé en France par

CPI
BUSSIÈRE

à Saint-Amand-Montrond (Cher)
en décembre 2010

N° d'édition : 50778/01 – N° d'impression : 103415/4
Dépôt légal : janvier 2011